普通高校“十三五”实用规划教材——公共基础系列

职业生涯规划实践

徐　蔚　主编

刘玉梅　孙　慧　张志京　颜煜宇　副主编

清华大学出版社
北　京

内 容 简 介

本书分为六个专题，即自我评估、职场分析、求职准备、职业适应、职业保障及创业指导。这六个专题按职业生涯规划的内容及步骤进行安排，每个专题又分为三至四章，共十九章。各章内容以问题形式呈现，按就业过程中遇到的常见问题进行设计，同时兼顾了内容的顺序性及逻辑性。

本书注重案例讨论及实践教学，每章都配有学习目标、小故事、小资料、案例分析及练习。每个小故事及案例都给出了提示性的分析。练习强调实用性，都是就业所需要的操作。

本书既可作为高职高专、本科层次的职业生涯规划等相关课程的教材，也可作为在职人员职业生涯规划的参考书。

本书由上海开放大学各专业领域内有丰富教学经验的教师和有实际创业经验的教师共同编写而成。

图书在版编目(CIP)数据

职业生涯规划实践/徐蔚主编. —北京：清华大学出版社，2018（2021.8重印）
(普通高校“十三五”实用规划教材. 公共基础系列)
ISBN 978-7-302-49495-9

Ⅰ. ①职…　Ⅱ. ①徐…　Ⅲ. ①大学生—职业选择—高等学校—教材　Ⅳ. ①G647.38

中国版本图书馆 CIP 数据核字(2018)第 020816 号

责任编辑： 陈立静
封面设计： 刘孝琼
责任校对： 李玉茹
责任印制： 沈　露
出版发行： 清华大学出版社
网　　址： http://www.tup.com.cn, http://www.wqbook.com
地　　址： 北京清华大学学研大厦 A 座　　**邮　　编：** 100084
社 总 机： 010-62770175　　**邮　　购：** 010-62786544
投稿与读者服务： 010-62776969, c-service@tup.tsinghua.edu.cn
质量反馈： 010-62772015, zhiliang@tup.tsinghua.edu.cn
课件下载： http://www.tup.com.cn, 010-62791865
印 装 者： 北京鑫海金澳胶印有限公司
经　　销： 全国新华书店
开　　本： 185mm×260mm　　**印　　张：** 12.5　　**字　　数：** 304 千字
版　　次： 2018 年 5 月第 1 版　　**印　　次：** 2021 年 8 月第 4 次印刷
定　　价： 35.00 元

产品编号：076194-01

前　言

职业生涯规划之所以日益受到人们的重视，是因为职业生涯规划可以帮助个体合理地选择职业发展道路，确定职业目标，有助于提高其工作技能，提升职业竞争力。

通过职业规划，个体能够将自身的兴趣、能力、性格以及所掌握的知识进行全面分析，同时权衡外界的各种因素，经过统筹考虑，理智地走好职业生涯的第一步，并在不断探索、开发自身潜能的基础上，逐步完善自我，最终实现职业发展的突破。哈佛大学的爱德华·班菲德博士对美国社会进步动力的研究发现，那些成功的人往往都是有长期时间观念的人。他们在做每天、每周、每月活动规划时，都会用长期的观点去考量。他们会规划五年、十年，甚至二十年的未来计划。因此，职业生涯规划在职业发展中有着极其重要的作用。

一、内容设计

本教材为通识类课程教材，适合本科和专科各专业，也适合高职高专院校使用。本书分为六个专题，即自我评估、职场分析、求职准备、职业适应、职业保障及创业指导。这六个专题按职业生涯规划的内容及步骤进行安排，每个专题包含三至四章内容，每章都配有学习目标、小故事、小资料、案例分析及练习。

专题内容以就业过程中遇到的常见问题进行设计，同时兼顾了内容的顺序性及逻辑性。本书注重案例讨论及实践教学，每章中的小故事及案例都给出了提示性的分析，同时每章也配有练习，练习强调实用性，都是就业所需的操作。

二、教学建议

本教材偏重就职前职业指导。建议在指导过程中注重案例讨论，可以与学员以案例讨论方式进行学习，针对个案的特点有针对性地指导，并根据章后的练习完成相应的表格内容，便于跟踪指导。

三、编写团队

本书编写团队由上海开放大学徐蔚高级讲师、刘玉梅副教授、孙慧教授、张志京副教授及上海开放大学松江分校颜煜宇副教授组成。徐蔚编写专题二和专题四，刘玉梅编写专题一，孙慧编写专题三，张志京编写专题五，颜煜宇编写专题六，全书由徐蔚负责拟定编写提纲，并统筹全稿。本书在编写过程中得到华东师范大学刘德恩副教授的大力支持，在此表示衷心感谢。

本书是在借鉴、参考和引用国内外大量文献资料的基础上完成的，多数已列在书后的参考文献中，并在文中注明了出处，在此对所有文献的作者和出版者表示深深的谢意。

由于本书以问答方式呈现，加之作者水平有限，书中难免存在不足和疏漏之处，恳请广大读者批评指正。

编　者

目　录

专题一　自我评估

第一章　了解自己的兴趣与性格

“人，认识你自己”这句刻在古希腊德尔菲神庙前一块石碑上的箴言，成为历代思想家探讨的一个永恒话题。苏格拉底曾以哲学家的智慧诠释过“我是谁”，老子也有“知人者智，自知者明”的观点，尼采则认为“想要知道你自己是个什么样的人，只要看一看你自己喜欢什么”。其实，对每个人来说，认清自我都是一项重大的人生课题。在职业生涯发展过程中，只有准确地了解“我是谁”“我喜欢做什么”“我适合做什么”，才能确定自己的最佳职业道路。

【学习目标】

认识兴趣与职业选择的关系。
了解性格对职业规划的影响。
掌握职业兴趣定位和职业性格评估的方法。

【小故事】

兴趣成就“克隆教父”

2012 年，79 岁的英国科学家约翰·格登获得诺贝尔生理学或医学奖，人们尊称他为“克隆和干细胞疗法的教父”。格登从小对生物学就非常着迷，他喜欢问一些奇怪的问题，如“为什么被砍掉的手指不能动，而壁虎的断尾就可以动”。他也常做一些奇怪的事，如他曾经在学校里养过上千只毛毛虫。看着那些毛毛虫变成蝴蝶四处飞舞，他高兴得不得了。当格登从伊顿公学毕业，申请牛津大学时，由于成绩不佳，他最终放弃了自己的兴趣，报考了牛津大学基督学院古典文学专业。报到后，格登就对自己的选择后悔了，因为他发现自己对文学并不感兴趣，他感兴趣的仍然是生物学，他决定沿着自己的兴趣走下去。于是，他向牛津大学提出申请，从古典文学专业调整到了动物学专业，正式开始了自己的科研生涯，最终他在生物学领域“化茧成蝶”。

(资料来源：据《新京报》(2012-10-11)《从“最差学生”到诺贝尔奖得主》改写)

点评：兴趣是指一个人力求认识某种事物或从事某种活动的心理倾向。它表现为人们对某件事物、某项活动的选择性态度和积极的情绪反应。通俗地说，兴趣就是一个人喜好或偏爱某项活动或某种事物。对格登来说，动物学研究既是他的兴趣，也是他职业选择的重要依据。很多职场成功人士，最初都与格登一样是从“做感兴趣的事”开始的。

一、什么是职业兴趣？

职业兴趣是指人们对某种职业活动具有的比较稳定而持久的心理倾向。它使个人对某种职业给予优先的注意，并具有向往的情感。由于每个人的兴趣爱好不同，导致个体的职业兴趣也有很大的差异。有人喜欢与人接触的工作，如推销员、教师、记者等；有人爱好与物打交道的工作，如汽车修理、室内装潢、机械加工等；有人乐意从事创造性的工作，如广告设计师、作家、科学家等。职业兴趣是影响人们选择职业的重要因素之一。

二、如何评估自己的职业兴趣？

现实生活中，人们可以很容易地说出自己的兴趣爱好，如书法、绘画、写作、唱歌、跳舞、种花、养鱼等，但是如果让大家谈谈自己的职业兴趣时，恐怕就不那么容易回答了。为了帮助个体了解自己的兴趣与哪些职业有关，许多心理学家做了大量的研究工作，编制了一些职业兴趣测量表，国外著名的职业兴趣测量表有斯特朗—坎贝尔兴趣量表(Strong—Campbell Interest Inventory，SCII)、库德职业兴趣量表 (Kuder Occupational Interest Survey，KOIS)和霍兰德(Holland)先后编制的职业偏好量表(Vocational Preference Inventory，VPI)及职业自我探索量表(Self-Directed Search，SDS)；国内学者方俐洛、白利刚、凌文辁以霍兰德职业兴趣理论为依据，结合我国国情和职业分类体系特点，编制了霍氏中国职业兴趣量表。这些量表的网上在线资源为人们提供了详尽的、有关如何分析和使用评估结果的信息，可以让人快速、高效地了解自己的职业兴趣。但需要指出的是，这类工具并不是绝对的，即使没有这类工具，人们仍然可以通过自我分析、他人评价等方法收集到类似的信息。

三、职业兴趣对职业生涯发展有何影响？

职业兴趣在人们的职业活动中起着重要的作用。首先，职业兴趣会影响职业选择。在求职择业的过程中，人们常常以是否对某种工作有兴趣作为参考条件之一，一旦对某种职业有浓厚的兴趣，就会积极感知和关注该职业的知识、动态，并且积极思考，大胆探索。其次，职业兴趣可以提高工作效率。研究资料表明，如果人们对某一工作有兴趣，就能发挥全部才能的 80%～90%，并且能较长时间保持高效率而不感到疲劳；而如果人们对某项工作缺乏兴趣时，就只能发挥全部才能的 20%～30%，也容易疲劳、厌倦。最后，职业兴趣是保证职业稳定和职场成功的重要因素。职业兴趣使工作不再是一种负担，而是一种享受。美国曾对 2000 多位著名的科学家进行调查，发现很少有人是出于谋生的目的而工作，大多是出于对某一领域问题的强烈兴趣而工作，不计名利报酬。以“世界发明大王”

爱迪生为例，他几乎每天在实验室里工作 18 小时，在那里吃饭、睡觉，但他从来没感到辛苦，总是情绪饱满，干劲十足。他说："我一生中从未间断过一天工作，我每天快乐无穷。"兴趣推动着爱迪生获得了约 2000 项创造发明，为人类的文明和进步做出了巨大的贡献。

四、什么是性格？

性格是指一个人在对现实的稳定态度以及与之相适应的习惯化了的行为方式中表现出来的心理特征。比如，一位大学生在各种场合都表现得热情、谦虚、严于律己、坚毅果断、深谋远虑，这种对人、对己、对事的稳定态度和习惯化了的行为方式，就是这位大学生的性格特征。有人说，世界上没有两片完全相同的树叶，其实世界上也没有两个性格完全相同的人。在现实生活中，我们能从周围人身上看到各种各样的性格差异，如有的人活泼开朗，有的人沉默寡言；有的人动作敏捷，有的人行为迟缓；有的人善于独立思考，有的人喜欢人云亦云……可以说，性格影响着我们生活中的方方面面，如工作、学习、恋爱、婚姻、家庭等，它左右着我们的思想，主宰着我们的行为，决定着我们的命运。

五、性格结构的主要特征是什么？

性格是一个十分复杂的心理特征系统，从结构上看，它包含了多个侧面，并在每个个体身上形成了独特的组合。一般对性格结构的分析，着眼于性格的态度特征、性格的意志特征、性格的情绪特征、性格的理智特征四个方面。

(一)性格的态度特征

人对现实的态度体系是性格最主要的组成部分，也是性格最直接的表现。它与人的社会属性相关。具体可分为三个方面，见表 1-1。

表 1-1 性格的态度特征及其主要表现

性格的态度特征	积极的特征表现	消极的特征表现
对社会、集体、他人的态度特征	爱祖国、关心社会、热爱集体、具有社会责任感与义务感、乐于助人、待人诚恳、正直等	不关心社会与集体，缺乏社会公德，为人冷漠、自私、虚伪等
对学习、劳动和工作的态度特征	认真细心、勤劳节俭、富于首创精神等	马虎粗心、拈轻怕重、奢侈浪费、因循守旧等
对自己的态度特征	严于律己、谦虚谨慎、自强自尊，勇于自我批评等	放任自己、骄傲自大、自负或自卑、自以为是等

(二)性格的意志特征

性格的意志特征是指个体在调节自己行为方式的过程中所表现出来的个人特点。性格的意志特征主要表现为四个方面，见表 1-2。

表 1-2　性格的意志特征及其主要表现

性格的意志特征	积极的特征表现	消极的特征表现
对行为目的明确程度的意志特征	独立性、目的性、纪律性等	冲动性、盲目性、散漫性等
对行为自觉控制的意志特征	自制、主动等	任性、盲动等
对自己作出决定并贯彻执行方面的意志特征	恒心、坚韧等	见异思迁、半途而废等
在紧急或困难情况下表现出的意志特征	勇敢、镇定、果断等	胆小、紧张、犹豫等

(三)性格的情绪特征

性格的情绪特征是指一个人在情绪活动中经常表现出来的强度、稳定性、持久性以及主导心境方面的特征，见表 1-3。

表 1-3　性格的情绪特征及其主要表现

性格的情绪特征	基本内涵	主要表现
强度特征	人的情绪对工作和生活的影响程度和情绪受意志控制的程度	有人情绪反应强烈、明显、易受感染；有人反应微弱、隐晦、不易受感染
稳定性特征	情绪的起伏和波动程度	有人情绪稳定，有人情绪容易波动
持久性特征	情绪对人身心各方面影响的时间长短	有人情绪产生后很难平息，有人情绪虽来势凶猛但转瞬即逝
主导心境	不同的主导心境在一个人身上表现的稳定程度	有人终日精神饱满、乐观开朗；有人却整日愁眉苦脸、烦闷悲观等

(四)性格的理智特征

人们在感知、记忆、思维、想象等认识过程中表现出来的个别差异就是性格的理智特征，见表 1-4。

表 1-4　性格的理智特征及其主要表现

性格的理智特征	主要表现
在感知方面	有的人观察精细，有的人观察粗略；有的人观察敏锐，有的人观察迟钝等
在思维方面	有的人善于独立思考，有的人喜欢人云亦云；有的人善于分析，有的人善于综合
在记忆方面	有的人记忆敏捷，过目成诵，有的人记忆较慢，需反复记忆方能记住；有的人记忆牢固且难以遗忘，有的人记忆不牢且遗忘迅速等
在想象方面	有的人想象丰富、奇特，富有创造性，有的人想象贫乏、狭窄；有的人想象主动，富有情感色彩，有的人想象被动、平淡寻常等

以上性格结构的四方面不是独立存在的，它们相互联系，相互影响，构成一个统一体存在于每个人身上。要了解一个人，就应对性格的各个方面作全面分析。

六、性格有哪些类型？

性格的类型是指一类人身上所共有的性格特征的独特结合。按一定原则和标准把性格加以分类，有助于了解一个人性格的主要特点和揭示性格的实质。由于性格结构的复杂性，在心理学的研究中至今还没有公认的性格类型划分的原则与标准。现将有代表性的观点加以简介。

(一)机能类型说

这是英国心理学家培因(A.Bain)和法国心理学家李波特(T.Ribot)提出的分类法。他们根据理智、情绪、意志三种心理机能在人的性格中所占优势不同，将人的性格分为理智型、情绪型、意志型。理智型的人通常用理智来衡量一切和支配行动，处世冷静；情绪型的人通常用情绪来评估一切，言谈举止易受情绪左右，不能三思而后行；意志型的人行动目标明确，主动、积极、果敢、坚定，有较强的自制力。以上三种性格是日常生活中极典型的类型，实际上大多数人都是混合类型。

(二)向性说

瑞士心理学家荣格(C.G.Jung)是向性说的代表人物。他把人的性格分成内倾和外倾两大类，并从思维、情感、感觉和直觉方面推演出八种性格类型，见表 1-5。

表 1-5　荣格性格类型

性格类型	性格特点
外倾型思维	按固定规则生活，对事对人的态度客观、冷静；善于思考，但固执己见，感情受压抑，如科学家类型的人
外倾型情感	理智服从情感，更多属于女性，情绪易受外界影响而变化；多愁善感，但尊重他人
外倾型感觉	追求欢乐，善于交际，热衷于感兴趣的经验，情感一般较浅薄，非常讲究实际
外倾型直觉	凭主观预感作出决定，但易变，有创造性。对新事物敏感却不能长期坚持，容易见异思迁
内倾型思维	喜欢离群索居，易脱离实际，顽固执拗，不会体贴别人，社会适应性差
内倾型情感	敏感而文静，多思考，但有些孩子气，往往沉默寡言难以捉摸，对他人的观点和感情无动于衷
内倾型感觉	沉浸于自己的主观感觉，不关心外部世界，外表沉静，自制，思想、情感贫乏
内倾型直觉	对别人的不理解满不在乎，不能认真地交流思想、情感，爱好内部的主观体验，如艺术家

荣格性格类型的划分，已被编制成量表，在国外主要应用于教育和医疗等实践领域。

(三)独立—顺从说

美国心理学家威特金(H.A.Witkin)等人根据场的理论，将人的性格分成场独立型和场依存型。前者也称独立型，后者又称顺从型。场独立型的人不易受环境因素的影响，具有独立判断事物、发现问题、解决问题的能力，同时具有较强的应激能力。场依存型者，倾向于以外在参照物作为信息加工的依据，易受环境或附加物的干扰，常不加批评地接受别人的意见，应激能力差。

需要说明的是，这两种性格特点各有优劣。在某些方面，场独立型的人占有优势，而在另一些方面，则是场依存型的人占有优势。例如，场独立型的人具有较强的判断能力和自主性，在理性思维方面较为出色，但社会敏感度和社交技能往往偏低；而场依存型的人能很快察觉环境中微妙的人际信息，从而作出最恰当的反应，所以社交能力往往出众。

(四)社会生活类型说

德国哲学家和心理学家斯普兰格(E.Spranger)按照人的价值观和行为，把人的性格分为经济型、理论型、审美型、宗教型、政治型、社会型六种，见表1-6。

表1-6　斯普兰格性格类型

性格类型	性格特点
经济型	一切以经济观点为中心，以追求财富、获取利益为个人生活目的。实业家多属此类
理论型	以探求事物本质作为人的最大价值，但解决实际问题时常无能为力。哲学家、理论家多属此类
审美型	以感受事物美为人生最高价值，他们的生活目的是追求自我实现和自我满足，不大关心现实生活。艺术家多属此类
宗教型	把信仰宗教作为生活的最高价值，相信超自然力量，坚信永存生命，以爱人、爱物为行为标准。神学家是此类人的典型代表
政治型	以获得权力为生活的目的，并有强烈的权力意识与权力支配欲，以掌握权力为最高价值。领袖人物多属于此类
社会型	重视社会价值，以爱社会和关心他人为自我实现的目标，并有志于从事社会公益事业。文教卫生、社会慈善等职业活动家多属此类型

在现实生活中，某个人的性格往往是多种类型特点的组合，但常以一种类型特点为主。

七、如何了解自己的性格类型？

性格是影响个体行为的最重要的心理特征之一。人的性格不是天生的，它是个体在社会实践中逐渐形成的，并会经常地、习惯地表现在个人的言谈举止和工作等方面，性格具有可塑性。尽管性格的分类标准至今还未统一，但我们可以借助一些测试工具来了解自己的性格类型。常用的测评工具有迈尔斯－布里格斯人格类型量表(Myers-Briggs Type Indicator，MBTI)和卡特尔十六种个性因素问卷(Cattell's the Sixteen Personality Factor Questionnaire，16PFQ)。各类人才测评机构都可以安排这些测试，帮助我们分析性格的优劣势，合理设定职业目标。以下是两个性格测评工具的简介。

迈尔斯－布里格斯人格类型量表(MBTI)源自瑞士著名心理学家荣格(C. G. Jung)的人格类型理论，后经凯瑟琳·布里格斯(Katharine Cook Briggs)与伊莎贝尔·布里格斯·迈尔斯

(Isabel Briggs Myers)两人加以演化，最后形成了包括四个双极维度[①]的十六种人格类型量表。该量表具有很好的信度和效度，包含 93 个问题，每题设 2 个备选答案，要求受测者在完全解除压力的状态下选择自己最自然的做法或者反应。测试时间为 30 分钟。MBTI 是当今世界上具有广泛影响的性格评价工具之一。在国外，每年的使用者多达数百万人，主要用于职业指导、人事咨询、管理人员评估及团体动力学分析等领域。

卡特尔十六种个性因素问卷(16PFQ)是美国伊利诺州立大学人格及能力测验研究所教授卡特尔(R.B.Cattell) 采用因素分析统计法编制的人格测量问卷，具有良好的信度和效度，是国际上最具影响力的心理量表之一。16PFQ 由 187 道题组成，从乐群、聪慧、敏感、独立、敢为、怀疑等 16 个相对独立的个性层面对被测者进行测量，根据不同因素的组合可以全面评价被测者的个性，能够预测被测者的稳定性、承受压力能力、成熟度等，并可以了解被测者在心理健康、适应新环境、专业成就、创新能力等方面的表现。该量表被广泛应用于人才选拔、就业指导及职业咨询等领域。16PFQ 适用于 16 岁以上各类人群，对年龄、性别、职业、级别、文化等方面均无限制。16PFQ 实施简便，解释客观，能高度概括一个人个性特征的整体面貌。

八、怎样做到性格与职业的匹配？

性格与职业有着非常密切的关联，性格类型与职业类型的匹配度，决定着事业的成功与否。职业心理学的研究表明，不同的职业对从业者的性格要求是不同的。例如，从事教师职业的人要求乐观外向、善于与人亲近、耐心正直、责任心强、稳定性好、安详沉着；从事广告设计职业的人要求敢于打破常规、狂放不羁、富有想象力；从事科学研究的人必须认真、聪明、独立自信、敢于怀疑、富于批判精神和创新意识。如果人们从事的职业与自己的性格相适应，工作起来就会得心应手，心情舒畅，容易取得成功。如果性格与职业不相适应，这种性格就会阻碍工作的顺利进展，使从业者感到被动，缺乏兴趣，倦怠，力不从心，精神紧张，工作上成功的概率也会较小。因此人们在选择职业时应注意以下几点：

第一，以性格特征为择业导向，做到性格和职业的匹配。

第二，根据性格制定职业规划。当怀疑自己选错职业时，不要盲目急着换工作，先进行一个自我审视评估、性格测评，在职业咨询师的指导下进行职业生涯的发展规划。

第三，让性格适应工作。性格很大程度上可以后天培养，并不是无法改变的。当发现性格与职业的匹配度不高时，可以通过努力来弥补。

【案例】

技术员与商务代表

陈波从某高校机械专业毕业后，找到了一家企业，做技术支持的工作。几年过去了，虽然他全身心投入、兢兢业业，可业绩却非常一般，而同时进公司的其他同事却得到了提

① 即外向(Extravert)—内向(Introvert)：表示获得与运用能量的方式；感觉(Sensing)—直觉(Intuition)：表示收集与获取信息的方式；思考(Thinking)—情感 Feeling：表示作出决策的方式；判断(Judging)—感知(Perceiving)：表示组织生活的方式。

升。在朋友的建议下，他做了一次性格测试。测试结果告诉他，他比较擅长与人打交道，更适合做类似销售或经纪人之类的工作。随后，他跳槽到一家机械公司作商务代表，将他的专业和特长相结合，最大地发挥了他的优势。

(资料来源：百度文库 https://wenku.baidu.com/view/68af8b13ff00bed5b9f31d78.html)

分析：类似案例中陈波这种经历在很多人身上都发生过。作为技术人员，陈波需要专注于技术研究，但性格外向的他在此岗位上会感到枯燥、乏味；而作为机械公司的商务代表，他既有机械技术方面的专业背景，又具备与人交流、处理人际关系等方面的性格特征，工作起来则会游刃有余。应该说，陈波的性格特征与商务代表的职位是相匹配的。

【小资料】

霍兰德职业兴趣理论

约翰·霍兰德(John Holland)是美国约翰·霍普金斯大学心理学教授，美国著名的职业指导专家。霍兰德十分重视兴趣与职业的关系，他认为大多数人的职业倾向可以分为现实型、研究型、艺术型、社会型、企业型和传统型六种，见表 1-7，如果人们所从事的职业类型与职业兴趣越吻合，职业满意度就会越高。

表 1-7　霍兰德职业类型对应表

职业类型	特　点	典型职业
现实型	喜欢有规则的具体劳动和需要基本操作技能的工作，但缺乏社交能力，不适应社会性质的职业	技能性职业(如一般劳动、技工、维修工、农民等)和技术性职业(如摄影师、制图员、机械装配工等)
研究型	具有聪明、理性、好奇、精确、批评等特征，喜欢探索和从事创造性的活动，不喜欢遵循固定程序；对具体操作不感兴趣	科技研究人员、工程师、实验研究等
艺术型	具有想象、冲动、无秩序、情绪化、理想化、有创意、不重实际等特征，喜欢艺术性质的职业和环境	艺术方面的职业(如演员、导演、艺术设计师、雕刻家等)、音乐方面的职业(如歌唱家、作曲家、乐队指挥等)和文学方面的职业(如诗人、小说家、剧作家等)
社会型	具有合作、友善、助人、负责、圆滑、善社交、善言谈、洞察力强等特征，喜欢社会交往，关心社会问题，有教导别人的能力	教育工作者(如教师、教育行政人员)与社会工作者(如咨询人员、公关人员)等
企业型	具有冒险、野心、独断、乐观、自信、精力充沛、喜欢竞争等特征，喜欢从事领导及企业性质的职业	如政府官员、企业领导、销售人员等
传统型	具有顺从、谨慎、保守、实际、稳重、有效率等特征	如秘书、办公室人员、记事员、行政助理、图书馆管理员、出纳员、打字员等

霍兰德认为，上述职业类型与职业的关系不是绝对的，而是相互关联的。为了帮助描

述这种情况，霍兰德建议将这六种职业类型分别放在一个正六边形的每一角，见图 1-1。其中，属于相邻关系(如 RI、IR、IA、AI、AS、SA、SE、ES、EC、CE、RC 及 CR)的两种类型的个体之间共同点较多，如现实型 R、研究型 I 的人都不太偏好人际交往，这两种职业环境中也都较少有机会与人接触；属于相隔关系(如 RA、RE、IC、IS、AR、AE、SI、SC、EA、ER、CI 及 CS)的两种类型个体之间共同点较相邻关系少；属于相对关系(即在六边形上处于对角位置的类型，如 RS、IE、AC、SR、EI 及 CA)的两种类型的个体之间共同点较少，一个人同时对相对关系的两种职业环境都感兴趣的情况较为少见。

此后，Holland 理论经过不断丰富和发展。1993 年，Prediger 在 Holland 六边形模型的基础上加上人和物维度、信息和思想的维度，使职业的类型和性质有机地结合起来。

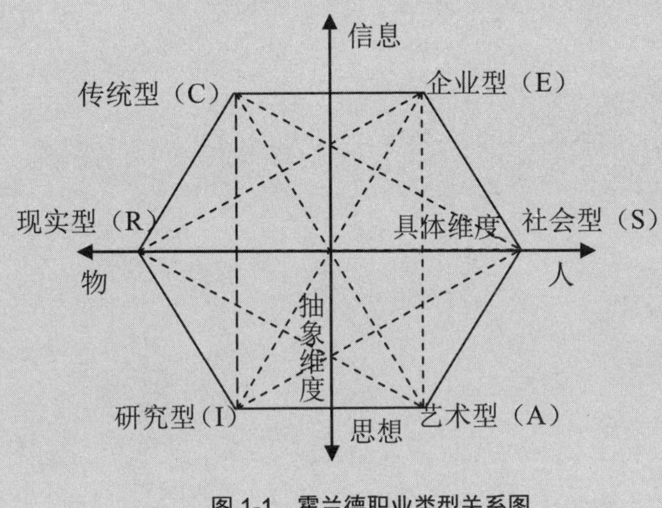

图 1-1　霍兰德职业类型关系图

【练习】

“美丽岛屿”小游戏

假定在苍茫的大海上，我们是一群游客，由于轮船搁浅，我们必须上岛。对于未来是否有求救的船只过来，我们知道这种可能性是零，而这些岛屿很有可能就是我们今后一辈子要待的地方。只能待在这个岛上，那么你会如何选择?

这六个岛屿分别生活着不同的人。俗话说“物以类聚，人以群分”，你最愿意到哪个岛上？每个人都做一个选择。假如你第一个要选择的岛屿已经人满为患了，你的第二选择是哪个岛？如果第二个岛人也满了，你的第三选择又是什么？请大家保留自己的选择结果。

R 岛：自然原始的岛屿，岛上保留有热带的原始植物林，自然生态保护得很好，也有相当规模的动物园、植物园、水族馆。岛上居民以手工见长，自己种植瓜果蔬菜、修理房屋、打造器物，制作各种工具。

I 岛：深思冥想的岛屿，岛上人迹较少，建筑物多偏处一隅，平川绿野，适合夜观星象。岛上有多处天文馆、科博馆以及科学图书馆等。岛上居民喜好沉思、追求真知，喜欢和来自各地的科学家、哲学家、心理学家等交换心得。

A 岛：美丽浪漫的岛屿，岛上充满了美术馆、音乐厅，弥漫着浓厚的艺术文化气息。

同时，当地的原住民还保留了传统的舞蹈、音乐与绘画，许多艺术和文艺界的朋友都喜欢在这里找寻灵感。

S 岛：温暖友善的岛屿，岛上居民个性温和、十分友善、乐于助人，社区均自成一个个密切互动的服务网络，人们互助合作，重视教育，充满人文气息。

E 岛：显赫富足的岛屿，岛上居民热情豪爽，善于经营和贸易。岛上的经济高度发展，处处是高级饭店、俱乐部、高尔夫球场。来往者多是企业家、经理人、政治家、律师等，岛上衣香鬓影，夜夜笙歌。

C 岛：现代井然的岛屿，岛上建筑十分现代化，是进步的都市形态，以完善的户政管理、和地政管理、金融管理见长。岛民个性冷静保守，处事有条不紊，善于组织规划，细心高效。

你的选择是：

第一选择

第二选择

第三选择

第二章　明确自己的价值观

亲情、友情、爱情、财富、地位、名誉、权力、美貌、健康、快乐、自由、幸福等都是世间美好的事物，每个人都渴望拥有。但是人在一生中，会面临很多选择，当“鱼”和“熊掌”不可兼得时，我们常常是“舍鱼而取熊掌者也”。然而，对于不同的人，即使面临同样的选择，每个人心目中的“鱼”和“熊掌”并不是完全相同的。也就是说，每个人对事物(包括人、事、物)是否有价值以及价值大小的看法都是不尽相同的。比如，求职时有人认为收入一般但稳定且福利好的工作是理想的选择，而有人则倾向于寻找薪水较高且挑战性较大的工作，认为这样的工作更利于自己的成长与发展。你在生活和工作中最看重什么呢？这就是本章将要探讨的价值观问题。每个人都有自己独特的价值观，占主导地位的价值观会影响个体的职业选择。

【学习目标】

了解价值观的内涵。
掌握价值观对个人职业选择和发展的影响。
能够对自己的职业价值观进行排序。

【小故事】

特蕾莎修女的故事

2009 年 10 月 4 日，诺贝尔基金会评选出该奖百余年历史上最受尊崇的 3 位获奖者，他们是：1921 年物理学奖得主爱因斯坦，1964 年和平奖得主马丁 · 路德 · 金，1979 年和平奖得主特蕾莎修女。

特蕾莎修女是一位举世闻名的“穷人的天使”。她一无所有，可她创建的仁爱传教修女会有 4 亿多美元的资产，全世界最有钱的公司都争相给她捐款。但是她一生却坚守贫困，她住的地方，只有两样电器，一个是电灯，一个是电话。她的办公室只有一张桌子、一把椅子，她接待全世界的来访者总是在她的工作岗位——贫民窟、弃婴院、临终医院、麻风病院、收容院、艾滋病收容所……那些来采访的全世界的著名记者，必须和她一样蹲下来为穷人、病人喂饭送药。在她的心目中，穷人比富人更需要尊严，穷人在价值的等级中至高无上。

特蕾莎修女把一切都献给了穷人、病人、孤儿、孤独者、无家可归者和垂死临终者，她从来不为自己、而只为受苦受难的人活着……她终生以博爱的精神，默默地关注着贫穷的人，使他们感受到尊重、关怀和抚慰；她用诚恳、服务而有行动的爱，来医治人类最严重的病源——自私、贪婪、享受、冷漠、残暴、剥削等恶行；也为人们通往社会正义和世界和平，开辟了一条新的道路。她的善行受到基督教徒、穆斯林教徒、印度教徒和无信仰者的敬仰及爱戴，她是人类善良、怜悯和仁慈的完美化身。

(资料来源：据中国民族报(2015-12-22)《特蕾莎修女“封圣”的现代性张力》改写)

点评：特蕾莎修女获得过多个国际性奖项，1979 年获诺贝尔和平奖，19 万美元的奖金她如数奉献给了穷人和麻风病人。是什么让她坚持过着最贫穷的生活但却终其一生不觉得苦呢？答案就是她坚信自己一直在做最有价值的事情。在特蕾莎修女的心目中，用爱心善行维护穷人的尊严是其一生的追求和行为准则。

一、什么是价值观？

价值观是指一个人对周围的客观事物(包括人、事、物)的意义、重要性的总评价和总看法。对待同一个事物，由于价值观不同，人就会有不同的行为。如对待诺贝尔奖金，特蕾莎修女选择全部捐献给穷人和麻风病人，泰戈尔则全部捐赠给了学校作修缮费用，怀特用来资助年轻的同行，萨特则以“谢绝一切来自官方的荣誉”为由拒绝接受此项奖励。诺贝尔奖得主们行为的背后都有一条看不见的准绳——价值观。也就是说，诺贝尔奖得主自己最看重什么，就把这笔奖金用来做什么。可见，价值观对人的行为有着深远的影响。

二、怎样了解自己的价值观？

有几种方式可以帮助你了解自己的价值观：

1. 回忆你的时间规划。你的时间主要用在哪些方面？为什么这样安排时间？对这两个问题的回答可以帮助你确定自己的价值观，因为价值观是时间管理的根本，个人总是愿意把时间花在自己认为最重要的事情上。

2. 回顾那些印象深刻的经验。为什么会印象深刻？是由于这些经验对你有意义。对你的意义就是价值观的体现。

3. 利用价值观测量工具。目前使用较广泛的价值观测量量表或问卷有奥尔波特(Allport)等人 1931 年、1951 年、1960 年编制的“价值观量表”、莫里斯(Morris)1956 年编制的“生活方式问卷”、罗克奇(Rokeach)1973 年编制的“价值观调查量表”、内维尔(Nevil& Super)等人 1986 年编制的“价值观量表”和施瓦茨(Schwartz)等人 1992 年、1994 年、1995 年编制的“价值观量表”。

三、什么是职业价值观？

价值观在职业选择上的体现就是职业价值观，职业价值观也叫工作价值观。职业价值观是价值观的重要组成部分，是人们衡量社会上某种职业的优劣和重要性的内心尺度。它既决定着人们的择业倾向，又影响着人们的工作态度。职业价值观表明了一个人通过工作所要追求的理想是什么，如有的人是为了经济收入，有的人是为了社会声望，有的人是为了自我发展，有的人是为了帮助他人……，人们的职业价值观不同，所选择的职业也会有所差别。

四、职业价值观有哪些特征？

职业价值观的基本特征主要包括以下几个方面。

(1) 职业价值观因人而异。由于每个人在身心条件、家庭影响、生活阅历、教育状况、兴趣爱好等方面存在诸多差异，故形成的职业价值观也各不相同。

(2) 职业价值观是相对稳定的。一个人的职业价值观是在家庭、学校和社会的长期影响下逐步形成的。个体的职业价值观一旦确立，便具有相对的稳定性。

(3) 职业价值观具有阶段性。职业价值观是个人需求的表现，一个人所处的成长阶段和外部环境不同，其自身的需求也会不同。如一个年轻人生活十分窘迫时，他会把赚钱当作自己工作的首要目标；而等他人到中年变得富有以后，薪酬就不再是排首位的职业价值观了，他可能会崇尚其他的职业价值观，如帮助别人等。

(4) 职业价值观具有多元化特征。每个人都拥有一种或多种职业价值观，如在被问到什么是好工作时，有人回答“没有太大压力，薪水高，工作稳定，尽量贴近自然……”这时此人至少已有 4 种职业价值观。另外，职业价值观也存在显著的个体差异。

五、职业价值观有哪些类型？

一般来说，职业价值观可以分为三大类：第一类与个人发展有关，称为发展因素，包括工作符合自己的兴趣爱好、机会均等、公平竞争、工作有挑战性、能发挥自己才能、发展空间大、工作自主性强、不受约束、能提供培训机会、晋升机会多、专业对口、有出国机会等。第二类与工资收入、福利待遇及生活水准有关，称为保健因素，包括薪酬高、福利好、保险全、职业稳定、工作环境舒适、交通便利等。第三类与声望地位有关，称为声望因素，包括工作单位知名度高、规模大、社会形象好、社会地位高等。

六、如何测评自己的职业价值观？

国外应用比较广泛且知名度比较高的职业价值观测评工具有“明尼苏达重要性问卷”①(Minnesota Importance Questionnaire，MIQ)、“职业价值观量表”②(Occupational Values Inventory，OVI)和“工作价值观量表”③(Work Values Inventory，WVI)等。国内有“职业价值观量表”④“职业价值观问卷”⑤和“大学生职业价值观问卷”⑥等。

---

① 由 Rounds、Henly、Dawis、Lofquist、&Weiss 于 1981 年编制。

② 由高登(Gordon)于 1975 年编制。

③ 由舒伯(Super)于 1970 年编制。

④ 实为舒伯的“职业价值观量表”，由宁维卫于 1991 年修订。

⑤ 由凌文辁等人于 1999 年编制。

⑥ 由金盛华等人于 2005 年编制。

【案例】

职业价值观模糊带来的就业盲目

2011 届某位毕业生参加了多家用人单位的招聘面试，因为他在沟通能力、现场表达等方面的表现不错，所以获得了德邦物流、长城汽车、易图通科技等多家公司的认可，都愿意录用他。而他却在这么多选择面前犯了愁。去德邦物流，公司要他去北京参加实习，需要抬扛包裹 3 个月；去长城汽车则要下车间实习半年到一年；而易图通公司不是知名公司。同时他在考虑到底去哪个公司时，又碰到了难题，他想离家近些，但是又不想受家里影响太多而失去自己的自由；他想去大城市历练，又担心压力太大；想在中小城市积累，却又嫌机会相对较少。在这些想法同时并存的情况下，他左右为难。当这几家公司提出可以和他签订就业协议时，他很犹豫。在这样的情况下，就业办的老师建议他可以先去公司参加实习，通过实习进一步了解公司，并在实习中思考自己到底想从事什么样的工作。

2011 年 2 月，他进入德邦物流北京分公司参加实习，工作是背扛包裹，由于劳动强度较大，加之认为大学生干这样的工作不体面，他返回了学校。3 月底他进入易图通科技公司实习，工作相对清闲了，但通过与易图通老员工沟通了解到公司前途不明确而退出。而当长城汽车通知他也可以进入公司实习时，由于工作是进入生产车间，经与校友交流后，认为没有发展空间而拒绝了去该公司实习。

(资料来源：吴前进. 大学生职业发展能力教程[从]. 北京：中国水利水电出版社，2013：39。略有改动)

分析：该毕业生求职过程中遇到的困惑主要来自自己的职业价值观不明确，导致他缺乏清晰的职业方向和职业目标，虽然多家公司向他抛出了橄榄枝，但由于其职业价值观模糊而难以抉择，最终全部放弃。因此，对该毕业生来说，当务之急是需要先澄清自己的职业价值观，了解自己在工作中真正想要追求的是什么。同时，还必须明白，很少有工作能够完全满足一个人所有的重要价值观，在择业的过程中我们总要不断地作出妥协，这是不可避免的，也是必要的。当然，只有对自己的职业价值观进行梳理和排序，才能知道如何取舍。

【小资料】

价值澄清理论

价值澄清(Values Clarification)理论最早作为一种教学方法于 20 世纪 20 年代间出现，为进步主义教育采用。在 20 世纪 60 年代时逐渐形成一个德育学派，代表人物主要是纽约大学教育学院教授拉思斯(Louise E.Raths)、南伊利诺斯大学教育学教授哈明(Merrill Harmin)和马萨诸塞州大学教育学教授西蒙(Sidney B.Simon)，其代表作是三人合著的《价值与教学》(Values and Teaching)。

拉思斯等人认为，为了帮助学生澄清和发展他们自己的价值观，在学校的价值观教育中可以建立一种价值澄清过程，通过这种过程，学生可以确定他自己的价值观。拉思斯等人将这一过程称为“评价过程”，具体来说，有选择、珍视和行动三个阶段。整个价值观获得的过程就是个体对选择的行为思考、评估，最后通过行为检验并形成一定的生活方式的过程。这三个阶段分为以下七个步骤：第一步，完全自由地选择；第二步，在尽可能广泛的范围内选择；第三步，对每一个选择途径的结果加以充分考虑后进行选择；第四步，喜爱作出的选择并感到满足；第五步，乐于公布自己的选择；第六步，按作出的选择行事；第七步，作为一种生活方式加以重复。上述七个步骤中，前三步是选择阶段，解释如何选择自己价值观的问题，四、五两步是对自我价值观的评价，是珍视阶段，六、七两步是根据价值作出行动，属于行动阶段。只有这七个步骤完全被经历之后，才算真正澄清并获得了价值观。

(资料来源：路易斯·拉思斯. 价值与教学[从]. 谭松贤，译. 杭州：浙江教育出版社，2003. 引用时进行了改写)

【练习】

职业价值观自测量表

下面有 52 道题目，每个题目都有 5 个备选答案，请根据自己的实际情况或想法，在题目后面圈出相应字母，每题只能选择一个答案。通过测验，你大致可以了解自己的职业价值观。

A. 非常重要　B. 比较重要　C. 一般　D. 较不重要　E. 很不重要

1. 你的工作必须经常解决新的问题。 ABCDE
2. 你的工作能为社会福利带来看得见的效果。 ABCDE
3. 你的工作奖金很高。 ABCDE
4. 你的工作内容经常变换。 ABCDE
5. 你能在你的工作范围内自由发挥。 ABCDE
6. 工作能使你的同学、朋友非常羡慕你。 ABCDE
7. 工作带有艺术性。 ABCDE
8. 你的工作能使人感觉到你是团体中的一分子。 ABCDE
9. 不论你怎么干，你总能和大多数人一样晋级和涨工资。 ABCDE
10. 你的工作使你有可能经常变换工作地点、场所或方式。 ABCDE
11. 在工作中你能接触到各种不同的人。 ABCDE
12. 你的工作上下班时间比较随便、自由。 ABCDE
13. 你的工作使你不断获得成功的感觉。 ABCDE
14. 你的工作赋予你高于别人的权力。 ABCDE
15. 在工作中，你能试行一些自己的新想法。 ABCDE
16. 在工作中你不会因为身体或能力等因素，被人瞧不起。 ABCDE
17. 你能从工作的成果中，知道自己做得不错。 ABCDE
18. 你的工作经常要外出、参加各种集会和活动。 ABCDE
19. 只要你干上这份工作，就不再被调到其他意想不到的单位和工种上去。 ABCDE
20. 你的工作能使世界更美丽。 ABCDE
21. 在你的工作中，不会有人常来打扰你。 ABCDE
22. 只要努力，你的工资会高于其他同年龄的人，升级或涨工资的可能性比干其他工作大得多。 ABCDE
23. 你的工作是一项对智力的挑战。 ABCDE
24. 你的工作要求你把一些事物管理得井井有条。 ABCDE

25. 你的工作单位有舒适的休息室、更衣室、浴室及其他设备。 ABCDE
26. 你的工作有可能结识各行各业的知名人物。 ABCDE
27. 在你的工作中，能和同事建立良好的关系。 ABCDE
28. 在别人眼中，你的工作是很重要的。 ABCDE
29. 在工作中你经常接触到新鲜的事物。 ABCDE
30. 你的工作使你能常常帮助别人。 ABCDE
31. 你在工作单位中，有可能经常变换工作。 ABCDE
32. 你的作风使你被别人尊重。 ABCDE
33. 同事和领导人品较好，相处比较随便。 ABCDE
34. 你的工作会使许多人认识你。 ABCDE
35. 你的工作场所很好，如有适度的灯光，安静、清洁的工作环境，甚至恒温、恒湿等优越的条件。 ABCDE
36. 在工作中，你为他人服务，使他人感到很满意，你自己也很高兴。 ABCDE
37. 你的工作需要计划和组织别人的工作。 ABCDE
38. 你的工作需要敏锐的思考。 ABCDE
39. 你的工作可以使你获得较多的额外收入，比如，常发实物、常购买打折扣的商品、常发商品的提货券、有机会购买进口货等。 ABCDE
40. 在工作中你是不受别人差遣的。 ABCDE
41. 你的工作结果应该是一种艺术而不是一般的产品。 ABCDE
42. 在工作中不必担心会因为所做的事情领导不满意，而受到训斥或经济惩罚。 ABCDE
43. 在你的工作中能和领导有融洽的关系。 ABCDE
44. 你可以看到努力工作的成果。 ABCDE
45. 在工作中常常要你提出许多新的想法。 ABCDE
46. 由于你的工作，经常有许多人来感谢你。 ABCDE
47. 你的工作成果常常能得到上级、同事或社会的肯定。 ABCDE
48. 在工作中，你可能做一个负责人，虽然可能只领导很少几个人，你信奉“宁作兵头，不作将尾”的俗语。 ABCDE
49. 你从事的那种工作，经常在报刊、电视中被提到，因而在人们的心目中很有地位。 ABCDE
50. 你的工作有数量可观的夜班费、加班费、保健费或营养费等。 ABCDE
51. 你的工作比较轻松，精神上也不紧张。 ABCDE
52. 你的工作需要和影视、戏剧、音乐、美术、文学等艺术打交道。 ABCDE

评分与评价：

上面的 52 道题分别代表十三项工作价值观。每圈一个 A 得 5 分、B 得 4 分、C 得 3 分、D 得 2 分、E 得 1 分。请你根据评价表中每一项前面的题号，计算每一项的得分总数，并把它填在每一项的得分栏上。然后在表格下面依次列出得分最高的三项。

评价表如表 2-1 所示。

表 2-1　评价表

得　分	题　号	职业价值观	职业价值观呈现的目的和意义说明
	2、30、36、46	利他主义	在于直接为大众的幸福和利益尽一份力
	7、20、41、52	美感	在于能不断地追求美的东西，得到美感的享受
	1、23、38、45	智力刺激	在于不断进行智力的操作，动脑思考，学习以及探索新事物，解决新问题
	13、17、44、47	成就感	在于不断创新，不断取得成就，不断得到领导与同事的赞扬，或不断实现自己想要做的事
	5、15、21、40	独立性	在于能充分发挥自己的独立性和主动性，按自己的方式、步调或想法去做，不受他人的干扰
	6、28、32、49	社会地位	在于所从事的工作在人们的心目中有较高的社会地位，从而使自己得到人们的重视与尊敬
	14、24、37、48	管理	在于获得对他人或某事物的管理支配权，能指挥和调遣一定范围内的人或事物
	3、22、39、50	经济报酬	在于获得优厚的报酬，使自己有足够的财力去获得自己想要的东西，使生活过得较为富足
	11、18、26、34	社会交际	在于能和各种人交往，建立比较广泛的社会联系和关系，甚至能和知名人物结识
	9、16、19、42	安全感	不管自己能力怎样，希望在工作中有一个安稳局面，不会因为奖金、涨工资、调动工作或领导训斥等经常提心吊胆、心烦意乱
	12、25、35、51	舒适	希望能将工作作为一种消遣、休息或享受的形式，追求比较舒适、轻松、自由、优越的工作条件和环境
	8、27、33、43	人际关系	希望一起工作的大多数同事和领导人品较好，相处在一起感到愉快、自然，认为这就是很有价值的事，是一种极大的满足
	4、10、29、31	变异性	希望工作的内容应该经常变换，使工作和生活显得丰富多彩，不单调枯燥

得分最高的三项是：

1. ____；　2. ____；　3. ____。

从得分最高的三项中，能够大致看出你的职业价值观，你在选择职业时可以加以考虑和借鉴。

【温馨提示】

价值观、职业价值观是个体自我认知和职业认知的第一步，也是进行其他认知的基础。对个体兴趣、职业兴趣以及技能获取、职业技能获取有着十分重要的指导作用。澄清价值观和职业价值观是职业生涯探索的开始，它将带领我们进入更深邃的人生规划历程。

第三章　评估自己的能力

在日常生活和工作中，经常可以发现这样的现象：有些事情你做起来得心应手，而其他人做起来则力不从心；有些事情对他人来说是轻而易举，但对你而言则是难若登天。这到底是为什么呢？其实是由于每个人的天赋本来就各不相同，再加上后天所受的教育及所处环境又存在很多差异，所以导致每个人各方面的能力和表现会有所差别。个体有些能力表现得十分突出，有些能力却表现得令人不满意，还有少数能力表现得可能非常逊色，这都是很自然的事。对于个人而言，如果能够早日了解自己各方面的能力发展状况，将有助于自己妥善规划自己的职业生涯。

【学习目标】

了解能力的内涵及能力差异。
能够评估自己的能力特长。
掌握能力与职业匹配的原则。

【小故事】

IT 精英的困惑

李亮今年 27 岁，是某名牌大学信息工程专业的毕业生。他曾在深圳一家企业做了 4 年多系统分析员，因为业绩优秀，被北京一家公司高薪挖去担任部门经理，开始从事管理工作。但现在他觉得自己难以适应新的工作。原先做技术时只需要管好自己，按时完成任务就行了。而现在，他每天都卷入事务性的旋涡中：“原来只和机器打交道，现在我每天开会、向领导汇报工作、给员工布置任务，与其他部门协调……忙得团团转。”最让李亮感到难受的是，给领导的报表总因不符合要求被退回来：“我真怀疑自己的工作能力了，我是否只适合做技术，不能成为管理者。”

（资料来源：据深圳新闻网 http://www.sznews.com/n/ca460130.htm 改写）

点评：在任何组织中，如果员工缺乏其工作岗位所必需的能力，无论他工作态度多么积极，最终的工作绩效还是很低。李亮面对职业困境，可以请专业机构进行职业能力倾向测验，检验目前的工作是否与其能力匹配。理想的工作应是人尽其才，但能力在很大程度上来源于后天的培养，可以通过个人努力进行弥补。

一、什么是能力？

能力是人们在现实生活中经常提到的一个词，如张老师教学能力高超、王经理表达能力出众、李工程师社交能力较差等。能力作为一个日常生活概念，每个人都知道它的意思，但要真正了解它的科学含义就不那么容易了。

在心理学中，一般认为，能力是直接影响活动效率并保证人顺利完成某种活动所必备的心理特征。也就是说，能力和活动总是紧密联系在一起的。一方面能力在活动中形成和发展，并且在活动中表现出来。研究表明，有经验的纺织工人能分辨出 40 多种浓淡不同的黑色色调，而一般人只能分辨 3～4 种；磨工能看到 0.0005 毫米的空隙，而一般人只能看到 0.1 毫米的空隙；长期生活在呼伦贝尔草原上的鄂温克族牧民，能够根据嗅觉来判断牧草的营养价值。可见，人们在不同领域表现出来的非凡能力均与他们长期从事的活动密切相关。另一方面，从事某种活动又必须以一定的能力为前提。如动作敏捷、反应快速，操作机器熟练，是工人保质、保量、按期完成生产任务应具备的必要能力；口齿清楚、讲解透彻、逻辑严密，是教师上好课应具备的能力；思维灵活、表达流畅、善于沟通，是从事外交工作的人员所必备的能力。如果一个人缺乏从事某种活动所必需的能力，那么他就无法顺利完成该活动任务。

当然，任何单一的能力都不能成功地完成某种活动。为了完成学习任务，仅单纯依靠记忆能力是不可能的，还需要注意力、观察力、理解力、概括力、想象力等多种能力的组合。在各种能力组合中，可能有些能力占据突出地位，起着重要的作用，尤其在一些简单活动中更是如此。这反映了人在完成活动任务时，各种能力是彼此有机地组合在一起的，而不是简单的相加。这些能力结合成一个系统，并以整体的方式作用于个人的活动。所谓才能就是完成某种活动中所需要的各种能力的最完备结合，它能使人迅速地、有效地完成某种活动。才能的高度发展即天才，天才并不表示一个人的全部能力超群，只是指他在有限的活动领域中表现非凡。可以说，莫扎特是音乐天才，莎士比亚是文学天才，但并不表示他们在其他活动中拥有同样的才华。

二、能力有哪些类型？

人类所从事的活动多种多样，完成这些活动所必需的能力也各不相同。根据不同的标准，可以把能力分为不同的类型。

(一)一般能力和特殊能力

根据能力所表现的活动领域不同，可以将能力划分为一般能力和特殊能力。

1. 一般能力

一般能力是指人们所共同具有的最基本的能力，如观察能力、记忆能力、思维能力、想象能力等，一般能力就是人们通常所说的智力。它是人们完成任何活动都不可缺少的，是能力中最主要和最一般的部分。

2. 特殊能力

特殊能力是指人们从事特殊职业或专业所需要的能力。例如，品酒师需要敏锐的嗅觉能力、建筑设计师需要准确的空间知觉能力、数学家需要高水平的抽象思维能力、企业领导者需要较强的风险承受能力，等等。

人们从事任何一项专业性活动既需要一般能力，也需要特殊能力，二者的发展是相互促进的。

(二)模仿能力和创造能力

根据能力是否能够帮助人们创造出新事物，可以将能力划分为模仿能力和创造能力。

1. 模仿能力

模仿能力指通过观察别人的行为和活动来学习各种知识技能，然后以相同的方式做出反应的能力。比如，孩子模仿父母的言行，学生模仿老师的举止，青少年模仿影视明星的装扮等。

2. 创造能力

创造能力指人们产生新思想和新产品的能力。如作家通过构思新的人物形象，写出一部新文学作品的能力；科学家研制出一项新发明的能力等。

模仿能力与创造能力截然不同，模仿只能按现成的方式解决问题，而创造则可提供解决问题的新方式与新途径。人的模仿能力与创造能力存在明显的个体差异，有人模仿能力较强，而创造能力较弱；有人模仿能力与创造能力都较强。图 3-1 是巴朗通过完成未画完图画测量人们创造能力的结果。其中左侧的一组图是一般人完成的，右侧的图是创造能力较强的科学家和艺术家完成的。可以看出，创造能力高的人所完成的图画比较复杂，而且是非对称的，这和一般人的反应明显不同。在现实生活中，模仿能力与创造能力又有着密切联系。人们常常是先模仿，然后才进行创造。学习书法的人总是先临摹别人的字帖，然后才创作出具有个人独特风格的作品。在许多情况下，模仿能力是创造能力的前提和基础。

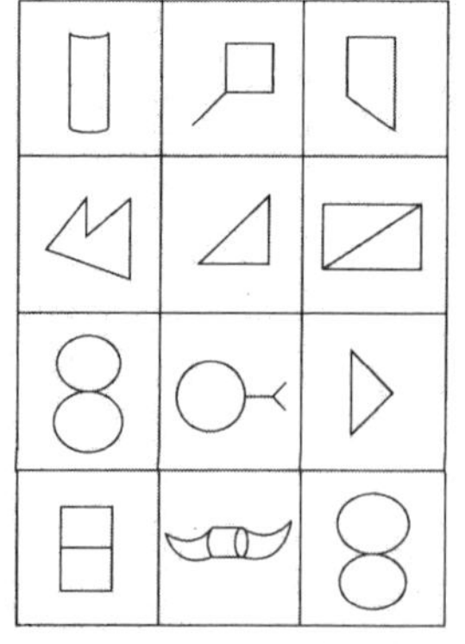

图 3-1　巴朗的完成未画完图画的测验结果

(三)认知能力、操作能力和社交能力

根据能力的功能不同，可将能力划分为认知能力、操作能力和社交能力。

1. 认知能力

认知能力是指个体接收信息、加工信息、储存信息和应用信息的能力。它表现在人对客观世界的认识活动中。美国心理学家加涅提出三种认知能力：言语信息(回答世界是什么的问题的能力)、智慧技能(回答为什么和怎么办的问题的能力)、认知策略(有意识地调节与监控自己的认知加工过程的能力)。

2. 操作能力

操作能力是指个体指挥自己的肢体以完成各项活动的能力。如生产劳动能力、艺术表演能力、体育运动能力等都被认为是操作能力。认知能力和操作能力联系密切，操作能力的发展离不开个体借助认知能力积累的知识与经验，同样认知能力的提高也离不开个体依靠操作能力所形成的感性观念的支撑。

3. 社交能力

社交能力是指人们在社会交往活动中所表现出来的能力。组织管理能力、沟通协调能力、人际适应能力、洞察能力、应变能力等都被认为是社交能力。在社交能力中包含有认知能力和操作能力。

三、能力与知识、技能三者之间的区别与联系是什么?

能力是直接影响活动效率并保证人顺利完成某种活动所必备的心理特征。知识是人类社会发展的经验总结和概括，每个人在生活、学习过程中，都不断地掌握着人类已有的知识经验，如待人接物的知识、文学写作的知识、数学四则运算的知识、英语语法知识等。技能是人们通过练习获得的动作方式和动作系统，主要表现为动作执行的经验。技能分为操作技能和心智技能，如游泳、开车、跳舞等是操作技能，口算等是心智技能。

能力与知识、技能之间是辩证统一的关系，它们既有区别，又有联系，既相互促进又彼此制约。能力与知识、技能的区别表现在五个方面。第一，如上所述，能力与知识、技能的含义不同，它们分属于不同的范畴。第二，能力与知识、技能在来源上有区别，个体的知识、技能完全是后天的，能力则除了要受后天的环境教育等因素的影响外，还要受个体先天遗传因素的影响。第三，知识和技能随着一个人不断地学习和实践而日益增长和积累，能力在人的一生中则是逐渐形成、发展和相对衰退或者停滞的过程。第四，从迁移的特点来看，知识和技能的迁移范围相对较窄，它们只能在类似的活动、行为或情境中发生迁移；而能力则有广泛的迁移范围，可以在很多场合(即使它们并不很相似)发生作用。第五，与能力的发展相比，知识与技能的掌握更快一些。

能力与知识、技能的联系表现在两个方面。首先，能力的形成与发展依赖于知识、技能的获得。随着人的知识、技能的积累，人的能力也会不断提高。其次，能力的高低又会影响掌握知识、技能的水平。一个能力强的人较易获得知识和技能，他们付出的代价也比

较小；而一个能力较弱的人可能要付出更大的努力才能掌握同样的知识和技能。所以，能力会影响一个人掌握知识、技能的速度与质量。

四、人与人之间在能力上存在哪些差异？

人与人之间在能力上存在明显的差异，如有人写作能力强，落笔成文；有人动作协调能力好，跳舞、打球、游泳一学就会；有人社交能力出众，善于理解别人的行为、动机和情绪等。能力的差异主要表现在能力的类型差异、能力发展水平的差异和能力表现早晚的差异三个方面。

(一)能力的类型差异

能力的类型差异指构成能力的各种因素存在质的差异。如在观察时，有的人善于分析细节，但缺乏整体概括本领，而另一些人虽然概括能力较强，却容易忽略细节；在记忆时，有的人善于视觉记忆，有的人长于听觉记忆，有的人对形象的东西过目不忘，另一些人则最能记住抽象逻辑性强的东西。在特殊能力方面也存在明显的类型差异，如有人精通绘画，有人长于音乐。而且，即使同样在音乐方面能力出众，人们的表现也不一样，有人节奏感强，有人曲调感精细，而有人却是听觉想象力丰富。

(二) 能力发展水平的差异

能力发展水平的差异指不同人的同种能力在量的方面存在差异。它表明人的同种能力发展水平有高有低。以智力为例，通过智力测验，心理学家们可以了解人们的智力发展水平。智力测验的分数被称为智商(Intelligence Quotient，IQ)。从整个人群来看，人的智商差异很大，高的可达 150 分甚至 200 分以上，低的只有 20 分、30 分。但这种差异是有规律的，即智商特别高的人和智商特别低的人在总人口中所占比例很小，而智力居中的人数量最多。

(三)能力表现早晚的差异

人的能力的发展有早晚之分。

有的人在儿童时期就在某些方面显现出非凡的能力。如我国唐朝诗人王勃 10 岁能作赋；莫扎特 5 岁作曲，8 岁作交响乐，11 岁创作歌剧；控制论的创始人维纳，4 岁可以自由地阅读书籍，7 岁能阅读达尔文的著作，9 岁破格升入高中，11 岁写出论文，14 岁大学毕业，18 岁获哈佛大学哲学博士学位。许多研究表明，能力的早期表现在音乐、绘画等领域中最为常见。能力的早期表现，一方面要有良好的素质基础，另一方面也离不开环境的早期影响和个体的主观努力。

有的人能力发展较晚，年龄很大时才达到较高的水平。如画家齐白石 40 岁才表现出绘画才能。但就大多数人来说，青壮年时期是各项能力表现的最佳年龄。

五、影响能力形成与发展的因素有哪些？

个体并不是一生下来就具有各种能力，人的能力是在出生后的成长过程中不断发展起来的。到底哪些因素影响能力的形成与发展呢？现代心理学界认为：能力的形成与发展依

赖于多种因素的交互作用，这些因素既包括先天的遗传素质，也包括后天的环境、教育、个体的实践活动和人格特征等。也就是说，能力是在多种因素的共同作用下形成与发展起来的。其中，遗传素质是能力形成与发展的自然前提和物质基础，个体如果缺乏某一方面的遗传素质，就难以发展某一方面的能力。如天生的盲人难以发展绘画能力；先天失聪的人也无法培养高水平的音乐能力；而唐氏综合征患者则很难智力超群……但同时遗传素质的影响是有限的，后天教育和环境的影响则更大。如果把能力发展比作一棵不断向上生长的小树，那么遗传等生物因素就是它生长的土壤，而家庭、学校教育等外界环境因素就是它生长所需要的阳光雨露。无数事实证明，环境和教育是影响能力形成与发展的重要因素。

同时，人的各种能力的形成与发展是与其所从事的社会实践活动密不可分的。长年累月、坚持不懈地参加各种社会实践，会使相应的能力得到巨大提升。比如，卖油翁熟能生巧的倒油能力，宇航员高超的平衡能力，职业经理人出色的管理能力等。我国汉代唯物主义哲学家王充曾提出过“施用累能”和“科用累能”的思想，前者是说能力是在使用中积累的，后者是说不同职业活动可以积累不同的能力。

许多研究表明：强烈的动机、浓厚的兴趣、顽强的意志等人格特征也是促进能力发展的重要因素。一般来说，稳定的特殊兴趣能够促进人某一方面能力的发展。能力的发展离不开良好的性格特征，没有坚强的毅力，没有拼搏进取和勤学苦练的精神，能力发展的水平就会比较低。

总之，影响能力形成与发展的因素是多方面的，虽然无法精确估算各种影响因素在决定能力高低与发展历程中各自所占比重，但有一点是不可否定的，即遗传、环境、教育、社会实践和个体的人格特征在能力发展中的作用缺一不可。

六、如何了解自己的能力特长？

具备一定的能力是个人职业成功的先决条件，试想一名主持人如果连说话都不流利，怎么能胜任工作？可见，人们只有对自己的能力有充分的认识和判断，才能找到适合自己的工作。能力测试是个人了解自己能力的一种非常重要的方法，国内外常见的能力测试主要有韦克斯勒成人智力量表(Wechsler Adult Intelligence Scale，WAIS)、瑞文推理测试(Raven’s Progressive Matrices，RPM)、一般能力倾向测试(General Aptitude Test Battery，GATB)、分辨能力倾向测验(Differential Aptitude Test，DAT)、托兰斯创造性思维测验(Torrance Tests of Creative Thinking，TTCT)、本纳特机械理解测验(Bennet Mechanical Comprehension Test，BMCT)、西肖尔音乐才能测验(Seashore Measures of Musical Talents，SMMT)和梅尔艺术鉴赏测验(Meier Art Judgement Test，MAJT)等。

七、如何做到能力与职业的匹配？

不同的职业对能力的要求是不同的，例如，医生需要具备敏锐的观察能力，教师要有良好的语言表达能力，宇航员需要具备高超的平衡能力，职业经理人应有出色的管理能力等。可见，职业与能力之间存在着重要的匹配关系，要做到能力与职业的匹配，主要应把握好以下两个原则。

(一)发挥自己的优势能力

职业能力是由多种具体能力组成的综合能力，具体包括学习能力、洞察能力、言语能力、社交能力、管理能力、动手操作能力等。对个人而言，这些具体能力的发展是不平衡的，常常是某方面的能力占优势，而另一些能力则不太突出。因此，在择业时，个人应选择最能运用自己优势能力的职业，这样可达到事半功倍的工作效果。

(二)能力水平要与职业层次一致

对一种职业或职业类型来说，由于所承担的责任不同，所以不同的责任对人的能力就有不同的要求。每个人择业时在确定了职业类型后，还要根据自己目前的能力水平确定匹配的职业层次。比如，对于一个有志于从事销售工作的应届毕业生而言，选择的第一份工作应该是基层销售。如果他一定要应聘某公司的销售总监，以他的能力和经验显然是无法胜任的，而且也不会有公司录用他。

【案例】

扬长避短的高尔夫球员

泰格·伍兹(Tiger Woods)是美国著名高尔夫球手，截至 2009 年一直在世界上排名首位，并被公认为史上最成功的高尔夫球手之一。伍兹在高尔夫球场上战无不胜，但他曾经有一个致命的缺点，就是在沙地上比赛时表现不佳。他为了克服这个缺点，拼命地练习，想要扭转乾坤，但是缺点如同性格，难以全盘改善。因此，后来伍兹跟教练决定改变策略，把以往密集的沙地练习，改成普通次数的练习，在练习时，他们只花一些时间在改进这项弱点上，好让他沙地成绩提升到一般水准，不会拉低太多分数，不要让这个致命伤太过离谱即可。其他所有的练习时间全投入在伍兹的拿手好戏上，结果他的打球优势更显突出，在比赛时就更加战无不克了。

(资料来源：彭思舟. 把自己卖个好价钱[从]. 哈尔滨：哈尔滨出版社，2002：43.)

分析：没有人是全能的，成功者只是比一般人更懂得加强自己的优点，并且善于管理自己的缺点。个人发展最重要的就是扬长避短，花一些心思管理自己的缺点，使缺点不致成为成功的绊脚石，而将绝大部分的精力投入在加强自身的优点上，使它们充分发挥。做自己能胜任的事情，做自己擅长的事情，是走向成功的明智之举。

【小资料】

能力的加强

能力因人而异，因此不同的人适合不同的工作，但是这绝不是说个体在能力面前毫无作为。相反，正是由于个体的能力有限，所以才需要不断地学习，不断提升自己的优势，改善自己的劣势。评估能力的目的，只是告诉你：哪些方面你可以得到更好的发展，哪些方面你只能做到平均水平，哪些方面你可能在平均水平之下。能力评估给个体提供了前进的方向，绝不应该成为接受现状的理由[①]。

在对自己的能力有所了解之后，应该做的是通过学习不断地提高自己的能力，使强项更强，弱项改善。能力不断提高的过程，就是终身学习的过程。

【练习】

“我能做什么”探索活动

在这项活动中，你需要搞清楚的是：我会做哪些事情？要求：用 10 个陈述句来描述自己的能力。只要是你会做的，就把它写出来，不一定要和工作有关。例如，“我能和别人相处得很好”或“我能操作电脑”等。

1. 我能做的事情有：

(1) 我能

(2) 我能

(3) 我能

(4) 我能

(5) 我能

(6) 我能

(7) 我能

(8) 我能

(9) 我能

(10) 我能

2. 在上面所陈述的事情中，哪一件事你做得最好？其次又是哪一件？请试着将以上 10 件事情依照实际情况在“顺序”栏中列出，表现最好的填 1，其次填 2……

3. 通过前面的活动，你已基本清楚了自己的能力特长，接下来请思考“与我能力有关的职业有哪些？”

①黄天中，生涯规划——体验式学习[M]. 北京：高等教育出版社，2009：511.

专题二 职场分析

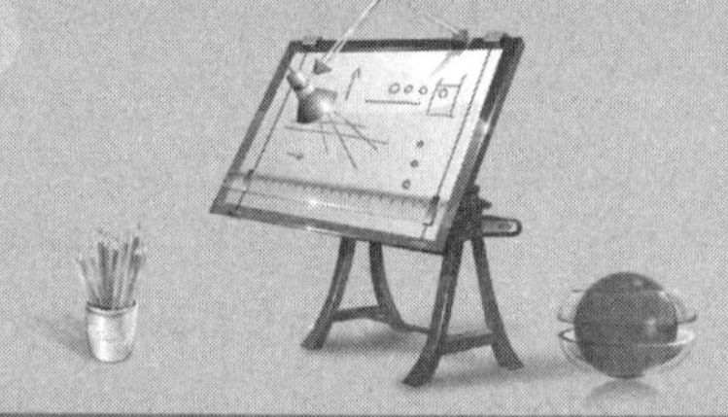

第四章 认识职业岗位

职业是我们谋生的手段，职业寄托着我们人生的梦想，一个不热爱本职工作的人是很难实现人生梦想的。在职业选择标准上，没有好坏之分，只有适合与不适合。深刻了解从事某项职业所需要的资格及条件，就能清晰判断自己应当选择什么职业，不能选择什么职业。

【学习目标】

掌握职业分类。

掌握职业资格的种类及取得方法。

了解职称的含义及取得的方式。

了解我国行业的分类。

【小故事】

入殓师——最温柔的陪伴

一个调色盘、几支画笔、几管颜料、一副镊子、一瓶头油、一把梳子、一大袋的棉花和浸有福尔马林的纱布，这些就是入殓师们的化妆工具。2013 年 12 月 18 日，上海首个入殓师团队在上海宝兴殡仪馆亮相。据了解，该入殓师团队由四男四女组成，大部分是“80 后”年轻人，平均年龄在 30 岁左右。在“故人沐浴”服务现场，入殓师为逝者(团队中另一名成员扮演)修剪指甲、擦洗身体、化妆美发、穿戴丧服，最后虔诚地祈祷，整套动作缓慢而流畅，充满庄严肃穆的仪式感。逝者家属可以在一旁观看全过程，陪伴逝者安详地走完人生最后一程。

尽管现在时代变了，大家观念开放了，但对于年轻的入殓师来说，他们依然会遭遇来自社会的不解。此外，他们的薪酬普遍偏低，“月入万元”完全是外界误传。

(资料来源：据中国青年网 http://news.youth.cn/sh/201312/t20131219_4405282.htm 改写)

点评：在国外，殡葬是十大热门行业之一。每个人都会经历生、老、病、死，入殓师是在逝者最后时刻，用双手为他们温暖送行的人。“帮助逝者有尊严地走完人生最后一程”，这是入殓师们的职责，他们的职业就像医生迎接新生儿一样神圣，入殓师同样能体现自身价值。

一、《中华人民共和国职业分类大典》有哪些职业分类？

我国首部《中华人民共和国职业分类大典》于 1998 年 12 月编制完成，并于 1999 年 5 月正式颁布实施。2010 年逐步启动了各个行业的修订工作。2015 年 7 月 29 日，国家职业分类大典修订工作委员会召开全体会议审议、表决通过并颁布了新修订的 2015 版《中华人民共和国职业分类大典》。2015 版《中华人民共和国职业分类大典》将我国职业分为 8 个大类、75 个中类、434 个小类、1481 个细类(职业)，见表 4-1。

表 4-1　2015 版《中华人民共和国职业分类大典》职业分类体系

大　类	中　类	小　类	细类(职业)
第一大类，党的机关、国家机关、群众团体和社会组织、企事业单位负责人	6	15	23
第二大类，专业技术人员	11	120	451
第三大类，办事人员和有关人员	3	9	25
第四大类，社会生产服务和生活服务人员	15	93	278
第五大类，农、林、牧、渔业生产及辅助人员	6	24	52
第六大类，生产制造及有关人员	32	171	650
第七大类，军人	1	1	1
第八大类，不便分类的其他从业人员	1	1	1
合计	75	434	1481

第一大类名称为“党的机关、国家机关、群众团体和社会组织、企事业单位负责人”，其职业分类修订参照我国政治制度与管理体制现状，对具有决策和管理权的社会职业依组织类型、职责范围的层次和业务相似性、工作的复杂程度和所承担的职责大小等进行划分与归类，包括 6 个中类、15 个小类、23 个职业。

第二大类名称为“专业技术人员”，其职业分类修订除遵循职业分类一般原则和技术规范外，还着重考量职业的专业化、社会化和国际化水平，包括 11 个中类、120 个小类、451 个职业。

第三大类名称为“办事人员和有关人员”，其职业分类修订主要依据我国公共管理与社会组织中从业者的实际业态进行。第三大类强化其公共管理、企事业管理等领域行政业务、行政事务属性，包括 3 个中类、9 个小类、25 个职业。

第四大类名称为“社会生产服务和生活服务人员”，其职业分类主要参照国民经济行业分类以及我国服务业发展现状，特别关注新兴服务业的社会职业发展，主要按照服务属性归并职业，包括 15 个中类、93 个小类、278 个职业。

第五大类名称为“农、林、牧、渔业生产及辅助人员”，其职业分类以农、林、牧、渔业生产环境、生产技术和产业结构的变化，现代农业生产领域中生产技术应用、生产分工与合作的现状为依据，参照国民经济行业分类进行，包括 6 个中类、24 个小类、52 个职业。

第六大类名称为“生产制造及有关人员”，其职业分类按照国民经济行业分类以及生产制造业发展业态，以工艺技术、工具设备、主要原材料、产品用途和服务与技能等级水平相似性进行，包括 32 个中类、171 个小类、650 个职业。

第七大类名称为“军人”。

第八大类名称为“不便分类的其他从业人员”。

在大典中每个类别都有相应的编码、名称、类别描述等内容，每一个职业都包括职业编码、职业名称、职业定义和工作任务。其中，职业编码是由“大类码-中类码-小类码-细类码”组成。以高等教育教师职业为例，其描述见表 4-2。

表 4-2 《中华人民共和国职业分类大典》职业举例

职业编码	职业名称	职业定义	主要工作任务
2-08-01-00	高等教育教师	在高等学校专门从事教育教学及科学研究工作的人员	(1)讲授、辅导高等学校的基础课、专业基础课、专业课的课程，答疑、批改作业，组织课堂讨论；(2)参加实验室建设，指导实验教学；(3)组织、指导生产实习、社会实践和社会服务；(4)指导课程设计、毕业设计、毕业论文；(5)负责学生思想政治工作，担任班主任或政治辅导员；(6)编写教材及讲义，进行教育教学研究；(7)编审教材及教学参考书；(8)进行学生学习成绩的考试考核；(9)进行科学研究、技术开发

二、职业、职位有什么区别？

前面我们曾经定义，职业(Occupation)是指人们为了谋生和发展从事的具有相对稳定的、有收入的和专门类别的工作。因此，从个人的角度来看，职业就是运用专门知识或技能的工作；从社会学的角度来看，职业是指在不同的行业和组织中存在一组相似的职位，比如说会计是一种职业，它几乎在各个行业里面都存在，在教育、医疗、制造行业都存在会计这样一个职业。

职位是工作的职务与位置。当职责和责任结合到一起的时候就产生了职位(Position)。在主要任务和责任上相同或相似的一组职位就构成了工作。一个职位只能容纳一个人，而一项工作则可以有多个人来做。职位与组织有直接的关系，即一个职位只能为某个具体的部门所拥有。职位在任何时候都应根据组织机构的目标和流程而设置，不能因人来设置职位，也不能因任职者调离而舍弃该职位，它是组织机构的基本单位。

三、什么是职业分层？

职业分层是指通过人们对某种职业所对应的经济收入、权力地位和社会声望进行评价，从而对多种职业进行排序的分层方法。

对职业分层的研究起源于西方发达国家。美国学者安妮·罗伊把职业分为服务、商业交易、行政、科技、户外活动、科学、文化和艺术娱乐八大职业组群，依其难易程度和责任要求的高低分为六个层级。在我国的教育体制下，按不同层次需要的最低教育水平和难易程度划分的职业分层体系见表 4-3。

表 4-3　职业分层体系中不同层次需要的最低教育水平

难易程度	教育水平	相关职业
高级专业及管理	本科及以上教育	心理咨询师、高级工程师、医师、法官、公司业务主管等
一般专业及管理	专科或本科教育	人事经理、飞行员、药剂师、新闻编辑、建筑师、工程师、教师等
半专业及管理	专科、高职教育或中等职业教育	护士、会计、秘书、广播员、摄影师、经销商等
技术	中等职业教育或高中	技师、水电工、技术助理、一般职员等
半技术	中学	司机、售票员、图书馆管理员、厨师等
非技术	小学或文盲	清洁工、送报员、保安等

(资料来源：杜耿，《重塑职业生涯规划：个性、生活与职业》)

从表 4-3 中可以看到，处于不同层级的职业不仅反映了其社会地位和社会价值取向，同时反映出该职业的教育水平、技术含量以及能力状况等内容。因此，职业分层实际上是职业所要求的从业人员综合素质的反映。一般来说具有较高技术水平、教育水平以及在社会中具有较高权力地位的职业都具有较高的社会地位，而那些从事体力劳动、技术水平较低、又缺乏权力的职业的社会地位评价都较低。但是随着全民教育水平的提高，职业分层体系中不同层次需要的最低教育水平也不断提高，如飞行员现在已经要求本科以上学历，新入职高等教育的教师岗位要求博士以上学历，护士也逐步要求普及本科学历。

四、什么是职业资格？

职业资格是对从事某一职业的劳动者所必备的学识、技术和能力的基本要求。职业资格包括从业资格和执业资格。

从业资格是政府规定专业技术人员从事某种专业技术性工作的学识、技术和能力的起点标准，如导游证、会计上岗证、银行从业人员资格证书、证券从业人员资格证书等。

执业资格是政府对某些责任较大，社会通用性强，关系公共利益的专业技术工作实行的准入控制，是专业技术人员依法独立开业或独立从事某种专业技术工作学识、技术和能力的必备标准，如医师、注册会计师、注册建筑师等。

五、职业资格有哪些分类？

职业无贵贱之分，但有难易、社会责任大小之分，因此国家会采取职业资格制度。目前职业资格证书可分为准入类、水平评价类。就业准入制度是指根据《中华人民共和国劳动法》和《中华人民共和国职业教育法》的有关规定，对从事技术复杂，通用性广，涉及国家财产、人民生命安全和消费者利益的职业(工种)的劳动者，必须经过培训，并取得了职业资格证书后，方可就业上岗的制度，如教师资格证。水平评价类是指社会通用性强，专业性强的职业建立的非行政许可类职业资格制度，它反映了持证者的业务水平和业务能力。当前我国的水平评价类职业资格等级分为五级：五级(初级技能)、四级(中级技能)、三级(高级技能)、二级(技师)、一级(高级技师)。

根据国家 2017 年 9 月底公布最新目录显示，专业技术人员职业资格类共计 59 项，其中准入类 36 项，水平评价类 23 项；技能人员职业资格，共计 81 项，其中准入类 5 项，水平评价类 76 项(详见本章小资料部分表 4-6 及表 4-7)。

六、如何取得职业资格？

不同类的职业资格准入取得方式不同，有的要求必须通过全国性统一考试，有的无要求。有的甚至要求取得资格证书前必须在相关行业类从事相关工作一定的时间，如律师、医师等。

1. 人力资源和社会保障局负责以技能为主的职业资格鉴定和证书的核发与管理，由职业技能鉴定中心开展职业技能鉴定，分为五个等级：初级技能(五级)、中级技能(四级)、高级技能(三级)、技师(二级)和高级技师(一级)。开展职业技能鉴定，推行职业资格证书制度，是我国人力资源开发的一项战略措施。取得中级技能(中级工)资格，相当于技术员待遇；取得高级技能(高级工)资格，相当于助理工程师待遇；取得技师资格，相当于工程师待遇；取得高级技师资格，相当于高级工程师待遇。

专业技术资格由人力资源与社会保障部负责专业技术人员的资格评价和证书的核发与管理，在上海由上海职业能力考试院负责具体考试工作。专业技术人员职业资格是对从事某一职业所必备的学识、技术和能力的基本要求。专业技术资格也就是我们平时所说的专业技术人员职称，职称分为初级职称(员级，助理级)、中级职称、高级职称(副高级，正高级)，但是职称制度也在不断改革中，尤其是事业单位，如公办中小学教师、高校教师、公办医疗机构医生的专业技术资格有名额限制，一般按缺额申报，并实施“以聘代评”制度。

2. 从业资格的确认及其证书的颁发工作一般由各省、自治区、直辖市人事(职改)部门会同当地业务主管部门组织实施，通过学历认证或考试取得。

3. 执业资格的确认及其证书的颁发工作都由国务院劳动人事行政部门综合管理，必须经考试合格才能取得，报考条件、考试内容、考核标准则因不同的专业而略有差异。

七、什么是职称？

职称(Professional Title)最初源于职务名称，理论上职称是指专业技术人员的专业技术

水平、能力以及成就的等级称号，是反映专业技术人员的技术水平、工作能力的标志，代表着一个人的学识水平和工作业绩，表明劳动者具有从事某一职业所必备的学识和技能的证明，同时也是对自身专业素质的一个被社会广泛接受、认可的评价。职称制度是我国专业技术人才评价和管理的基本制度，也是事业单位和国有企业中专业技术人员基本工资定级的依据。职称对于个人来说，职称与工资福利挂钩，有时也与职务升迁挂钩，在事业编制和国有企业取得职称是提升基本工资等级的主要依据。对资质企业来说，职称是企业开业、资质等级评定、资质升级、资质年审的必需条件。

随着社会发展的需要，逐步产生了对专业技术人员的水平评价与聘任岗位相分离的需要，即“评聘分离”，职称的概念也相应发生了变化。聘任的岗位称为“专业技术职务”，简称职务；而专业技术人员的水平则以“专业技术职务任职资格”来标识，简称职称。

八、职称有哪些系列和层级？

根据 2016 年 11 月 1 日中共中央办公厅、国务院办公厅印发《关于深化职称制度改革的意见》(以下简称《意见》)目前职称系列包括工程、卫生、农业、经济、会计、统计、翻译、新闻出版广电、艺术、教师、科学研究等领域。同时《意见》还提出创新职称评价机制，适时调整、整合，探索在新兴职业领域增设职称系列，职称系列可根据专业领域设置相应专业类别。新设职称系列由中央和国家机关有关部门提出，经人力资源社会保障部审核后，报国务院批准。

目前我国的职称系列设置初级、中级、高级 3 个等级，分为 5 个档次。其中高级职称分为正高级和副高级，初级职称分为助理级和员级，可根据需要仅设置助理级。过去有些职称系列未设置正高级，目前均已设置了正高级。比如，原中小学教师的职称系列的最高级别职称为副高级，未设置正高级根据 2016 年 11 月《意见》中学教师职称系列将设置正高级。

九、如何取得职称？

取得职称任职资格的办法有 2 种：评审或者考试(以考代评)，不论是评审还是考试，都要有相应的学历、工作经验。各省以及不同的专业对取得职称的要求也不尽相同。如在上海的工程技术人员的中级职称，只能评审不能以考代评。此类职称的取得虽说情况比较复杂，但可以咨询各省人事主管部门，在此不一一赘述。但在某些专业中初级、中级职称已经实行全国统一考试的专业不再进行相应的职称评审或认定。

取得职称的任职资格后，不代表就真的取得了这个职称的身份，只代表仅仅有成为这一职称的任职资格，然后还需要被用人单位聘任来确定身份。聘任的话，一般来说评审通过的职称比较硬，一般都能被单位聘任。也就是所谓的评聘，被单位聘任以后才能正式算取得这一职称等级的身份。在现实操作中，还存在高评低聘或者低评高聘的情况。

根据 2016 年 11 月 1 日中共中央办公厅、国务院办公厅印发《关于深化职称制度改革的意见》将建立职称与职业资格的对应关系，取得职业资格即可认定其具备相应系列和层级的职称，但目前的具体的对应关系尚未正式出台。同时也明确规定公务员不得参加专业技术人才职称评审。

十、目前我国的用人单位有哪些类别？

用人单位主要指企业、个体经济组织、民办非企业单位以及符合用人资格的其他劳动组织，另外还包括事业单位、国家机关、社会团体等组织。只有符合法律规定的用人单位才具有使用劳动力的资格，才能与劳动者建立劳动关系，双方的劳动关系也才能由此被法律认可和保护。我国用人单位的类型广泛，依据《中华人民共和国劳动法》《中华人民共和国劳动合同法》《中华人民共和国合同法实施条例》的规定，主要包括以下几种。

1. 在中国境内依法核准登记的企业：包括各种所有制性质、各种组织形式的企业，包括国有企业、集体企业、私营企业、股份制企业和外商投资企业等，也包括法人企业、非法人企业(合伙企业、个人独资企业等)。

2. 依法核准登记的个体经济组织：是依法经工商行政管理部门核准登记，并领取营业执照从事工商业生产、经营活动的个体单位，也就是我们俗称的个体工商户。个体工商户可以请帮手，带学徒。

3. 依法成立的事业单位：包括文化、教育、卫生、科研等单位，如学校、医院、出版社等。这些事业单位在国家法律规定的权限范围内有权使用劳动者。事业单位分为三种：财政全额拨款、非全额拨款和自收自支。大部分事单位是由国家全额拨款，是非营利性组织，如公办的医院、中小学等；有的是国家非全额拨款，自身在业务活动中收取一部分业务费用；也有许多事业单位，已经实行事业单位企业化管理的体制，完全靠自收自支维持业务活动。

4. 依法成立的国家机关：国家机关在法律规定的权限范围内，有权使用劳动者。这些劳动者即国家机关工作人员，也就是我们俗称的公务员。

5. 依法成立的社会团体：包括工会、妇联、研究会、协会等社会团体组织。依法成立的社会团体在法律规定的权限范围内，有权使用劳动者。

6. 依法成立的民办非企业单位，是指企业事业单位、社会团体和其他社会力量以及公民个人利用非国有资产举办的，从事非营利性社会服务活动的社会组织。根据《民办非企业单位登记管理暂行条例》的规定，我国的民办非企业单位主要有各类民办学校、医院、文艺团体、科研院所、体育场馆、职业培训中心、福利院、人才交流中心等。基于这类单位“企业化管理”的实质，将其内部的劳动关系纳入劳动合同法调整。

十一、我国行业是如何分类的？

根据《国民经济行业分类》国家标准中的定义，行业(或产业)是指从事相同性质的经济活动的所有单位的集合，即从事国民经济中同性质的生产或其他经济社会的经营单位或者个体的组织结构体系的详细划分。行业的发展必然遵循从低级的自然资源掠夺性开采利用和低级的人工劳务输出，逐步转向规模经济、科技密集型、金融密集型、人才密集型、知识经济型，从输出自然资源，逐步转向输出工业产品、知识产权、高科技人才等。因此了解行业的发展趋势对个人职业发展也至关重要。

我国的《国民经济行业分类》国家标准于 1984 年首次发布，先后于 1994 年、2002 年、2011 年、2017 年进行了四次修订。2011 年的修订除参照了 2006 年联合国新修订的《国际标准行业分类》修订四版(简称：ISIC4)，2017 年修订版保留 GB/T 4754—2011 主要内容，但是主要依据我国近年来经济发展状况和趋势，对个别大类、中类及若干小类的条目、名称和范围作了调整。《国民经济行业分类(GB/T 4754—2017)》国家标准由国家统计局起草，国家质量监督检验检疫总局、国家标准化管理委员会批准发布，并于 2017 年 10 月 1 日实施。在 2017 版中国民经济行业分类分为四个层次，即门类、大类、中类、小类，共有 20 个门类、97 个大类、473 个中类、913 个小类，见表 4-4。

表 4-4　2017 版《国民经济行业分类(GB/ T 4754—2017)》中的门类

门类代码	类别名称	说　明
A	农、林、牧、渔业	本门类包括第 01～05 大类
B	采矿业	本类包括第 06～12 大类，采矿业指对固体(如煤和矿物)、液体(如原油)或气体(如天然气)等自然产生的矿物的采掘；包括地下或地上采掘、矿井的运行以及一般在矿址或矿址附近从事的旨在加工原材料的所有辅助性工作，如碾磨、选矿和处理，均属本类活动；还包括使原料得以销售所需的准备工作；不包括水的蓄集、净化和分配以及地质勘查、建筑工程活动
C	制造业	本门类包括第 13～43 大类，指经物理变化或化学变化后成为新的产品，不论是动力机械制造，还是手工制作；也不论产品是批发销售，还是零售，均视为制造
D	电力、燃气及水的生产和供应业	本门类包括第 44～46 大类
E	建筑业	本门类包括第 47～50 大类
F	批发和零售业	本门类包括第 51～52 大类，指商品在流通环节中的批发活动和零售活动
G	交通运输、仓储和邮政业	本门类包括第 53～60 大类
H	住宿和餐饮业	本门类包括第 61～62 大类
I	信息传输、软件和信息技术服务业	本门类包括第 63～65 大类
J	金融业	本门类包括第 66～69 大类
K	房地产业	本门类包括第 70 大类
L	租赁和商务服务业	本门类包括第 71～72 大类
M	科学研究、技术服务	本门类包括第 73～75 大类
N	水利、环境和公共设施管理业	本门类包括第 76～79 大类
O	居民服务、修理和其他服务业	本门类包括第 80～82 大类
P	教育	本门类包括第 83 大类

续表

门类代码	类别名称	说　明
Q	卫生、社会工作	本门类包括第 84～85 大类
R	文化、体育和娱乐业	本门类包括第 86～90 大类
S	公共管理、社会保障和社会组织	本类包括第 91～96 大类
T	国际组织	本类包括第 97 大类，指联合国和其他国际组织驻我国境内机构等活动

【案例】

第十二块纱布

在一所大医院的手术室里，正在紧张地进行着一次手术。在这次手术中，有一位年轻的护士是第一次担任责任护士，而且是为一位赫赫有名的外科专家做助手。

复杂艰苦的手术从清晨进行到黄昏，眼看患者的伤口即将缝合，女护士突然严肃地盯着外科专家，说："大夫，我们用了十二块纱布，您只取出了十一块。"

"我已经都取出来了，"专家断言道，"手术已经进行一整天了，立刻缝合伤口。"

"不，不行！"女护士高声抗议，"我记得清清楚楚，手术中我们用了十二块纱布"。

外科专家不理睬她，命令道："听我的，准备——缝合！"

女护士毫不示弱，她几乎大声叫起来："您是医生，您不能这样做！"

直到这时，外科专家冷漠的脸上才泛起一丝欣慰的笑容。他举起左手心里握着的第十二块纱布，向所有的人宣布："她是我合格的助手。"

（资料来源：湘教版四年级语文上册）

分析：这名实习护士的举动，绝不仅仅是认真，还体现了她作为一名医务工作者强烈的职业意识和敬业精神，正是这种强烈的职业意识和敬业精神使她获得了外科专家的赞扬。在职业生涯中，职业意识和敬业精神是职场成功的第一步。

【小资料】

1. 根据 2016 年中国统计年鉴中的信息可以查到 2012 年至 2016 年全国城镇单位就业人员行业平均工资水平见表 4-5。从表中可以看到，近几年来金融业、信息传输、计算机服务和软件业、科学研究、技术服务和地质勘查业及电力、燃气及水的生产和供应业的城镇单位就业人员平均工资水平居于行业前列。

表 4-5　2012—2016 年按行业分城镇单位就业人员平均工资　　单位：元

指　标	2016 年	2015 年	2014 年	2013 年	2012 年
城镇单位就业人员平均工资(元)	67569	62029	56360	51483	46769
农、林、牧、渔业城镇单位就业人员平均工资(元)	33612	31947	28356	25820	22687
采矿业城镇单位就业人员平均工资(元)	60544	59404	61677	60138	56946
制造业城镇单位就业人员平均工资(元)	59470	55324	51369	46431	41650

续表

指　标	2016年	2015年	2014年	2013年	2012年
电力、燃气及水的生产和供应业城镇单位就业人员平均工资(元)	83863	78886	73339	67085	58202
建筑业城镇单位就业人员平均工资(元)	52082	48886	45804	42072	36483
交通运输、仓储和邮政业城镇单位就业人员平均工资(元)	73650	68822	63416	57993	53391
信息传输、计算机服务和软件业城镇单位就业人员平均工资(元)	122478	112042	100845	90915	80510
批发和零售业城镇单位就业人员平均工资(元)	54061	60328	55838	50308	46340
住宿和餐饮业城镇单位就业人员平均工资(元)	4382	40806	37264	34044	31267
金融业城镇单位就业人员平均工资(元)	117418	114777	108273	99653	89743
房地产业城镇单位就业人员平均工资(元)	65497	60244	55568	51048	46764
租赁和商务服务业城镇单位就业人员平均工资(元)	76782	72489	67131	62538	53162
科学研究、技术服务和地质勘查业城镇单位就业人员平均工资(元)	96638	89410	82259	76602	69254
水利、环境和公共设施管理业城镇单位就业人员平均工资(元)	47750	43528	39198	36123	32343
居民服务和其他服务业城镇单位就业人员平均工资(元)	47577	44802	41882	38429	35135
教育城镇单位就业人员平均工资(元)	74498	66592	56580	51950	47734
卫生、社会保障和社会福利业城镇单位就业人员平均工资(元)	80026	71624	63267	57979	52564
文化、体育和娱乐业城镇单位就业人员平均工资(元)	79875	72764	64375	59336	53558
公共管理和社会组织城镇单位就业人员平均工资(元)	70959	62323	53110	49259	46074

2. 根据2017年9月国家人力资源与社会保障部公布的国家职业资格目录清单，国家职业资格共计140项。其中，专业技术人员职业资格59项，含准入类36项，水平评价类23项(见表4-6)；技能人员职业资格81项，含准入类5项，水平评价类76项(见表4-7)。

表4-6　专业技术人员职业资格类(共计59项。其中准入类36项，水平评价类23项)

序　号	职业资格名称	实施部门(单位)	资格类别	设定依据	备　注
1	教师资格	教育部	准入类	《中华人民共和国教师法》 《教师资格条例》(国务院令第188号) 《〈教师资格条例〉实施办法》(教育部令2000年第10号)	
2	注册消防工程师	公安部、人力资源社会保障部	准入类	《中华人民共和国消防法》 《注册消防工程师制度暂行规定》(人社部发〔2012〕56号)	

续表

序号	职业资格名称	实施部门(单位)	资格类别	设定依据	备注
3	法律职业资格	司法部	准入类	《中华人民共和国律师法》 《中华人民共和国法官法》 《中华人民共和国检察官法》 《中华人民共和国公证法》	
4	中国委托公证人资格(香港、澳门)	司法部	准入类	《国务院对确需保留的行政审批项目设定行政许可的决定》(国务院令第412号)	
5	注册会计师	财政部	准入类	《中华人民共和国注册会计师法》	
6	民用核安全设备无损检验人员资格	环境保护部	准入类	《民用核安全设备监督管理条例》(国务院令第500号)	
7	民用核设施操纵人员资格	环境保护部、国家能源局	准入类	《中华人民共和国民用核设施安全监督管理条例》	
8	注册核安全工程师	环境保护部、人力资源社会保障部	准入类	《中华人民共和国放射性污染防治法》 《注册核安全工程师执业资格制度暂行规定》(人发〔2002〕106号)	
9	注册建筑师	全国注册建筑师管理委员会及省级注册建筑师管理委员会	准入类	《中华人民共和国建筑法》 《中华人民共和国注册建筑师条例》(国务院令第184号) 《关于建立注册建筑师制度及有关工作的通知》(建设〔1994〕第598号) 《国务院关于修改〈建设工程勘察设计管理条例〉的决定》(国务院令第662号)	
10	监理工程师	住房城乡建设部、交通运输部、水利部、人力资源社会保障部	准入类	《中华人民共和国建筑法》 《建设工程质量管理条例》(国务院令第279号) 《注册监理工程师管理规定》(建设部令2006年第147号) 《公路水运工程监理企业资质管理规定》(交通运输部令2015年第4号)	
11	房地产估价师	住房城乡建设部、国土资源部、人力资源社会保障部	准入类	《中华人民共和国城市房地产管理法》 《房地产估价师执业资格制度暂行规定》(建房〔1995〕147号)	
12	造价工程师	住房城乡建设部、交通运输部、水利部、人力资源社会保障部	准入类	《中华人民共和国建筑法》 《造价工程师执业资格制度暂行规定》(人发〔1996〕77号)	

续表

序　号	职业资格名称		实施部门(单位)	资格类别	设定依据	备　注
13	注册城乡规划师		住房城乡建设部、人力资源社会保障部、中国城市规划协会	准入类	《中华人民共和国城乡规划法》 《注册城市规划师职业资格制度规定》(人社部规〔2017〕6号)	
14	建造师		住房城乡建设部、人力资源社会保障部	准入类	《中华人民共和国建筑法》 《注册建造师管理规定》(建设部令2006年第153号) 《建造师执业资格制度暂行规定》(人发〔2002〕111号)	
15	勘察设计注册工程师	注册结构工程师	住房城乡建设部、人力资源社会保障部	准入类	《中华人民共和国建筑法》 《国务院关于修改〈建设工程勘察设计管理条例〉的决定》(国务院令第662号) 《勘察设计注册工程师管理规定》(建设部令2005年第137号) 《注册结构工程师执业资格制度暂行规定》(建设〔1997〕222号)	
		注册土木工程师	住房城乡建设部、交通运输部、水利部、人力资源社会保障部		《中华人民共和国建筑法》 《国务院关于修改〈建设工程勘察设计管理条例〉的决定》(国务院令第662号) 《勘察设计注册工程师管理规定》(建设部令2005年第137号) 《注册土木工程师(岩土)执业资格制度暂行规定》(人发〔2002〕35号) 《注册土木工程师(水利水电工程)制度暂行规定》(国人部发〔2005〕58号) 《注册土木工程师(港口与航道工程)执业资格制度暂行规定》(人发〔2003〕27号) 《勘察设计注册土木工程师(道路工程)制度暂行规定》(国人部发〔2007〕18号)	
		注册化工工程师	住房城乡建设部、人力资源社会保障部	准入类	《中华人民共和国建筑法》 《国务院关于修改〈建设工程勘察设计管理条例〉的决定》(国务院令第662号) 《勘察设计注册工程师管理规定》(建设部令2005年第137号) 《注册化工工程师执业资格制度暂行规定》(人发〔2003〕26号)	
		注册电气工程师			《中华人民共和国建筑法》 《国务院关于修改〈建设工程勘察设计管理条例〉的决定》(国务院令第662号) 《勘察设计注册工程师管理规定》(建设部令2005年第137号) 《注册电气工程师执业资格制度暂行规定》(人发〔2003〕25号)	

续表

序号	职业资格名称		实施部门(单位)	资格类别	设定依据	备注
15	勘察设计注册工程师	注册公用设备工程师	住房城乡建设部、环境保护部、人力资源社会保障部	准入类	《中华人民共和国建筑法》 《国务院关于修改〈建设工程勘察设计管理条例〉的决定》(国务院令第 662 号) 《勘察设计注册工程师管理规定》(建设部令 2005 年第 137 号) 《注册公用设备工程师执业资格制度暂行规定》(人发〔2003〕24 号)	
		注册环保工程师			《中华人民共和国建筑法》 《国务院关于修改〈建设工程勘察设计管理条例〉的决定》(国务院令第 662 号) 《勘察设计注册工程师管理规定》(建设部令 2005 年第 137 号) 《注册环保工程师制度暂行规定》(国人部发〔2005〕56 号)	
		注册石油天然气工程师	住房城乡建设部、人力资源社会保障部		《中华人民共和国建筑法》 《国务院关于修改〈建设工程勘察设计管理条例〉的决定》(国务院令第 662 号) 《勘察设计注册工程师管理规定》(建设部令 2005 年第 137 号) 《勘察设计注册石油天然气工程师制度暂行规定》(国人部发〔2005〕84 号)	
		注册冶金工程师			《中华人民共和国建筑法》 《国务院关于修改〈建设工程勘察设计管理条例〉的决定》(国务院令第 662 号) 《勘察设计注册工程师管理规定》(建设部令 2005 年第 137 号) 《勘察设计注册冶金工程师制度暂行规定》(国人部发〔2005〕85 号)	
		注册采矿/矿物工程师			《中华人民共和国建筑法》 《国务院关于修改〈建设工程勘察设计管理条例〉的决定》(国务院令第 662 号) 《勘察设计注册工程师管理规定》(建设部令 2005 年第 137 号) 《勘察设计注册采矿/矿物工程师制度暂行规定》(国人部发〔2005〕86 号)	
		注册机械工程师			《中华人民共和国建筑法》 《国务院关于修改〈建设工程勘察设计管理条例〉的决定》(国务院令第 662 号) 《勘察设计注册工程师管理规定》(建设部令 2005 年第 137 号) 《勘察设计注册机械工程师制度暂行规定》(国人部发〔2005〕87 号)	

续表

<table>
<tr><th>序　号</th><th colspan="2">职业资格名称</th><th>实施部门(单位)</th><th>资格类别</th><th>设定依据</th><th>备　注</th></tr>
<tr><td>16</td><td colspan="2">注册验船师</td><td>交通运输部、农业部、人力资源社会保障部</td><td>准入类</td><td>《中华人民共和国船舶和海上设施检验条例》(国务院令第 109 号)
《中华人民共和国渔业船舶检验条例》(国务院令第 383 号)
《注册验船师制度暂行规定》(国人部发〔2006〕8 号)</td><td></td></tr>
<tr><td>17</td><td colspan="2">船员资格(含船员、渔业船员)</td><td>交通运输部、农业部</td><td>准入类</td><td>《中华人民共和国海上交通安全法》
《中华人民共和国船员条例》(国务院令第 494 号)
《中华人民共和国内河交通安全管理条例》(国务院令第 355 号)
《中华人民共和国渔港水域交通安全管理条例》(国务院令第 38 号)</td><td></td></tr>
<tr><td rowspan="2">18</td><td rowspan="2">兽医资格</td><td>执业兽医</td><td rowspan="2">农业部</td><td rowspan="2">准入类</td><td rowspan="2">《中华人民共和国动物防疫法》
《乡村兽医管理办法》(农业部令 2008 年第 17 号)</td><td rowspan="2"></td></tr>
<tr><td>乡村兽医</td></tr>
<tr><td>19</td><td colspan="2">拍卖师</td><td>中国拍卖行业协会</td><td>准入类</td><td>《中华人民共和国拍卖法》</td><td></td></tr>
<tr><td>20</td><td colspan="2">演出经纪人员资格</td><td>文化部</td><td>准入类</td><td>《国务院关于修改〈营业性演出管理条例〉的决定》(国务院令第 528 号)
《营业性演出管理条例实施细则》(文化部令 2009 年第 47 号)</td><td></td></tr>
<tr><td rowspan="3">21</td><td rowspan="3">医生资格</td><td>医师</td><td rowspan="3">国家卫生计生委</td><td rowspan="3">准入类</td><td>《中华人民共和国执业医师法》</td><td rowspan="3"></td></tr>
<tr><td>乡村医生</td><td>《乡村医生从业管理条例》(国务院令第 386 号)</td></tr>
<tr><td>人体器官移植医师</td><td>《中华人民共和国执业医师法》
《人体器官移植条例》(国务院令第 491 号)
《关于对人体器官移植技术临床应用规划及拟批准开展人体器官移植医疗机构和医师开展审定工作的通知》(卫办医发〔2007〕38 号)
《国务院关于取消和调整一批行政审批项目等事项的决定》(国发〔2014〕27 号)</td></tr>
</table>

续表

序 号	职业资格名称	实施部门(单位)	资格类别	设定依据	备 注
22	护士执业资格	国家卫生计生委、人力资源社会保障部	准入类	《护士条例》(国务院令第 517 号) 《护士执业资格考试办法》(卫生部、人力资源社会保障部令 2010 年第 74 号)	
23	母婴保健技术服务人员资格	国家卫生计生委	准入类	《中华人民共和国母婴保健法》	
24	出入境检疫处理人员资格	质检总局	准入类	《中华人民共和国进出境动植物检疫法实施条例》(国务院令第 206 号)	
25	注册设备监理师	质检总局、人力资源社会保障部	准入类	《国务院对确需保留的行政审批项目设定行政许可的决定》(国务院令第 412 号) 《注册设备监理师执业资格制度暂行规定》(国人部发〔2003〕40 号)	
26	注册计量师	质检总局、人力资源社会保障部	准入类	《中华人民共和国计量法》 《注册计量师制度暂行规定》(国人部发〔2006〕40 号)	
27	广播电视播音员、主持人资格	新闻出版广电总局	准入类	《国务院对确需保留的行政审批项目设定行政许可的决定》(国务院令第 412 号)	
28	新闻记者职业资格	新闻出版广电总局	准入类	《国务院对确需保留的行政审批项目设定行政许可的决定》(国务院令第 412 号) 《新闻记者证管理办法》(新闻出版总署令 2009 年第 44 号)	
29	注册安全工程师	安全监管总局、人力资源社会保障部	准入类	《中华人民共和国安全生产法》 《注册安全工程师执业资格制度暂行规定》(人发〔2002〕87 号)	
30	执业药师	食品药品监管总局、人力资源社会保障部	准入类	《中华人民共和国药品管理法》 《中华人民共和国药品管理法实施条例》(国务院令第 360 号) 《药品经营质量管理规范》(国家食品药品监督管理总局令 2015 年第 28 号) 《执业药师资格制度暂行规定》(人发〔1999〕34 号)	
31	专利代理人	国家知识产权局	准入类	《专利代理条例》(国务院令第 76 号)	
32	导游资格	国家旅游局	准入类	《中华人民共和国旅游法》 《导游人员管理条例》(国务院令第 263 号)	

续表

<table>
<tr><th>序号</th><th colspan="2">职业资格名称</th><th>实施部门(单位)</th><th>资格类别</th><th>设定依据</th><th>备注</th></tr>
<tr><td>33</td><td colspan="2">注册测绘师</td><td>国家测绘地信局、人力资源社会保障部</td><td>准入类</td><td>《中华人民共和国测绘法》
《注册测绘师制度暂行规定》(国人部发〔2007〕14号)</td><td></td></tr>
<tr><td rowspan="4">34</td><td rowspan="4">航空人员资格</td><td>空勤人员、地面人员</td><td rowspan="4">中国民航局</td><td rowspan="4">准入类</td><td>《中华人民共和国民用航空法》</td><td></td></tr>
<tr><td>民用航空器外国驾驶员、领航员、飞行机械员、飞行通信员</td><td>《国务院对确需保留的行政审批项目设定行政许可的决定》(国务院令第412号)</td><td></td></tr>
<tr><td>航空安全员</td><td>《国务院对确需保留的行政审批项目设定行政许可的决定》(国务院令第412号)</td><td></td></tr>
<tr><td>民用航空电信人员、航行情报人员、气象人员</td><td>《国务院对确需保留的行政审批项目设定行政许可的决定》(国务院令第412号)</td><td></td></tr>
<tr><td>35</td><td colspan="2">会计从业资格</td><td>财政部</td><td>准入类</td><td>《中华人民共和国会计法》
《会计从业资格管理办法》(财政部令2012年第73号)</td><td>现已进入修法程序，视相关法律修订情况依法作出调整</td></tr>
<tr><td>36</td><td colspan="2">特种设备检验、检测人员资格认定</td><td>质检总局</td><td>准入类</td><td>《中华人民共和国特种设备安全法》</td><td></td></tr>
<tr><td>37</td><td colspan="2">工程咨询(投资)专业技术人员职业资格</td><td>国家发展改革委、人力资源社会保障部、中国工程咨询协会</td><td>水平评价类</td><td>《工程咨询(投资)专业技术人员职业资格制度暂行规定》(人社部发〔2015〕64号)</td><td></td></tr>
<tr><td>38</td><td colspan="2">通信专业技术人员职业资格</td><td>工业和信息化部、人力资源社会保障部</td><td>水平评价类</td><td>《中华人民共和国电信条例》(国务院令第291号)
《通信专业技术人员职业水平评价暂行规定》(国人部发〔2006〕10号)</td><td></td></tr>
<tr><td>39</td><td colspan="2">计算机技术与软件专业技术资格</td><td>工业和信息化部、人力资源社会保障部</td><td>水平评价类</td><td>《计算机技术与软件专业技术资格(水平)考试暂行规定》(国人部发〔2003〕39号)</td><td></td></tr>
</table>

续表

序号	职业资格名称	实施部门(单位)	资格类别	设定依据	备注
40	社会工作者职业资格	民政部、人力资源社会保障部	水平评价类	《国家中长期人才发展规划纲要(2010-2020年)》(中发〔2010〕6号) 《关于加强社会工作专业人才队伍建设的意见》(中组发〔2011〕25号) 《社会工作者职业水平评价暂行规定》(国人部发〔2006〕71号)	
41	会计专业技术资格	财政部、人力资源社会保障部	水平评价类	《中华人民共和国会计法》 《会计专业职务试行条例》(职改字〔1986〕第55号) 《会计专业技术资格考试暂行规定》(财会〔2000〕11号)	
42	资产评估师	财政部、人力资源社会保障部、中国资产评估协会	水平评价类	《中华人民共和国资产评估法》 《资产评估师职业资格制度暂行规定》(人社部规〔2017〕7号)	
43	经济专业技术资格	人力资源社会保障部	水平评价类	《经济专业人员职务试行条例》(职改字〔1986〕第74号) 《经济专业技术资格考试暂行规定》(人职发〔1993〕1号)	
44	土地登记代理专业人员职业资格	国土资源部、人力资源社会保障部、中国土地估价师与土地登记代理人协会	水平评价类	《不动产登记暂行条例》(国务院令第656号) 《土地登记代理专业人员职业资格制度暂行规定》(人社部发〔2015〕66号)	
45	环境影响评价工程师	环境保护部、人力资源社会保障部	水平评价类	《建设项目环境保护管理条例》(国务院令第253号) 《环境影响评价工程师职业资格制度暂行规定》(国人部发〔2004〕13号)	
46	房地产经纪专业人员职业资格	住房城乡建设部、人力资源社会保障部、中国房地产估价师与房地产经纪人学会	水平评价类	《中华人民共和国城市房地产管理法》 《房地产经纪专业人员职业资格制度暂行规定》(人社部发〔2015〕47号)	
47	机动车检测维修专业技术人员职业资格	交通运输部、人力资源社会保障部	水平评价类	《中华人民共和国道路运输条例》(国务院令第628号) 《机动车检测维修专业技术人员职业水平评价暂行规定》(国人部发〔2006〕51号)	

续表

序　号	职业资格名称	实施部门(单位)	资格类别	设定依据	备　注
48	公路水运工程试验检测专业技术人员职业资格	交通运输部、人力资源社会保障部	水平评价类	《建设工程质量管理条例》(国务院令第 279 号) 《公路水运工程试验检测专业技术人员职业资格制度规定》(人社部发〔2015〕59 号)	
49	水利工程质量检测员资格	水利部、中国水利工程协会	水平评价类	《建设工程质量管理条例》(国务院令第 279 号) 《水利工程质量检测管理规定》(水利部令 2008 年第 36 号)	
50	卫生专业技术资格	国家卫生计生委、人力资源社会保障部	水平评价类	《卫生技术人员职务试行条例》(职改字〔1986〕第 20 号) 《关于加强卫生专业技术职务评聘工作的通知》(人发〔2000〕114 号) 《临床医学专业技术资格考试暂行规定》(卫人发〔2000〕462 号) 《预防医学、全科医学、药学、护理、其他卫生技术等专业技术资格考试暂行规定》(卫人发〔2001〕164 号)	
51	审计专业技术资格	审计署、人力资源社会保障部	水平评价类	《中华人民共和国审计法》 《中华人民共和国审计法实施条例》(国务院令第 231 号) 《审计专业技术初、中级资格考试规定》(审人发〔2003〕4 号) 《高级审计师评价办法(试行)》(人发〔2002〕58 号)	
52	税务师	税务总局、人力资源社会保障部、中国注册税务师协会	水平评价类	《中华人民共和国税收征收管理法》 《税务师职业资格制度暂行规定》(人社部发〔2015〕90 号)	
53	认证人员职业资格	质检总局	水平评价类	《中华人民共和国认证认可条例》(国务院令第 390 号)	
54	出版专业技术人员职业资格	新闻出版广电总局、人力资源社会保障部	水平评价类	《国务院关于修改〈出版管理条例〉的决定》(国务院令第 594 号) 《国务院关于修改〈音像制品管理条例〉的决定》(国务院令第 595 号) 《出版专业人员职务试行条例》(职改字〔1986〕第 41 号) 《出版专业技术人员职业资格考试暂行规定》(人发〔2001〕86 号)	

续表

序　号	职业资格名称	实施部门(单位)	资格类别	设定依据	备　注
55	统计专业技术资格	国家统计局、人力资源社会保障部	水平评价类	《统计专业职务试行条例》(职改字〔1986〕第57号) 《统计专业技术资格考试暂行规定》(国统字〔1995〕46号) 《关于印发高级统计师资格评价办法(试行)的通知》(人社部发〔2011〕90号)	
56	银行业专业人员职业资格	银监会、人力资源社会保障部、中国银行业协会	水平评价类	《银行业专业人员职业资格制度暂行规定》(人社部发〔2013〕101号)	
57	证券期货业从业人员资格	证监会	水平评价类	《中华人民共和国证券法》 《期货交易管理条例》(国务院令第489号)	
58	文物保护工程从业资格	国家文物局	水平评价类	《中华人民共和国文物保护法实施条例》(国务院令第377号) 《文物保护工程管理办法》(文化部令2003年第26号) 《文物保护工程勘察设计资质管理办法(试行)》《文物保护工程施工资质管理办法(试行)》《文物保护工程监理资质管理办法(试行)》(文物保发〔2014〕13号)	
59	翻译专业资格	中国外文局、人力资源社会保障部	水平评价类	《翻译专业职务试行条例》(职改字〔1986〕第54号) 《翻译专业资格(水平)考试暂行规定》(人发〔2003〕21号)	

表4-7　技能人员职业资格(共计81项。其中准入类5项，水平评价类76项)

序　号	职业资格名称	实施部门(单位)	资格类别	设定依据	备　注
1	消防设施操作员	消防行业技能鉴定机构	准入类	《中华人民共和国消防法》	
2	焊工	人社部门技能鉴定机构	准入类	《中华人民共和国消防法》	
		环境保护部(民用核安全设备焊工、焊接操作工)		《民用核安全设备监督管理条例》(国务院令第500号) 《国务院对确需保留的行政审批项目设定行政许可的决定》(国务院令第412号) 《国务院关于修改部分行政法规的决定》(国务院令第666号)	
3	家畜繁殖员	农业行业技能鉴定机构	准入类	《中华人民共和国畜牧法》	

续表

序　号	职业资格名称		实施部门(单位)	资格类别	设定依据	备　注
4	健身和娱乐场所服务人员	游泳救生员	体育行业技能鉴定机构	准入类	《全民健身条例》(国务院令第 560 号公布，国务院令第 638 号、第 666 号修订) 《第一批高危险性体育项目目录公告》(国家体育总局公告第 16 号)	
		社会体育指导员(游泳、滑雪、潜水、攀岩)				除游泳、滑雪、潜水、攀岩等高危险性体育项目外的社会体育指导员，为水平评价类
5	轨道交通运输服务人员	轨道列车司机	交通运输行业技能鉴定机构	准入类	《铁路安全管理条例》(国家院令第 639 号) 《关于印发客车检车员等 10 个国家职业标准的通知》(劳社厅发〔2005〕11 号) 《关于印发第十九批矿山救护工等 22 个国家职业标准的通知》(劳社厅发〔2008〕6 号)	
			国家铁路局(铁路机车车辆驾驶人员)			
6	机械设备修理人员	设备点检员	冶金行业技能鉴定机构	水平评价类	《关于印发船舶管系工等 42 个国家职业技能标准的通知》(人社厅发〔2009〕66 号)	
		电工	安全生产监督管理部门相关机构、人社部门技能鉴定机构		《关于印发船舶管系工等 42 个国家职业技能标准的通知》(人社厅发〔2009〕66 号)	
		锅炉设备检修工	电力行业技能鉴定机构		《关于印发第十五批模具设计师等 65 个国家职业标准的通知》(劳社厅发〔2006〕33 号)	
		变电设备检修工			《关于印发防腐蚀工等 22 个国家职业标准的通知》(劳社厅发〔2001〕3 号)	
		工程机械维修工	机械行业技能鉴定机械		《关于印发平版制版工等 23 个国家职业技能标准的通知》(人社厅发〔2010〕39 号)	

续表

<table>
<tr><th>序　号</th><th colspan="2">职业资格名称</th><th>实施部门(单位)</th><th>资格类别</th><th>设定依据</th><th>备　注</th></tr>
<tr><td>7</td><td>通用工程机械操作人员</td><td>起重装卸机械操作工</td><td>交通运输行业技能鉴定机构、人社部门技能鉴定机械</td><td>水平评价类</td><td>《关于印发列车值班员等 65 个国家职业(工种)标准的通知》(劳社厅发〔2007〕14 号)</td><td></td></tr>
<tr><td rowspan="2">8</td><td rowspan="2">建筑安装施工人员</td><td>电梯安装维修工</td><td rowspan="2">人社部门技能鉴定机械会同有关行业协会</td><td rowspan="2">水平评价类</td><td>《关于印发防腐蚀工等 22 个国家职业标准的通知》(劳社厅发〔2001〕3 号)</td><td></td></tr>
<tr><td>制冷空调系统安装维修工</td><td>《关于印发第八批林木种苗工等 65 个国家职业标准的通知》(劳社厅发〔2004〕1 号)</td><td></td></tr>
<tr><td rowspan="4">9</td><td rowspan="4">土木工程建筑施工人员</td><td>筑路工</td><td rowspan="2">交通运输行业技能鉴定机构、住房城乡建设部门相关机构</td><td rowspan="4">水平评价类</td><td>《关于印发汽车运输调度员等 8 个国家职业标准的通知》(劳社厅发〔2007〕27 号)</td><td></td></tr>
<tr><td>桥隧工</td><td>《关于印发客车检车员等 10 个国家职业标准的通知》(劳社厅发〔2005〕11 号)</td><td></td></tr>
<tr><td>防水工</td><td>住房城乡建设部门相关机构、人社部门技能鉴定机构</td><td>《关于印发手工木工等 8 个国家职业技能标准的通知》(人社厅发〔2011〕129 号)</td><td></td></tr>
<tr><td>电力电缆安装运维工</td><td>电力行业技能鉴定机构</td><td>《关于印发第十五批模具设计师等 65 个国家职业标准的通知》(劳社厅发〔2006〕33 号)</td><td></td></tr>
<tr><td>10</td><td>房屋建筑施工人员</td><td>砌筑工、混凝土工、钢筋工、架子工</td><td>住房城乡建设部门相关机构、人社部门技能鉴定机构</td><td>水平评价类</td><td>《关于印发手工木工等 8 个国家职业技能标准的通知》(人社厅发〔2011〕129 号)</td><td></td></tr>
<tr><td rowspan="2">11</td><td rowspan="2">水生产、输排和水处理人员</td><td>水生产处理工</td><td>化工、电工行业技能鉴定机构、住房城乡建设部门相关机构</td><td rowspan="2">水平评价类</td><td>《关于印发养老护理员等四个国家职业技能标准的通知》(人社厅发〔2011〕104 号)</td><td></td></tr>
<tr><td>工业废水处理工</td><td>化工行业技能鉴定机构</td><td>《关于印发紧急求助员第 6 个国家职业技能标准的通知》(人社厅发〔2012〕54 号)</td><td></td></tr>
</table>

续表

序　号	职业资格名称		实施部门(单位)	资格类别	设定依据	备　注
12	气体生产、处理和输送人员	工业气体生产工	化工行业技能鉴定机构	水平评价类	《关于印发第十批玩具设计师等 68 个国家职业标准的通知》(劳社厅发〔2005〕1号)	
		工业废气治理工	化工、电力行业技能鉴定机构		《关于印发紧急救助员等 6 个国家职业技能标准的通知》(人社厅发〔2012〕54号)	
		压缩机操作工	化工、煤炭行业技能鉴定机构		《关于印发第十批玩具设计师等 68 个国家职业标准的通知》(劳社厅发〔2005〕1号)	
13	电力、热力生产和供应人员	锅炉运行值班员、发电集控值班员、变配电运行值班员、继电保护员	电力行业技能鉴定机构	水平评价类	《关于印发第十五批模具设计师等 65 个国家职业标准的通知》(劳社厅发〔2006〕33号)	
		燃气轮机值班员			《关于印发船舶管系工等 42 个国家职业技能标准的通知》(人社厅发〔2009〕66号)	
		锅炉操作工	人社部门技能鉴定机构会同有关行业协会		《关于印发组合机床操作工等 28 个国家职业标准的通知》(劳社厅发〔2000〕14号)	
14	仪器仪表装配人员	钟表及计时仪器制造工	轻工行业技能鉴定机构	水平评价类	《关于印发第十批玩具设计师等 68 个国家职业标准的通知》(劳社厅发〔2005〕1号)	
15	电子设备装配调试人员	广电和通信设备电子装接工、广电和通信设备调试工	电子通信行业技能鉴定机构	水平评价类	《关于印发液晶显示器件制造工等 10 个国家职业标准的通知》(劳社厅发〔2005〕2号)	
16	计算机制造人员	计算机及外部设备装配调试员	电子通信行业技能鉴定机构	水平评价类	《关于印发液晶显示器件制造工等 10 个国家职业标准的通知》(劳社厅发〔2005〕2号)	

续表

序号	职业资格名称		实施部门(单位)	资格类别	设定依据	备注
17	电子器件制作人员	液晶显示器件制造工	电子通信行业技能鉴定机构	水平评价类	《关于印发通信设备检验员和液晶显示器件制造工国家职业技能标准的通知》(人社厅发〔2011〕35号)	
		半导体芯片制造工、半导体分立器件和集成电路装调工			《关于印发半导体芯片制造工等13个国家职业标准的通知》(劳社厅发〔2003〕2号)	
18	电子元件制造人员	电子产品制版工、印制电路制作工	电子通信行业技能鉴定机构	水平评价类	《关于印发半导体芯片制造工等13个国家职业标准的通知》(劳社厅发〔2003〕2号)	
19	电线电缆、光纤光缆及电工器材制造人员	电线电缆制造工	机械行业技能鉴定机械	水平评价类	《关于印发防腐蚀工等22个国家职业标准的通知》(劳社厅发〔2001〕3号)	
20	输配电及控制设备制造人员	变压器互感器制造工	机械行业技能鉴定机构	水平评价类	《关于印发第九批国家职业标准的通知》(劳社厅发〔2004〕7号)	
		高低压电器及成套设备装配工			《关于印发第三批国家职业标准的通知》(劳社厅发〔2002〕1号)	
21	汽车整车制造人员	汽车装调工	机械行业技能鉴定机构	水平评价类	《关于印发第十批玩具设计师等68个国家职业标准的通知》(劳社厅发〔2005〕1号)	
22	医疗器械制品和康复辅具生产人员	矫形器装配工、假肢装配工	民政行业技能鉴定机构	水平评价类	《关于印发假肢师等8个国家职业标准的通知》(劳社厅发〔2006〕8号)	
23	金属加工机械制造人员	机床装调维修工	人社部门技能鉴定机械同有关行业协会	水平评价类	《关于印发第十五批模具设计师等65个国家职业标准的通知》(劳社厅发〔2006〕33号)	

续表

序　号	职业资格名称		实施部门（单位）	资格类别	设定依据	备　注
24	工装工具制造加工人员	模具工	人社部门技能鉴定机构会同有关行业协会	水平评价类	《关于印发锁具修理工等 5 个国家职业技能标准的通知》（人社厅发〔2012〕114 号）	
25	机械热加工人员	铸造工、锻造工、金属热处理	人社部门技能鉴定机构会同有关行业协会	水平评价类	《关于印发船舶管系工等 42 个国家职业技能标准的通知》（人社厅发〔2009〕66 号）	
26	机械冷加工人员	车工、铣工	人社部门技能鉴定机构会同有关行业协会	水平评价类	《关于印发第十批玩具设计师等 68 个国家职业标准的通知》（劳社厅发〔2005〕1 号） 《关于钱发船舶管系工等 42 个国家职业技能标准的通知》（人社厅发〔2009〕66 号）	
		钳工、磨工、冲压工			《关于印发船舶管系工等 42 个国家职业技能标准的通知》（人社厅发〔2006〕66 号）	
		电切削工	机构行业技能鉴定机构、人社部门技能机构		《关于印发第十二批房地产策划师等 54 个国家职业标准的通知》（劳社厅发〔2006〕1 号）	
27	硬质合金生产人员	硬质合金成型工、硬质合金烧结工、硬质合金精加工	有色金属行业技能鉴定机构	水平评价类	《关于印发第八批林木种苗工等 65 个国家职业标准的通知》（人社厅发〔2009〕66 号）	
28	金属轧制人员	轧制原料工、金属轧制工、金属材热处理工、金属材精整工	冶金、有色金属行业技能鉴定机构	水平评价类	《关于印发高炉原料工等 27 个工种国家职业标准的通知》（人社厅发〔2008〕71 号）	
		金属挤压工、铸轧工	有色金属行业技能鉴定机构		《关于印发第十五批模具设计师等 65 个国家职业标准的通知》（劳社厅发〔2006〕33 号）	
29	轻有色金属冶炼人员	氧化铝制取工、铝电解工	有色金属行业技能鉴定机构	水平评价类	《关于印发第八批林木种苗工等 65 个国家职业标准的通知》（劳社厅发〔2004〕1 号）	

续表

<table>
<tr><th>序号</th><th colspan="2">职业资格名称</th><th>实施部门(单位)</th><th>资格类别</th><th>设定依据</th><th>备注</th></tr>
<tr><td rowspan="2">30</td><td rowspan="2">重有色金属冶炼人员</td><td>重冶火法冶炼工、电解精炼工</td><td rowspan="2">有色金属行业技能鉴定机构</td><td rowspan="2">水平评价类</td><td>《关于印发第八批林木种苗工等 65 个国家职业标准的通知》(劳社厅发〔2004〕1号)</td><td></td></tr>
<tr><td>重冶湿法冶炼工</td><td>《关于印发第九批国家职业标准的通知》(劳社厅发〔2004〕7号)</td><td></td></tr>
<tr><td>31</td><td>炼钢人员</td><td>炼钢原烊工、炼钢工</td><td>冶金行业技能鉴定机构</td><td>水平评价类</td><td>《关于印发高炉原料工等 27 个工种国家职业标准的通知》(人社厅发〔2008〕71号)</td><td></td></tr>
<tr><td>32</td><td>炼铁人员</td><td>高炉原料工、高炉炼铁工、高炉运转工</td><td>冶金行业技能鉴定机构</td><td>水平评价类</td><td>《关于印发高炉原料工等 27 个工种国家职业标准的通知》(人社厅发〔2008〕71号)</td><td></td></tr>
<tr><td rowspan="2">33</td><td rowspan="2">矿物采选人员</td><td>井下支护工</td><td rowspan="2">有色金属、煤炭、冶金行业技能鉴定机构</td><td rowspan="2">水平评价类</td><td>《关于印发第十六批汽车加气站操作工等 10 个国家职业标准的通知》(劳社厅发〔2007〕3号)</td><td></td></tr>
<tr><td>矿山救护工</td><td>《关于印发第十九批矿山救护工等 22 个国家职业标准的通知》(劳社厅发〔2008〕6号)</td><td></td></tr>
<tr><td>34</td><td>陶瓷制品制造人员</td><td>陶瓷原料准备工、陶瓷烧成工、陶瓷装饰工</td><td>轻工、建材行业技能鉴定机构</td><td>水平评价类</td><td>《关于印发第八批林木种苗工等 65 个国家职业标准的通知》(劳社厅发〔2004〕1号)</td><td></td></tr>
<tr><td rowspan="2">35</td><td rowspan="2">玻璃纤维及玻璃纤维增强塑料制品制造人品</td><td>玻璃纤维及制品工</td><td rowspan="2">建材行业技能鉴定机构</td><td rowspan="2">水平评价类</td><td>《关于印发防腐蚀工等 17 个国家职业技能标准的通知》(人社厅发〔2009〕90号)</td><td></td></tr>
<tr><td>玻璃钢制品工</td><td>《关于印发第十批玩具设计师等 68 个国家职业标准的通知》(劳社厅发〔2005〕1号)</td><td></td></tr>
<tr><td rowspan="2">36</td><td rowspan="2">水泥、石灰、石膏及其制品制造人员</td><td>水泥生产工、石膏制品生产工</td><td rowspan="2">建材行业技能鉴定机构</td><td rowspan="2">水平评价类</td><td>《关于印发第八批林木种苗工等 65 个国家职业标准的通知》(劳社厅发〔2006〕1号)</td><td></td></tr>
<tr><td>水泥混凝土制品工</td><td>《关于印发第十批玩具设计师等 68 个国家职业标准的通知》(劳社厅发〔2005〕1号)</td><td></td></tr>
</table>

续表

序　号	职业资格名称		实施部门(单位)	资格类别	设定依据	备　注
37	药物制剂人员	药特制剂工	中医药行业技能鉴定机构	水平评价类	《关于印发中药调剂员等 5 个国家职业技能标准的通知》(人社厅发〔2009〕94 号)	
38	中药饮片加工人员	中药炮制工	中医药行业技能鉴定机构	水平评价类	《关于印发中药炮制与配制工国家职业技能标准的通知》(人社厅发〔2011〕94 号)	
39	涂料、油墨、颜料及类似产品制造人员	涂料生产工、染料生产工	化工行业技能鉴定机构	水平评价类	《关于印发第十二批房地产策划师等 54 个国家职业标准的通知》(劳社厅发〔2006〕1 号)	
40	农药生产人员	农药生产工	化工行业技能鉴定机构	水平评价类	《关于印发第十五批模具设计师等 65 个国家职业标准的通知》(劳社厅发〔2006〕33 号)	
41	化学肥料生产人员	合成氨生产工、尿素生产工	化工行业技能鉴定机构	水平评价类	《关于印发第六批国家职业标准的通知》(劳社厅发〔2003〕14 号)	
42	基础化学原料制造人员	硫酸生产工、硝酸生产工、纯碱生产工	化工行业技能鉴定机构	水平评价类	《关于印发第十批玩具设计师等 68 个国家职业标准的通知》(劳社厅发〔2005〕1 号)	
		烧碱生产工、无机化学反应生产工			《关于印发第十二批房地产策划师等 54 个国家职业标准的通知》(劳社厅发〔2006〕1 号)	
		有机合成工			《关于印发第十五批模具设计师等 65 个国家职业标准的通知》(劳社厅发〔2006〕33 号)	
43	化工产品生产通用工艺人员	化工总控工	化工行业技能鉴定机构	水平评价类	《关于印发第十批玩具设计师等 68 个国家职业标准的通知》(劳社厅发〔2005〕1 号)	
		防腐蚀工			《关于印发防腐蚀工等 17 个国家职业技能标准的通知》(人社厅发〔2009〕90 号)	
		制冷工	人社部门技能鉴定机构会同有关行业协会		《关于印发船舶管系工等 42 个国家职业技能标准的通知》(人社厅发〔2009〕66 号)	

续表

序号	职业资格名称		实施部门(单位)	资格类别	设定依据	备注
44	炼焦人员	炼焦煤制备工	煤炭、冶金行业技能鉴定机构	水平评价类	《关于印发高炉原料工等 27 个工种国家职业标准的通知》(人社厅发〔2008〕71 号) 《关于印发防腐蚀工等 17 个国家职业技能标准的通知》(人社厅发〔2009〕90 号)	
		炼焦工			《关于印发高炉原料工等 27 个工种国家职业标准的通知》(人社厅发〔2008〕71 号)	
45	工艺美术品制作人员	景泰蓝制作工	轻工行业技能鉴定机构	水平评价类	《关于印发第八批林木种苗工等 65 个国家职业标准的通知》(劳社厅发〔2004〕1 号)	
46	木制品制造人员	手工木工	住房城乡建设部门相关机构、人社部门技能鉴定机构	水平评价类	《关于印发手工木工等 8 个国家职业技能标准的通知》(人社厅发〔2011〕129 号)	
47	纺织品和服装剪裁缝纫人员	服装制版师	纺织行业技能鉴定机构	水平评价类	《关于印发第五批国家职业标准的通知》(劳社厅发〔2003〕1 号)	
48	印染人员	印染前处理工、印花工、印染后整理工、印染染化料配制工	纺织行业技能鉴定机构	水平评价类	《关于印发第十二批房地产策划师等 54 个国家职业标准的通知》(劳社厅发〔2006〕1 号)	
		纺织染色工			《关于印发第十批玩具设计师等 68 个国家职业标准的通知》(劳社厅发〔2005〕1 号)	
49	织造人员	整经工、织布工	纺织行业技能鉴定机构	水平评价类	《关于印发第十批玩具设计师等 68 个国家职业标准的通知》(劳社厅发〔2005〕1 号)	
50	纺纱人员	纺纱工	纺织行业技能鉴定机构	水平评价类	《关于印发第十批玩具设计师等 68 个国家职业标准的通知》(劳社厅发〔2005〕1 号)	
		缫丝工			《关于印发第十二批房地产策划师等 54 个国家职业标准的通知》(劳社厅发〔2006〕1 号)	
51	纤维预处理人员	纺织纤维梳理工、并条工	纺织行业技能鉴定机构	水平评价类	《关于印发第十批玩具设计师等 68 个国家职业标准的通知》(劳社厅发〔2005〕1 号)	

续表

序　号	职业资格名称		实施部门(单位)	资格类别	设定依据	备　注
52	酒、饮料及酒精制造人员	酿酒师、品酒师	轻工行业技能鉴定机构	水平评价类	《关于印发第十八批平版印刷工等 20 个国家职业标准的通知》(劳社厅发〔2008〕5 号)	
		酒精酿造工、白酒酿造工、啤酒酿造工、黄酒酿造工、果露酒酿造工			《关于印发第五批国家职业标准的通知》(劳社厅发〔2003〕1 号)	
		评茶员	供销行业技能鉴定机构、人社部门技能鉴定机构		《关于印发防腐蚀工等 22 个国家职业标准的通知》(劳社厅发〔2001〕3 号)	
53	乳制品加工人员	乳品评鉴师	轻工行业技能鉴定机构	水平评价类	《关于印发防腐蚀工等 17 个国家职业技能标准的通知》(人社厅发〔2009〕90 号)	
54	粮油加工人员	制米工、制粉工、制油工	粮食行业技能鉴定机构	水平评价类	《关于印发粮油竞价交易员等 7 个国家职业标准的通知》(劳社厅发〔2005〕10 号)	
55	动植物疫病防治人员	农作物植保员	农业行业技能鉴定机构	水平评价类	《关于印发农作物种子繁育员等 17 个国家职业标准的通知》(劳社厅发〔2003〕3 号)	
		动物疫病防治员、动物检疫检验员			《关于印发果树园艺工等 4 个国家职业技能标准的通知》(人社厅发〔2009〕99 号)	
		水生物病害防治员			《关于印发农业实验工等 7 个国家职业技能标准的通知》(人社厅发〔2010〕89 号)	
		林业有害生物防治员	林业行业技能鉴定机构		《关于印发森林抚育工等 11 个国家职业技能标准的通知》(人社厅发〔2015〕12 号)	

续表

序号	职业资格名称		实施部门(单位)	资格类别	设定依据	备注
56	农业生产服务人员	农机修理工	农业行业技能鉴定机构	水平评价类	《关于印发农情测报员等4个国家职业技能标准的通知》(人社厅发〔2011〕88号)	
		沼气工			《关于印发农业实验工等7个国家职业技能标准的通知》(人社厅发〔2010〕89号)	
		农业技术员			《关于印发农业技术指导员等5个国家职业标准的通知》(劳社厅发〔2007〕4号)	
57	康复矫正服务人员	助听器验配师	卫生计生行业技能鉴定机构	水平评价类	《关于印发第十七批铝制品制作工等26个国家职业标准的通知》(劳社厅发〔2008〕1号)	
		口腔修复体制作工			《关于印发反射疗法师等3个国家职业标准的通知》(劳社厅发〔2007〕11号)	
		眼镜验光员、眼镜定配工	人社部门技能鉴定机构会同有关行业协会		《关于印发第十五批模具设计师等65个国家职业标准的通知》(劳社厅发〔2006〕33号)	
58	健康咨询服务人员	健康管理师	卫生计生行业技能鉴定机构	水平评价类	《关于印发反射疗法师等3个国家职业标准的通知》(劳社厅发〔2007〕11号)	
		生殖健康咨询师			《关于印发第十七批铝制品制作工等26个国家职业标准的通知》(劳社厅发〔2008〕1号)	
59	计算机和办公设备维修人员	信息通信网络终端维修员	电子通信行业技能鉴定机构	水平评价类	《关于印发线务员等4个国家职业技能标准的通知》(人社厅发〔2009〕78号)	
60	汽车摩托车修理技术服务人员	汽车维修工	交通运输行业技能鉴定机构、人社部门技能鉴定机构	水平评价类	《关于印发中式烹调师等4个国家职业技能标准的通知》(人社厅发〔2014〕62号)	
61	保健服务人员	保健调理师	中医药行业技能鉴定机构	水平评价类	《关于印发第七批速录师等14个国家职业标准的通知》(劳社厅发〔2003〕19号) 《关于印发中药调剂员等5个国家职业技能标准的通知》(人社厅发〔2009〕94号)	

续表

序　号	职业资格名称		实施部门(单位)	资格类别	设定依据	备　注
62	美容美发服务人员	美容师	人社部门技能鉴定机构会同有关行业协会	水平评价类	《关于印发第九批国家职业标准的通知》(劳社厅发〔2004〕7号)	
		美发师			《关于印发船舶管系工等42个国家职业技能标准的通知》(人社厅发〔2009〕66号)	
63	生活照料服务人员	孤残儿童护理员	民政行业技能鉴定机构	水平评价类	《关于印发孤残儿童护理员和灾害信息员国家职业标准的通知》(劳社厅发〔2007〕26号)	
		育婴员	人社部门技能鉴定机械会同有关行业协会		《关于印发平版制版工等23个国家职业技能标准的通知》(人社厅发〔2010〕39号)	
		保育员			《关于印发船舶管系工等42个国家职业技能标准的通知》(人社厅发〔2009〕66号)	
64	有害生物防制人员	有害生物防制员	卫生计生行业技能鉴定机构、人社部门技能鉴定机构	水平评价类	《关于印发第十批玩具设计师等68个国家职业标准的通知》(劳社厅发〔2005〕1号)	
65	环境治理服务人员	工业固体废物处理处置工	化工行业技能鉴定机构	水平评价类	《关于印发紧急救助员等6个国家职业技能标准的通知》(人社厅发〔2012〕54号)	
66	水文服务人员	水文勘测工	水利行业技能鉴定机构	水平评价类	《关于印发河道修防工等6个职业(工种)国家职业技能标准的通知》(人社厅发〔2009〕69号)	
67	水利设施管养人员	河道修防工、水工闸门运行工	水利行业技能鉴定机构	水平评价类	《关于印发河道修防工等6个职业(工种)国家职业技能标准的通知》(人社厅发〔2009〕69号)	
		水工监测工			《关于印发水工监测工等3个国家职业技能标准的通知》(人社厅发〔2010〕108号)	
68	地质勘查人员	地勘钻探工	国土资源行业技能鉴定机构	水平评价类	《关于印发地质测量工等6个国家职业标准的通知》(劳社厅发〔2008〕7号)	
		地质调查员			《关于印发海洋环境监测工等6个国家职业标准的通知》(劳社厅发〔2008〕4号) 《关于印发地质测量工等6个国家职业标准的通知》(劳社厅发〔2008〕7号)	
		地勘掘进工、地质实验员、物探工			《关于印发掘进工等7个国家职业技能标准的通知》(人社厅发〔2010〕61号)	

续表

序　号	职业资格名称		实施部门(单位)	资格类别	设定依据	备　注
69	检验、检测和计量服务人员	农产品食品检验员	农业、粮食行业技能鉴定机构	水平评价类	《关于印发第三批国家职业标准的通知》(劳社厅发〔2002〕1号) 《关于印发农作物种子繁育员等17个国家职业标准的通知》(劳社厅发〔2003〕3号) 《关于印发粮油竞价交易员等7个国家职业标准的通知》(劳社厅发〔2005〕10号) 《关于印发啤酒花生产工等9个国家职业技能标准的通知》(人社厅发〔2015〕5号)	
		纤维检验员	供销行业技能鉴定机构		《关于印发第三批国家职业标准的通知》(劳社厅发〔2002〕1号)	
		贵金属首饰与宝石检测员	轻工、珠宝首饰行业技能鉴定机构		《关于印发第三批国家职业标准的通知》(劳社厅发〔2002〕1号)	
		机动车检测工	机构、交通运输行业技能鉴定机构		《关于印发第十批玩具设计师等68个国家职业标准的通知》(劳社厅发〔2005〕1号) 《关于印发汽车客运服务员等5个国家职业技能标准的通知》(人社厅发〔2009〕76号)	
70	测绘服务人员	大地测量员、摄影测量员、地图绘制员	测绘地理信息行业技能鉴定机构	水平评价类	《关于印发大地测量员等5个国家职业标准的通知》(劳社厅发〔2006〕23号)	
		不动产测绘员			《关于印发第五批国家职业标准的通知》(劳社厅发〔2003〕1号) 《关于印发大地测量员等5个国家职业标准的通知》(劳社厅发〔2006〕23号)	
		工程测量员	测绘地理信息、国土资源、交通运输行业技能鉴定机构		《关于印发大地测量员等5个国家职业标准的通知》(劳社厅发〔2006〕23号)	

续表

序号	职业资格名称		实施部门(单位)	资格类别	设定依据	备注
71	安全保护服务人员	保安员	公安部门相关机构、人社部门技能鉴定机构	水平评价类	《关于印发保安员国家职业技能标准的通知》(人社厅发〔2014〕88号)	
		安检员	民航行业技能鉴定机构、人社部门技能鉴定机构		《关于印发民航安全检查员国家职业标准的通知》(劳社厅发〔2005〕6号)	
		智能楼宇管理员	住房城乡建设部门相关机构、人社部门技能鉴定机构		《关于印发第十二批房地产策划师等54个国家职业标准的通知》(劳社厅发〔2006〕1号)	
		安全评价师	人社部门技能鉴定机构会同有关行业		《关于印发第十八批平版印刷工等20个国家职业标准的通知》(劳社厅发〔2008〕5号)	
72	人力资源服务人员	劳动关系协调员	人社部门技能鉴定机构会同有关行业协会	水平评价类	《关于印发第十八批平版印刷工等20个国家职业标准的通知》(劳社厅发〔2008〕5号)	
		企业人力资源管理师			《关于印发第十六批汽车加气站操作工等10个国家职业标准的通知》(劳社厅发〔2007〕3号)	
73	物业管理服务人员	中央空调系统运行操作员	住房城乡建设部门相关机构、人社部门技能鉴定机构	水平评价类	《关于印发第五批国家职业标准的通知》(劳社厅发〔2003〕1号)	
74	信息通信网络运行管理人员	信息通信网络运行管理员	电子通信行业技能鉴定机构	水平评价类	《关于印发第十八批平版印刷工等20个国家职业标准的通知》(劳社厅发〔2008〕5号) 《关于印发电信业务营业员等四个国家职业技能标准的通知》(人社厅发〔2011〕114号)	
75	广播电视传输服务人员	广播电视天线工	广电行业技能鉴定机构	水平评价类	《关于印发广播电视天线工和电影放映员国家职业技能标准的通知》(人社厅发〔2011〕15号)	
		有线广播电视机线员			《关于印发有线广播电视机线员国家职业标准的通知》(劳社厅发〔2006〕3号)	

续表

序　号	职业资格名称		实施部门(单位)	资格类别	设定依据	备　注
76	信息通信网络维护人员	信息通信网络机务员	电子通信行业技能鉴定机构	水平评价类	《关于印发电信业务营业员等四个国家职业技能标准的通知》(人社厅发〔2011〕114号)	
		信息通信网络线务员			《关于印发线务员等4个国家职业技能标准的通知》(人社厅发〔2009〕78号)	
77	餐饮服务人员	中式烹调师	人社部门技能鉴定机构会同有关行业协会	水平评价类	《关于印发中式烹调师等4个国家职业技能标准的通知》(人社厅发〔2014〕62号)	
		中式面点师、西式烹调师、西式面点师			《关于印发平版制版工等23个国家职业技能标准的通知》(人社厅发〔2010〕39号)	
		茶艺师			《关于印发第四批国家职业标准的通知》(劳社厅发〔2002〕10号)	
78	仓储人员	(粮油)仓储管理员	粮食行业技能鉴定机构	水平评价类	《关于印发粮油竞价交易员等7个国家职业标准的通知》(劳社厅发〔2005〕10号)	
79	航空运输服务人员	民航乘务员	民航行业技能鉴定机构	水平评价类	《关于印发民航乘务员等2个国家职业标准的通知》(劳社厅发〔2006〕27号)	
		机场运行指挥员			《关于印发第十九批矿山救护工等22个国家职业标准的通知》(劳社厅发〔2008〕6号)	
80	道路运输服务人员	机动车驾驶教练员	交通运输行业技能鉴定机构	水平评价类	《关于印发机动车驾驶教练员国家职业技能标准的通知》(人社厅发〔2011〕26号)	
81	消防和应急救援人员	消防员	消防行业技能鉴定机构	水平评价类	《关于印发灭火救援员国家职业技能标准的通知》(人社厅发〔2011〕18号)	
		森林消防员	林业行业技能鉴定机构		《关于印发第十二批房地产策划师等54个国家职业标准的通知》(劳社厅发〔2006〕1号)	
		应急救援员	紧急救援行业技能鉴定机构		《关于印发紧急求助员等6个国家职业技能标准的通知》(人社厅发〔2012〕54号)	

【练习】

1. 请列出 3 个在 10 年前不存在的工作。

2. 请列出 3 个自己喜欢且适合自己的工作。

3. 请选择自己现在的工作岗位或曾经工作过的岗位中的一种，填写表 4-8 所示的“职位说明书”。

表 4-8　职位说明书

<table>
<tr><td>岗位名称</td><td colspan="2"></td><td>岗位编号</td><td></td></tr>
<tr><td>所在部门</td><td colspan="2"></td><td>岗位定员</td><td></td></tr>
<tr><td>直接上级</td><td colspan="2"></td><td>直接下级</td><td></td></tr>
<tr><td>职位等级</td><td colspan="2"></td><td>填写日期</td><td></td></tr>
<tr><td rowspan="3">工作职责</td><td colspan="4">1.</td></tr>
<tr><td colspan="4">2.</td></tr>
<tr><td colspan="4">3.</td></tr>
<tr><td rowspan="2">工作关系</td><td colspan="4">对内关系：</td></tr>
<tr><td colspan="4">对外关系：</td></tr>
<tr><td rowspan="3">任职资格</td><td>学历/学位</td><td></td><td>专业</td><td></td></tr>
<tr><td>工作经验</td><td colspan="3"></td></tr>
<tr><td>基本技能</td><td colspan="3"></td></tr>
<tr><td>考核方法</td><td colspan="4"></td></tr>
</table>

第五章　影响职业生涯发展的环境因素

职业环境因素对个人职业生涯发展的影响是不言而喻的，每个人都处在一定的环境中，离开了这个环境，便无法生存与成长。环境对个人的职业生涯有着直接或间接的影响，它左右着人所从事的行业，改变着人生的发展轨迹。有时，这些因素会有利于职业的发展，有时这些因素会成为职业发展的障碍。作为社会生活中的个体，只有顺应职业环境的需要，趋利避害，最大限度地发挥个人优势，才有可能实现个人目标。

【学习目标】

掌握社会环境对职业生涯发展的影响。
掌握组织内部环境对职业生涯发展的影响。
掌握女性和男性职业生涯发展的影响因素。
了解我国主要的用工形式。

【小故事】

C老师凭什么成为上海滩最传奇外教？

在上海双语教育圈，一直流传着这样一个传奇故事：一位美意混血的外教老师，因在幼儿园教书时表现出了出色的教学能力而被一群海归家长邀请出来“单干”，组建大名鼎鼎的复旦万科C班，如今已成为万科双语学校的学术总监。

C老师，全名叫Lisa Chisholm，美国出生，意大利长大，毕业于卢伯克基督大学(Lubbock Christian University)的历史和西班牙语专业，拥有欧盟教师资格证和得克萨斯理工大学历史系博士学位。C出身教育世家，父母亲都是拥有丰富办学经验的教育家，可谓家学渊源深厚。不过，在决心扎根教育事业之前，C也曾经走过一段小小的“弯路”。因为从小看着父母投身教育行业，出于孩子的叛逆心，C一直觉得，如果自己也去做教育，“子承父业”一点都不酷。于是，C选择去念法律。可是只念了一年，她就觉得法学院的人并非她想要一起共事一辈子的人，他们的自私和刻薄也让她无比失望。于是她又跑去问父母，能否去父母的学校参与夏校的教学，父母一口答应了。再后来仿佛是冥冥之中自有注定，她发现自己很喜欢教孩子，而这一教就是25年。

生性爱冒险的C出于对中国这个东方国家的好奇，在十多年前来到了上海。刚到上海的时候，C先是在一所国际学校任教了一年，可是她并不喜欢那里的氛围，那个阶段她也一度迷茫。这个时候，妈妈告诉她一句话，Go low，go local，她顶着大博士的头衔"深入基层"，到幼儿园任教。慢慢地她教学的幼儿园逐渐有了名气，更多的家长慕名而来。2006年，在家长们的群策群力下，在校方的接纳下，当时只有35岁的C带领着第一批13个孩子开始了国际双语课程C班的探索，这一尝试使她成为上海双语教育圈的大红人。当年的C班几乎成为之后迅速开枝散叶的沪上双语教育的雏形和导师，而最初的这批孩子如今也已走上了各自不同的人生轨道。

(资料来源：据"外滩教育"微信公众号：《在中国执教十多年，这位美国女教师凭什么成为上海滩最传奇外教？》改写)

点评：随着全球化经济的发展，越来越多的人有机会在国外任职，适者生存，机会也是留给有准备的人。C自己拥有欧盟教师资格证和得克萨斯理工大学历史系博士学位，她的教学理念和教学方法也适合中国国情，而上海双语教学正处在起步阶段，C班家长找到她的那一年她才35岁，年轻有闯劲，人才和机遇相逢，不成功也难。

一、经济全球化对职业生涯规划有什么影响？

"经济全球化"的概念，最早是在1985年由特·莱维提出的，经济全球化是贸易、投资、金融、生产等活动的全球化，即生存要素在全球范围内的最佳配置。经济全球化的内容主要包括：生产全球化、贸易全球化、金融全球化、投资全球化及区域性经济合作全球化。20世纪90年代以来，经济全球化得到了迅速发展，现已发展成为以科技革命和信息技术发展为先导，涵盖生产、贸易、金融和投资各个领域，囊括了世界经济和与世界经济相联系的各个方面及全部过程。经济全球化对我国的发展产生了极大的影响，不仅加快了我国经济开放、参与全球竞争的进程，同时也加快了我国融入世界经济体系的步伐。随着我国经济实力不断增强，科学技术的发展，走出国门的企业也越来越多，越来越多的企业与世界经济的波动密切相关，使得全球的劳动力的流动性越来越大，因此职业、就业和工作场所也会受到世界经济持续波动影响。一般来说，经济的增长意味着工作机会的增多，就业增长水平及就业机会的类型都会随着产业的此起彼伏而发生变化。因此关注世界经济的发展趋势会有利职业生涯的规划，同时经济全球化、信息全球化，也对个人职业的素质提出了更高的要求，具备国际意识、国际交往能力、国际竞争能力的人才将成为企业追求的目标。

二、新技术对职业生涯发展有什么影响？

移动互联网、大数据、云计算、人工智能等新技术的不断创新和突破，让世界发生了巨变。新技术的产生对个人的职业生涯发展同样也产生了巨大的影响。

首先，多重职业将成为全球职业发展的新趋势。2007年《纽约时报》专栏作家麦瑞克•阿尔伯在她的《一个人，多重职业》的书中描述了一种现象：越来越多的年轻人不再满足“单一职业”这种生活方式，他们开始选择一种能够拥有多重职业和身份的多元生活，在自我介绍时他们会用“斜杠”来区分从事的不同职业，例如，某某，律师/演员/制片人。于是，“斜杠(Slash)”便成了他们职业的代名词。互联网条件下的经济是共享经济，共享经济的本质是人尽其才，物尽其用。人才不仅只是在一个组织中有多种职业通道、职业路径可以选择，而且可以不再只属于一个特定的组织，不再只被捆绑在一个岗位扮演一个固定的角色。一个人可以不再追求在组织中沿着金字塔的结构向上攀升的传统职业路径，而是可以在不同的职业之间平行转换，扮演多重角色，拥有多重职业身份。

其次，虽然技术时代在技术领域创造了许多新的工作，也在许多领域实现了许多工作的自动化，但也会因此导致某些制造业的工作数量的减少。大多数情况下，技术不是要取代工人，而是要重新界定原来的工作内容和方式，熟悉自己工作所在领域的技术并与之保持同步是取得职业成功的关键。

三、组织环境对职业生涯发展有什么影响?

组织的内部环境对个人的职业生涯有直接的影响，所有的人都处于组织的小环境之中，个体的发展与组织的发展息息相关。对组织环境进行分析，可以使个人及时了解组织的发展状况和前景，从而把个人的职业生涯发展与组织的发展联系在一起，有利于个人作出合适的职业生涯规划。组织环境对个人职业生涯发展的影响主要体现在三个方面：一是组织的文化，二是组织的管理制度，三是组织领导者素质和价值观。

(一)组织文化对个人职业生涯发展的影响

组织文化是全体员工在长期生产经营活动中形成并共同遵守的最高标准价值标准的基本信念和行为规范总和，组织文化是影响组织经营效益的重要因素。根据麻省理工学院管理学教授埃德加·肖恩(Edgar Schein)1985 年的观点，他认为组织文化可以通过很多方法观察到，如一些常规行为：员工间互相问候的方法，员工的衣着，代表组织的象征物；还有组织的一些规范：是否愿意在晚上和周末加班，组织的主导价值观、哲学观、组织制定的规则以及员工对待客户的态度，组织的氛围等。如果个人的价值观与组织文化有冲突，难以适应组织文化，个人的职业生涯发展就会受到阻碍。

(二)组织管理制度对个人职业生涯发展的影响

组织管理制度涉及的范围比较广，员工的职业发展归根结底要靠组织管理制度来保障，没有制度或者制度不合理、不到位的组织，员工的职业发展就难以实现。如组织用人制度，能否提供教育培训机会，提供的培训机会的条件是什么，员工将来有没有可能承担更高级的职务或担负更大的责任，个人待遇提升的空间等，都与员工的职业发展息息相关。

(三)领导者素质和价值观对个人职业生涯发展的影响

领导者的价值观就是组织的负责人对自己的事业和周围的社会环境等其他因素的态度和看法，因此领导者价值观对组织发展有非常重要的作用。从中外成功组织的经验来看，领导者的价值观应该符合客观规律，是科学的；同时又应走在时代的前列，具有高格调、高境界。组织领导者的价值观和素质对组织的发展具有决定性的作用，在某种程度上决定了员工在组织中能否有足够的发展空间，是衡量员工的职业生涯目标能否实现的重要指标。

四、家庭会影响职业生涯发展吗？

家庭对个人素质、价值观都会产生影响，因此家庭也是影响职业生涯的主要因素之一。父母所从事的职业是孩子观察社会职业的开始，父母对自己所从事的职业认同与否，对孩子将来是否愿意从事同样的职业有很大的影响。父母乐于从事的职业或行为，孩子易于接受并熟悉，这会影响孩子职业理想的确立和职业选择的方向、种类。一般情况下家庭经济条件好，孩子所受的教育程度会更高，职业选择过程中对职业兴趣会占主导地位，职业选择方面空间更大；家庭经济条件差，会使孩子所受教育培训的机会减少，而且会使孩子感到肩上沉重的家庭责任，在是否读书深造、对工作单位效益好坏、对职业所带来的收入等方面考虑会更多。

对于大多数中国家庭来说，基本上是男女双方都参加工作，因此家庭状况也会影响职业生涯的发展。由于我国实行了很长一段时间的独生子女政策，大部分情况下小孩都是由爷爷奶奶或者外公外婆等长辈在帮忙带小孩，因此绝大部分职业女性会较少感受到来自家庭的压力。但是随着二胎政策的实施，如何平衡工作时间和家庭时间，减少压力，特别是在职业生涯发展的中后期照顾老人也成为家庭中很重要的一项工作，照顾家庭意味着同时要照顾四个老人和两个小孩，其家庭生活的压力不言而喻，在家庭的关键性事件中保持和谐是一项挑战。

作为双职工家庭，尤其要平衡好职业生涯角色的关系，对于家庭生活男女双方要有共同的计划，一个人不可能在同一时间里进入所有的角色，应对事业和家庭生活是很不容易的事情。

家庭和职业发展是我们现实生活中密切关联的两个方面，职业发展中的问题可能源自家庭生活，家庭生活也往往受到职业的影响。因此，家庭、事业都不应该对立，如果把事业当作一个家庭去享受，把家庭当作一个事业去创立，那么就会在事业与家庭之间找到一个幸福的平衡点。

五、影响男性职业生涯发展的因素有哪些？

男性被期望要有男子气概，要有诸如积极、进取、独立和勇敢等行为特质。但这些特质并不总是与工作和家庭中新的社会状况相适合，因为新的社会状况涉及团队工作、协商、分享权利和妥协。正在改变的这些社会因素都会对男性的职业生涯规划产生影响。影响男性职业生涯规划的因素有：性别差异；平衡职业与婚姻家庭关系；家庭妇男角色和倾向传统的男性职业。

(一)性别差异

性别差异是对男性职业生涯规划的影响因素之一，科学家哈里斯、钦和费卡罗托通过研究生命全程不同时期的死亡率，认为仅仅是生物因素不足以解释为什么女性的平均寿命比男性长七年。其他一些研究者提出寿命差异中的 75%要归因于男性的性别角色行为，越来越多的研究将传统的男子特征及男性认为什么样的表现才像男人的信念与更高的健康危机联系起来。

性别角色社会化的过程导致攻击、权利和控制，在男性生活的各个方面都表现得十分显著，其中也包括工作领域。男人们知道，要想获得尊重和重视，那么就需要表现出这些特性。显然，对这些特征的某些度量是功能性的；然而僵化地遵照男性特征模式，完全依靠竞争和好斗的方式来解决问题很容易引起压力。性别因素直接影响到了男性的职业生涯年限。

(二)平衡职业与婚姻家庭关系

在工业社会，男性到工厂做工以供养家庭。男性被期望外出并获得维持家庭所需的东西，他们根据工作中的成就、地位、权利来体会职业生涯的成功。这些传统观念统治着男人的职业生涯。但由于社会经济逐步转型，从产品生产转向了服务，许多与男性有关的传统工作逐渐消失。因而女性在家庭的经济中发挥作用越来越大，男性也因此被要求承担更多的家务，并且要投入养育的角色。

同时，男性需要考虑到自己的另一半将可能比自己挣得多，在家庭中拥有了更多的经济实力地位，在公司甚至还有可能成为某集团的首席执行官，或创业做老板，而自己如何与配偶相适应，如何平衡职业与婚姻家庭的关系，成了男性职业生涯规划中重点考虑的内容。

(三)家庭妇男角色

当妻子在职业上表现出绝对的优势时，男人们不得不开始分担家务及照看儿童的工作。家庭妇男，对于许多男人来说还是个新角色。成为家庭妇男有很多因素导致，如对社区或工作单位中提供的儿童照看工作不满意；妻子比丈夫挣钱多；能与孩子亲密相处并有独特的机会看他们长大；儿童可能发生的无法预料的疾病和事故等。成为家庭妇男这个角色是男性职业生涯规划中的新角色。

(四)倾向传统的男性职业

男性倾向于在传统的职位中工作，这意味着至少有 30%或更多的工作者是相同性别的。男性倾向于在实用型、研究型和企业型领域的工作。而由女性主宰的职业，如社会工作、护理、基础学校教育和办公室等工作，大多数男性并不愿意进入这些非传统的职业领域，这种倾向限制了他们的职业选择，也影响了他们的职业生涯规划。

六、影响女性职业生涯发展的因素有哪些？

有人说男女搭配，干活不累，女性人力资源在企业中具备独特的优势，如细心、认真和富有责任感的要求。同时在与同事相处的过程中女性也有善解人意的特征，因此女性成为企业“柔性管理”的成功要素。但现代女性在职业生涯发展过程中经常会遇到各种各样的问题，面临各种各样的障碍性因素。

(一)性别观念

当代中国社会仍广泛存在着明显的职业性别差异。所谓性别意识，是一种从性别的角度，去观察和认识社会政治、文化、经济和环境，并对其进行性别分析和性别规划，以实现社会性别公平的观念和方法。当人们以性别为框架，赋予男女以不同的特征框架时，就产生了性别偏见。在传统角色定型化教育里男性是经济收入的主要来源，是养家糊口的人和创业者，而女性最重要的生活内容是成家和生孩子。因此，女性对自己的职业定位往往偏向稳定，如在中小学教师、护士等职业里，女性占据的比例特别高，这也是影响职业女性成就动机和潜能发挥的因素之一。

(二)晚育趋势

越来越多的女性开始晚育，因为随着女性教育水平的提高，对时间和生活水准有了更多的要求，这改变了女性对婚姻的态度。同时随着我国二胎政策的实施，女性用在家庭的时间和精力也会发生变化，这些都会对女性的职业生涯规划产生影响。

对于企业用工成本来说，显然使用女性职工的成本要高于男性职工，女性职工的时间灵活性也不如男性职工。

(三)“玻璃天花板”效应

“玻璃天花板”效应是指女性的职业选择和职务晋升被一层玻璃挡着，可望而不可即。“玻璃天花板”一词已经使用了 20 多年，美国政府特别任命的玻璃天花板委员会(GCC)发表其建议也有 10 年了。1995 年，该委员会表示，阻止女性到达公司高层职位的壁垒“剥夺了私有部门许多合格人员竞争并保持高管职位的机会”。因为该委员会发现，女性占美国整个劳动大军人数的 45.7%，在拥有硕士学位的人群中占一半以上。然而，95%的高级管理人员是男性，女性管理人员的平均收入仅是同级别男性的 68%。以世界公认的科学界最高奖项之一诺贝尔奖为例，诺奖百余年历史上，女性获奖者少之又少，迄今全球有 15 位女科学家，16 次获得诺贝尔奖，女性占 2.8%。截至 2008 年的统计，在物理学奖和化学奖方面，除居里夫人获得了 1903 年物理学奖与 1911 年化学奖外，只有 1 名女性获物理学奖，2 名女性获化学奖。

女性要想冲破“玻璃天花板”，坐上更高的位置，其面临的挑战是她们要处理好多种生活角色带来的多任务要求，平衡工作和生活中的问题，使工作、生活的安排上有着清晰的思维，并得到家人的理解和支持。

七、如何在经济衰退中保住工作？

在经济不景气的时候或者行业转型的时候，许多公司都会面临是否裁员的问题。如果员工准备充分就可以轻松转换工作，如果要保住工作岗位不被裁员，起的决定因素是你对于公司而言是否有价值？你是不是一个很容易相处的人且善于变通？你是不是一个善于学习的人？你是否具有可迁移的技能？

很多时候企业可能愿意帮助你在企业内部或外部找到其他职位，但在这个过程中会有很多的不确定性，因为无法预知转型过程中你是否能够适应，也不知道你将来的结局会如何，更不能预知转型期会有多长。但是只要你在工作中学会变通，不断学习新技能，适应环境的变化，还是能找到适合的岗位的。

八、我国用人单位有哪些主要用工形式？

1. 从签订劳动合同的期限来分，有固定期限用工、无固定期限用工和以完成一定工作任务为期限的用工 3 种方式。

固定期限用工是指用人单位与劳动者签订的劳动合同，约定有合同的终止时间。

无固定期限用工是指用人单位与劳动者签订的劳动合同，约定有合同无确定的终止时间。

以完成一定工作任务为期限的用工是指用人单位与劳动者签订的劳动合同，约定以某项工作的完成为合同的期限。

2. 从聘用劳动者的身份来分，有全日制、非全日制和劳务派遣用工 3 种方式。

全日制工用工手续完备，签订劳动合同，享有全部工资，福利，社会保险等待遇。

非全日制用工称为小时工，在用人单位从事非全日制工作，即在同一用人单位平均每日工作时间不超过 5 小时或者累计每周工作时间不超过 30 小时。工资按小时计发，一般不签劳动合同，没有社会保险。

还有劳务派遣方式用工：派遣单位是用人单位。劳动者与用人单位签订劳动合同，其工资福利社会保险关系在用人单位。

3. 从工作制度来分，有标准工时工作制用工、不定时工作制用工、综合计算工时工作制用工 3 种方式。

标准工时工作制：适用于工作时间固定，即每周工作 5 天，每天工作 8 小时。

不定时工作制：适用于因工作无法按标准工作时间衡量，需要机动作业或工作，执行弹性工作时间的人员，如推销人员等。

综合计算工时工作制：适用于以周、月、季、年等为周期，综合计算工作时间，需要连续作业或工作的人员，如铁路、航空、旅游等行业的人员。

九、我国的公共就业服务机构可以提供哪些服务？

我国已基本形成覆盖城乡的公共就业服务体系，并基本建成统一规范的公共就业服务制度。人力资源和社会保障部 2012 年 11 月 2 日公布《关于进一步加强公共就业服务体系建设的指导意见》(以下简称《意见》)，要求各地原县级以上人才服务和劳动力市场的各类工作机构加强整合，综合性服务机构可称为公共就业(人才)服务中心，方便劳动者求职就业和用人单位招聘用人。《意见》提出，综合性服务机构可称为公共就业(人才)服务中心；新建、改建服务场所的，应努力统一到一个场所中，实行专业化分工和一体化运作。区、县级公共就业(人才)服务机构应整合，建立统一的综合性服务机构。《意见》再次重申，政府公益性就业服务应对城乡所有劳动者免费，对就业困难群体提供就业援助，对用人单位用人提供招聘服务。

目前我国公共就业服务机构覆盖了 98%的街道，96%的乡镇，95%的社区，许多行政村聘请了专职或兼职的工作人员，构建起覆盖中央、省、市、区县、街道(乡镇)、社区(行政村)五级管理、六级服务的公共就业和人才服务网络，并建立起职业指导员、劳动保障协理员、职业信息分析师等工作队伍。

十、如何把握政府中的工作机会？

在政府中工作就要参加国家公务员考试。公务员是国家负责统筹管理经济社会秩序和国家公共资源，维护国家法律规定贯彻执行的公职人员。在中国，公务员是指依法履行公职、纳入国家行政编制、由国家财政负担工资福利的工作人员。我们国家还有很多事业单位和非政府组织也是参照公务员管理办法进行管理。因此这部分人员的工作相对来说比较稳定，在目前就业越来越艰难的情况下，公务员和事业单位工作者自然成为人们向往的职业。

公务员享受的国民收入初次分配权，它的工资收入会随着整个国家 GDP 一起进行上涨，与社会经济的发展相一致。但是国家公务员和事业单位的工资待遇在当地收入只能算是略高于当地收入平均水平。

国家公务员局及各部属机关的事业单位及各省市的公务员局网站每年都会进行公务员和事业单位的招收录用考试报名通知。

【案例】

56 岁的宝钢干部何黄斌转型之路

2016 年宝钢 2500 立方米不锈钢高炉停产。几十年来，铁花绽放的火红，记录下一次次铁水出炉的时刻。随着这座高炉停产，宝钢碳钢生产全部停止，不锈钢生产也大幅减产。在钢铁产能过剩的大背景下，宝钢的产业转型不可避免。这也意味着，规模化的人员转型分流势在必行。这些为宝钢工作了大半辈子的人们，猝不及防地走到了人生的十字路口。

命运对于 56 岁的何黄斌来说，时常会有些“意想不到”。

1982 年，冶金机械专业毕业的他，进入当时的上钢一厂。“那时候上钢一厂的效益很好，进去当工人很光荣。”1998 年，上钢一厂被并入宝钢集团，成为宝钢集团一钢公司。2000 年，开始建设不锈钢公司。不锈钢生产线引进德国西马克、碳钢生产线引进日本川崎制铁。已是技术骨干的何黄斌全程参与技术谈判、设备引进与制造、设备安装与调试。2004 年企业投产，并更名为宝钢不锈钢公司。

“那时候都是引进最好的设备，目标是取得世界领先地位。谁能想到，10 年后反而产生亏损，最终停产？”说完这个疑问，已是宝钢不锈钢公司设备部主任工程师的何黄斌沉默了。

2016 年 6 月，宝钢不锈钢高炉停产后，包括何黄斌在内的一群宝钢不锈钢及配套公司员工开始再就业。市委办公厅牵头组织徐汇、杨浦、静安、宝山、虹口、普陀、浦东等区组织部、民政局，就宝钢转型员工进入社区工作进行专题协调，为上海宝钢不锈钢公司员工转型发展为居民小区书记、社区工作者搭建了工作平台，初步建立了对接机制。

“既然命运时常不可预知，不如换个环境，挑战一下自己。”曾经的宝钢“老法师”、如今的徐汇斜土路街道尚海湾居民小区书记何黄斌说。何黄斌觉得，社区和企业最大的不同是，企业以结果为导向，社区做事过程很重要。“从以前死板讲规矩，变为学会沟通，要学会与男女老少交流的本事。”身处徐汇高档社区的他，正通过带动党员骨干、积极分子以及耐心细致的沟通，一点点消解居民对陌生人的本能排斥。同时将还将企业原先规范的管理方式用在了居委工作上，如企业里以“清洁、清理、整理、整顿、安全”为代表的 5S 系统，促使何黄斌们从“居委会办公室清理、不准吸烟”开始严格管理起来。

（资料来源：据《解放日报》(2017-06-20)《上海社区居委会来了一群“宝钢干部”》改写）

分析：根据党中央国务院关于推进供给侧结构性改革、化解钢铁过剩产能的重大决策，按国务院国资委提出的要求，全面落实化解钢铁过剩产能的目标任务。宝钢完成了2016 年化解过剩产能的计划任务。但是人员分流能否平稳有序，是确保企业稳定和社会稳定的重要因素。在这特殊背景下，宝钢转型员工加入上海市社会治理工作，成为一名社区工作者，是机遇，也是挑战。作为一名工程师转型成为一名居委干部也不是一件容易事，只有在工作中不断学习，适应居委干部的工作节奏，将原有的技能应用到新的工作中才是成功转型的重要因素。

【小资料】

1. 公务员招考简章查询网站如下：

人力资源和社会保障部门户网站(http: //www.mohrss.gov.cn);

国家公务员局门户网站(http: //www.scs.gov.cn);

中国政府网(http: //www.gov.cn);

人民网(http: //www.people.com.cn);

新华网(http: //www.xinhuanet.com);

中国网(http: //www.china.com.cn)。

2. 国家公务员考生报名流程见图 5-1。

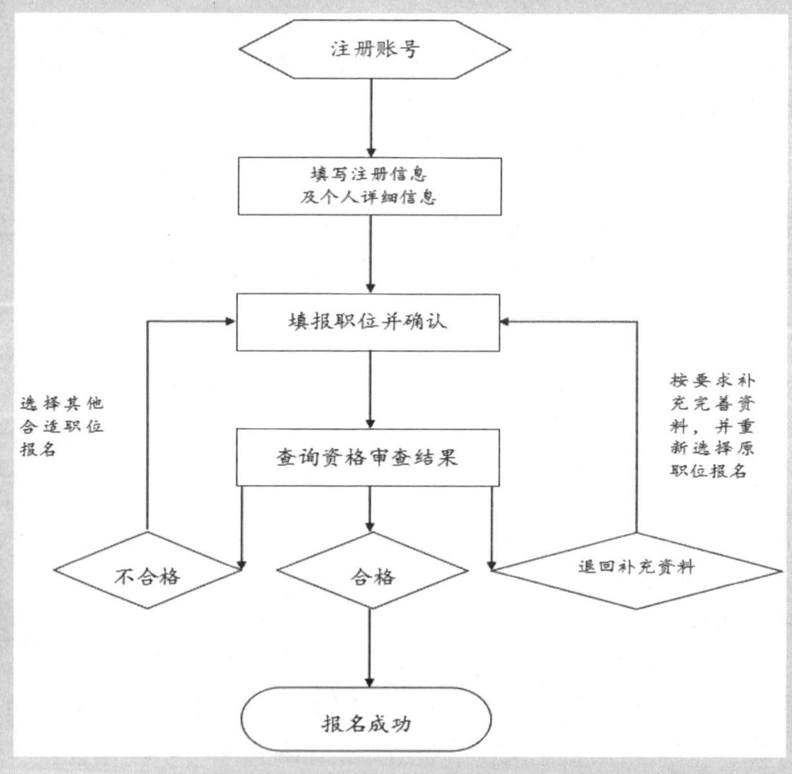

图 5-1　国家公务员考生报名流程示意图

(资料来源：国家公务员网站 http: //www.scs.gov.cn)

【练习】

1. 哪种组织文化最适合你？

阅读以下问题，根据个人感觉圈出适合表达你感觉的答案，1 代表很同意，2 代表同意，3 代表不确定，4 代表不同意，5 代表很不同意。

(1) 我愿意成为工作团队中的一员，希望组织以我对团队的贡献来衡量我的绩效。	1	2	3	4	5
(2) 为了实现组织目标，任何个人的利益都可以有所牺牲。	1	2	3	4	5
(3) 我喜欢从冒险中找到刺激和乐趣。	1	2	3	4	5
(4) 如果一个人工作绩效不符合标准，他做了多大努力都白费。	1	2	3	4	5
(5) 我喜欢稳定和可以预见的事情。	1	2	3	4	5
(6) 我喜欢能对决策提供详细合理解释的管理人员。	1	2	3	4	5
(7) 我希望工作压力不大，同事易于相处的环境。	1	2	3	4	5

评分标准如下：

第(5)、(6)项得分标准如下：

很同意=+2，同意=+1，不确定=0，不同意=−1，很不同意=−2，

第(1)、(2)、(3)、(4)、(7)项得分标准如下：

很同意=−2，同意=−1，不确定=0，不同意=+1，很不同意=+2，

结果说明：

得分越高，则表明你在一种正式的、机械的、有规则导向的、有结构的组织文化中很适应，这通常与大型公司及政府机构相联系。负数则表示你喜欢非正式的、人本主义的、灵活的、创新的组织文化，这种文化在研究机构、广告公司、高科技公司以及一些小型企业中更为常见。

2. 请列出三个有政府机构招聘信息的渠道。

第六章　确定职业生涯目标

职业选择是个人对自己就业方向和工作岗位类别的比较、挑选和确定，是一种人生的决策，关乎个人幸福和成就感。职业选择是人们职业生活的开始，是人生道路的关键环节，也是人成为社会活动主体、实现其人生价值的开始。

对职业作出选择最困难的地方在于，不知道有哪些职业存在。只有及时把握最新职业动态，列出各种可以利用的信息来源，根据自身的信念、兴趣、个性和技能，才能选择一份适合自己的职业。

【学习目标】

掌握职业生涯决策的影响因素。

掌握职业选择的决策过程和方法。

了解职业选择的研究策略。

掌握职业选择的原则。

【小故事】

一生最大的遗憾是选错了职业

美国著名人力资源顾问罗杰•安德生曾经对 100 位退休人进行问卷调查，其中一个问题是“回顾您的一生，您最大的遗憾是什么？”调查结果令人吃惊的是 90%的老人认为：“一生最大的遗憾是选错了职业！”

这些风蚀残年的老人在生命即将走到尽头时没有抱怨自己挣钱太少，没有抱怨婚姻家庭不幸，但对自己的职业选择却始终耿耿于怀。

（资料来源：[美]安德生著，刘登阁编译《如果找对职业——每一种性格都能成功》）

点评：其实对个人来说最需要的是确定自己的个人发展战略，找出自己应该做的工作和事业，这样才不会迷失方向，才能到达成功的彼岸。从自己内心真正渴望做什么事、自己的特质是否适合、自己是否具备做这件事的能力这三方面来深入分析，找到这三方面交集的区域，这就是你的人生战略——你一生应该做的事。

一、如何确定职业生涯目标？

职业生涯目标的设定，是职业生涯规划的核心。没有目标如同驶入大海的孤舟，四野茫茫，没有方向，只有树立了目标，才能明确奋斗方向。方向犹如黑暗中的灯塔，引导你避开险礁暗石，走向成功。

目标的设定要以自己的最佳才能、最优性格、最大兴趣、最有利的环境等信息为依据。通常目标分短期目标、中期目标、长期目标和人生目标。短期目标一般为一至二年，短期目标又分日目标、周目标、月目标、年目标，中期目标一般为三至五年，长期目标一般为五至十年。一个人的目标是随着时间的变化而变化的，人在每一个重要阶段的目标可能不一样。而且，目标不能太高，太高再努力也完不成，还会使自己失去信心；目标也不能太低，轻易达到目标不能使自己真正进步与成长。因此设置目标的标准是：跳一跳，够得着。也就是说要经过分析评估，才能设立符合实际，对自己有强大的促进作用的目标。在确定自己的职业生涯目标时要注意以下几个方面。

(一)把握自己的职业意向

在选择职业的过程中，人们一般都具有一定的意愿与志向。所谓职业意向是指个人对社会职业的评价和选择偏好。个人可能对社会上各种各样的职业作出自己的判断，哪个喜欢，哪个不喜欢，哪个适合自己，哪个自己不愿意从事，哪个自己无法胜任，这些都体现了个人的职业意向。

在人们的思想观念中，职业可以按照一定的“好”“坏”标准进行排列。决定好、坏的标准包括职业的社会地位、薪酬待遇、满足个人喜好的程度、个人才能的发挥、职业劳动强度与工作环境、职业的社会价值等因素。把握自己的职业意向是确定职业生涯目标合理化的途径。

(二)衡量自身的职业能力

从目前大部分单位招聘情况来看，学历、资质、资历是衡量一个人职业能力的基本要素。在职业生涯决策过程中，自身所拥有的职业能力是就业的基本条件。职业能力主要包括以下两个方面：

1. 教育水平。教育水平是从事某职业所需要的最低受教育程度，它反映了从事这个职业所必需的基础文化素质。一般层级低的职业，需要的教育水平也相对较低，专业人员一般需要大学专科及以上的教育水平。

2. 职业资格。职业资格是对从事某一职业的劳动者所必备的学识、技术和能力的基本要求。职业资格包括从业资格和执业资格。职业资格的获取须通过国有相应的管理部门或行业管理机构考核认证，通过相应的考核才能取得相应的职业资格证书。教育水平、职业资格反映了职业能力的要素。

(三)考虑社会因素对职业生涯目标的影响

社会因素会对职业生涯目标产生根本性的影响，一个国家政治上安定、经济上发展，科技上不断进步，就能促进个人职业生涯的发展，并能为个人的职业生涯发展提供多方面的条件，而如果社会动乱、经济衰退、科技发展停滞，则会阻碍个人职业生涯的发展，影响个人职业生涯目标的实现。社会发展的不同阶段，对人才的需求是不一样的，个人的职业目标要与社会需求相结合，才更容易实现个人的自身价值，实现自己的职业生涯目标。

二、什么是职业生涯决策？

职业生涯决策又称职业决策，从广义的角度来说整个职业生涯规划的过程就是一个重要的职业决策。它包括了解自己，搜集职业信息，研究自己所处的环境，找出备选职业及它们的前景，进行职业决策，制定执行目标和计划方案并反馈评估。

狭义的职业决策是指个人根据自身的各种条件，并经过一系列活动以后，在职业规划中确定目标的阶段，即对所有职业规划相关资料和信息进行整合，对目标进行判断和选择的阶段以及为实现目标而制定优选的个人行动方案。

我国《教育大辞典》中将职业决策定义为：人们根据自身特点和社会需要作出合理的职业方向抉择过程，内容包括个人价值的探讨和澄清、关于自我和将环境资料的使用、谋划、决定过程。

从以上的定义可以看出职业决策是一个过程，而不单单是一种结果。我们认为职业决策是一个依据决策者自身的特性，并根据外部社会环境的现状与发展趋势，通过一系列的工具分析，最终确定未来适当的职业生涯的目标的过程。

职业决策是一个复杂的认知过程。通过这个过程，决策者分析并组织相关自我信息和外部职业环境的信息，仔细考虑各种可供选择的职业生涯发展的前景，决定今后自身职业发展的方向。

三、职业生涯决策涉及哪些因素？

职业生涯决策所涉及的因素很多，根据安妮·罗伊(Anne Roe)博士提出的理论，可用12个因素来解释一个人的职业选择。这12个因素又可归为四个不同的类别，她将这些因素整合为一个代数公式，见表6-1。

表6-1 安妮·罗伊职业选择公式

职业选择公式=S[(eE＋bB＋cC)＋(fF，mM)＋(lL＋aA)＋(pP×gG×tT×iI)]	
E：总体经济状况	A：后天学习到的特定技能
B：家庭背景、种族	P：生理特点
C：机遇	G：认知能力或特殊天赋
F：朋友，同伴群体	T：气质与个性
M：婚姻状况	I：兴趣和价值观
L：一般的学习和教育	S：性别

注：公式中的小写字母是对应因素的调节系数。

(资料来源：罗伯特·里尔登《职业生涯发展与规划(第4版)》)

这12个因素分别为总体经济状况，家庭背景、种族，机遇，朋友，婚姻状况，一般的学习和教育，后天学习到的特定技能，生理特点，认知能力或特殊天赋，气质与个性、兴趣和价值观以及性别。这12个因素用大写字母表示，小写字母表示该因素的调节系数，其中总体经济状况、家庭背景和机遇分为一组；朋友和婚姻状况归为一组；一般的学习和教育以及后天学习到的特定技能分为一组；生理特点、认知能力或特殊天赋、个人

的气质及个性、兴趣和价值观以及性别，分为一组。这 12 个因素构成了罗伊的职业选择公式，第一组包含的是人们无法控制的因素，后面三组包含的是那些遗传和后天经验的因素。一个人在某种程度上能选择自己的经历和兴趣，职业生涯的决策是一项复杂的任务，但要学会掌控自己的职业生涯也并非是一件做不到的事情。

四、如何运用 CASVE 模型进行生涯决策？

职业生涯规划决策是一种问题解决活动，CASVE 循环模型是有助于生涯决策的一项技术。CASVE 循环包括五个阶段：沟通、分析、综合、评估和执行，CASVE 就是这五个词的英文单词首字母。这一循环见图 6-1。

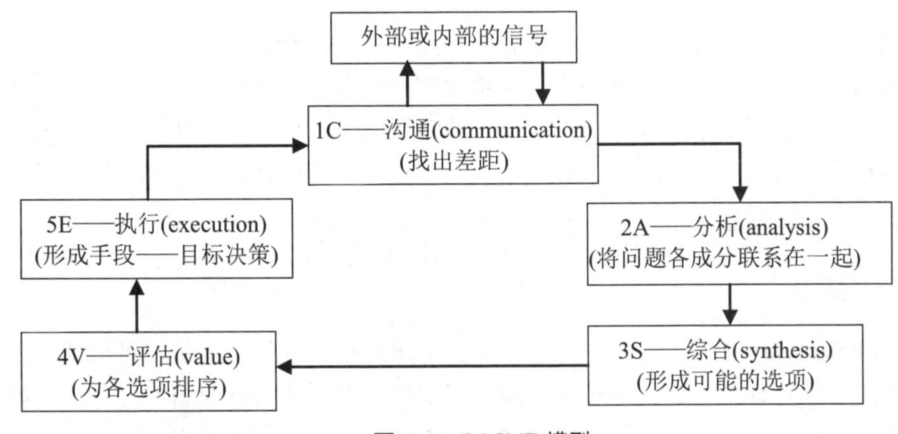

图 6-1　CASVE 模型

(资料来源：姚裕群主编《职业生涯管理(第 3 版)》)

(一)沟通

沟通(Communication)，包括内部和外部的信息交流，通过交流使个体意识到理想和现实之间存在的巨大差距。内部的信息交流，是指个体自身的身心状态，如在情绪上会感受到焦虑、抑郁、受挫等情绪，在躯体上会有疲倦、头疼、消化不良等反应，这些情绪和身体状态都是提示需要内部交流沟通的信号。外部的信息交流，是指外界因素对职业生涯决策产生的影响，如同事的跳槽、转行，父母、老师、朋友提供的各种建议。这是意识到自己需要作出选择的阶段。在这个阶段，通过自身感官和思考，发觉存在的差距已不容忽视，需要作出选择。沟通阶段需要回答的最基本的问题是：此刻自己正在思考并感觉到的自己的职业选择是什么？

(二)分析

分析(Analysis)是通过思考、观察和研究，对自身的兴趣、能力、价值观和人格等自我知识以及各种环境知识进行分析，从而更好地理解现存状态和理想状态之间的差距。在分析阶段需要对两方面的内容进行了解，首先是认识自我，包含了兴趣、能力、价值观、人格等；其次是对环境分析，要对社会环境、组织环境、家庭环境等进行分析，每一个选择处于什么样的环境？会带来什么样的生活？

在这阶段，把各种因素和相关知识联系起来，通过思考、观察、研究，从而更充分了解差距，了解自己有效地做出反应的能力。这是了解自我的各种选择的阶段。在这一阶段，生涯问题解决者通常会改善自我知识，不断了解职业世界和家庭需要。简单说，在分析阶段，生涯决策者应尽可能地了解造成第一阶段差距的原因，把自我知识和职业选择联系起来；把家庭和个人生活的需要融入到职业选择中。

(三)综合

综合(Synthesis)阶段主要是综合和加工上一阶段提供的信息，从而制定消除差距的行动方案。综合是根据分析阶段所得出的信息，先把选择范围扩展开来，然后再逐步缩小，最终确定 3～5 个最可能的选项。这个先扩大后缩小的过程非常重要。通过分析阶段对自我的各方面都有了很多了解，每一个方面都分别对应着很多职业，把这些职业都列出来，就会得到一个范围很广的选择列表；然后选取其中的交集，就得出了缩小的职业选择范围；最后把最可能从事的职业限定到三至五个，进入评估阶段选出合理的选择。如果还是不满意就需要重新回到分析阶段了解更多信息。

(四)评估

评估(Valuing)是对综合阶段得出的三至五个职业进行具体的评价，可以运用后面提到的职业选择表进行评估。评估所选择的职业可能性以及这个选择对自身、他人的影响，从而进行排序，将能够最好的消除差距的选项排在第一位。次好的排在第二位，依此类推以供选择，职业规划决策者会选出一个最佳选项，并且作出承诺去实施这一选择。

(五)执行

执行(Execution)是整个 CASVE 的最后一部分，前面的步骤只是为了确定最适合的职业，还不能带来职业选择的成功，需要在执行阶段将所有想法付诸实践，这是实施选择的阶段，把思考转换为行动的阶段。在执行阶段，需要制订计划，进行实践尝试和具体行动。

(六)再循环

如果在执行过程中，问题没有解决，可以再次回到沟通阶段，重新开始一次 CASVE 循环，直到职业生涯问题被解决为止。

计划是用来实施的，在实施的过程中可以发现计划的漏洞，一边实施一边完善，找到理想与现实之间的差距，最终才能和理想越来越近。在此过程中，需要反复思考沟通、分析、综合、评估和执行这一过程。这个过程是一个循环螺旋式上升的过程，在这个过程获得的职业选择是最佳决策。

五、如何运用 SWOT 分析工具进行决策？

SWOT 分析法又称态势分析法，它由旧金山大学的管理学教授于 20 世纪 80 年代初提

出来，是一种能够较客观而准确地分析和研究一个单位现实情况的方法。SWOT 所代表的含义是 Strengths(优势)、Weaknesses(劣势)、Opportunities(机会)、Threats(威胁)。SWOT 分析法最初是应用于企业战略规划的分析工具，就是将企业面临的外部机会、威胁以及自身的优劣势等各方面因素相结合而进行的综合分析和概括。后来该分析工具被应用在职业生涯规划中。

(一)运用 SWOT 工具评估自己的长处与短处

每个人都有自己独特的技能、天赋和能力。在当今细分的市场经济里，每个人只会越来越擅长某一领域，而不可能样样精通。比如，有些人不喜欢整天坐在办公桌旁，而有些人则一想到不得不与陌生人打交道时，心里就发麻，惴惴不安。通过 SWOT 工具应用，列出自己喜欢做的事情和自己的长处所在以及自己不是很喜欢做的事情和劣势。这样便可以基于自己的长处和短处做两种选择：一是努力去改正自己常犯的错误，提高自己的技能；二是放弃那些自己不擅长的技能要求很高的职业。

(二)运用 SWOT 工具分析职业机会与威胁

不同的行业(包括这些行业里不同的公司)都面临不同的外部机会和威胁，所以，找出这些外界因素对自己职业生涯的发展而言是非常重要的。如果公司处在一个常受到外界不利因素影响的行业，很自然，这个公司能提供的职业机会将是很少的，而且没有职业升迁的机会。相反，充满了许多积极的外界因素的行业会给职场人士提供广阔的职业前景。

(三)构造 SWOT 分析矩阵

将上面第一点和第二点的内容进行归纳，总结后有条理地填写在如表 6-2 所示的 SWOT 矩阵中。

表 6-2 SWOT 矩阵

	优势	劣势
内部个人因素		
	机会	威胁
外部环境因素		

(四)根据 SWOT 分析结果制定成职业生涯发展的策略

根据 SWOT 分析结果组合成职业生涯发展四种策略组合，分别为：优势—机会(SO)组合、弱点—机会(WO)组合、优势—威胁(ST)组合和弱点—威胁(WT)组合。

1. 优势—机会(SO)是一种发展自身内部优势与利用外部机会的策略，是一种理想的模式。当自身具有特定方面的优势，而外部环境又为发挥这种优势提供有利机会时，可以采取该策略。

2. 弱点—机会(WO)是利用外部机会来弥补内部弱点，是改变自身劣势而获取优势的策略。存在外部机会，但由于自身存在一些内部弱点而妨碍其利用机会，可采取措施先克服这些弱点。

3. 优势—威胁(ST)是指利用自身优势，回避或减轻外部威胁所造成的影响。

4. 弱点—威胁(WT)是一种旨在减少内部弱点，回避外部环境威胁的防御性技术。当自身面临生存危机，降低期望可成为改变劣势的主要措施。

SWOT 分析是一种充分认识自我，分析错综复杂、相互交错的竞争因素的系统方法，旨在对职场人士的优势、劣势、机会、威胁等问题进行结构性分析，为竞争策略和竞争方式的制定提供基础性的分析资料。

六、如何制定职业选择研究策略？

对职业的研究首先要制定出研究策略，不要把时间浪费在没有结果的研究上。因此在制定职业选择研究策略时要注意以下几点：

1. 决定对哪些职业进行研究。你可以根据自己喜好列出自己想从事的职业，然后把它们按行业或功能分成小组。如你有 5 个与市场有关的选择，你可以将它们命名为“市场营销类职业”，然后逐步把准备进行研究的职业或职业领域数量压缩到一个可直接选择的范围。

2. 研究行业范围。在确定研究目标后，通过国家或地方的统计局网站，或行业分析研究机构的网站对感兴趣的职业所处的行业进行研究，了解该行业的发展前景及该行业在国民经济中的地位。

3. 网上搜索信息。网上查询是最简单有效了解行业或职业信息的方法，网络提供了大量行业和职业的最新信息，通过百度、谷歌等搜索引擎可以迅速了解行业信息。

4. 找到关键雇主。开列一份雇主清单，注明雇主类型，如非营利机构、事业单位、政府或企业。

七、职业选择有哪些原则？

在职业选择过程中应遵循以下五个原则：

1. 客观原则。从实际出发是个人进行职业选择的首要原则。首先根据自身的素质条件把个人的职业意愿和自身素质联系起来，正确估计自身的职业能力，选择合适的职业目标与职业发展路径。其次要考虑社会需求，选择职业要考虑当前社会上实际存在的职业岗位，有社会需求才会有职业岗位。最后基于现实的选择，当一个人的就业意愿不能得到满足时，要根据社会需要作出选择，或者接受相应的教育培训，积累就业条件；或者先就业，有了机会再进行职业流动。

2. 主动原则。对于想就业的人来说，不应消极地待业，而应积极准备就业条件，主动寻求就业之路。

3. 匹配原则。每个职业岗位都有特定的工作内容、岗位规范和对从业者的素质要求，每个求职者也都有自己的从业条件和个人意愿。但是个人的从业条件与职业岗位要求是否相适应是决定个人能否成功就业的关键。

4. 比较原则。职业选择是岗位和人双方的相互选择，因此在职业选择中必须把人和岗位结合起来相互比较，只有两者相一致，才能保证个人作出最优的职业选择。同时，在职业比较过程中，要有自己的职业生涯规划，不能只看重眼前的利益，要有自己的人生目标，实现自身价值的最大化。

5. 主次原则。就业选择过程中，一般有多种标准和条件，如单位性质、工作地点、工作条件、生活待遇、使用意图、发展方向等诸多方面，不可能每项都满足其心愿，重要的是在择业过程中怎样权衡利弊，分清主次，作出抉择。如果在选择职业时一味求全，好高骛远，那可能就会丧失良机而难以实现就业，甚至错过真正的好职业。

八、如何应用职业选择表进行择业？

当求职者有多个感兴趣的职业目标，而且每个目标的好处和弊端都不尽相同时，求职者需要根据自己的特点仔细权衡不同目标的利弊得失，从自己的现实条件出发进行选择，确定最终的职业发展方向。那么，在择业过程中如何在几个比较满意的职业岗位中进行比较和选择呢？将可选择的职业岗位进行量化计分能更直观地进行分析决策，由于分值及标准的确定会受到很多主观因素的影响，因此统计结果并不一定与你自己内心希望的职业相符，仅作为决策时参考。下面对职业选择表的操作进行介绍。

(一)对择业标准排序

首先，根据个人的择业价值观和意愿，对下面给出的 12 个项目按重视程度排序，在各个项目之前标明 1、2、3 等的顺序。若有不在考虑范围内的项目，就不选择，不参加排序。

个人职业选择标准的常见项目：

第____：发挥个人才能。　　第____：为社会做贡献。

第____：体现和实现个人价值。　　第____：有权力、能获得资源。

第____：收入高、待遇好。　　第____：职业的名声好。

第____：工作有自主权。　　第____：合乎自己的兴趣爱好。

第____：工作轻松、条件好。　　第____：工作有挑战性、创造性。

第____：职业稳定、不失业。　　第____：有培训的机会。

第____：其他(自填)__________。　　第____：其他(自填)__________。

注：如果所给的项目未能包括个人的选择意愿，例如，“外资企业”“有发展前途的单位与工作”等，此时可在最后的两个空白栏目中自行填写内容。然后对自行填写的项目进行排序。

(二)挑选前六位项目

从上面 12 个给出的项目以及自己增加的项目中，挑选出排在前六位的项目，然后把它们分别填入表 6-3 的“择业标准”栏中。例如，求职者小明的前六项择业标准，顺序分别为“职业稳定，不失业”“收入高，待遇好”“有培训机会”等，把它们分别填入表 6-3 第一栏的横线处。

由于人们对择业标准的重视程度不同，按照其排列顺序在表 6-3 的第二栏给出六项择业标准的系数值，分别为 6 分、5 分、4 分、3 分、2 分、1 分。这一择业标准的“系数值”将用于后面步骤的计算。

表 6-3　职业选择表

择业标准	系数值	A:		B:		C:	
		基本分	职系分	基本分	职系分	基本分	职系分
1	6 分						
2	5 分						
3	4 分						
4	3 分						
5	2 分						
6	1 分						
某职业总分	—						

(三)确定备选职业

首先，根据自己的考虑，把最倾向选择的三种职业 A、B、C 填入表 6-3 的第一行中。这里假定穆小明考虑准备选择的三项职业为专业技术人员、公务员和记者。

(四)计算基本分

分别把自己准备考虑的职业与个人的择业标准六个项目的符合程度打分，填入“基本分”栏中。当一个人所考虑的某种职业的具体情况与自己的择业标准非常符合时，得 3 分；当某职业的情况与择业标准完全不符合时得 1 分；当某职业的情况与择业标准有些符合或者自己判断不准符合与否时，得 2 分。例如，穆小明选择记者职业时，择业标准 4 的基本分为 2，择业标准 5 的基本分为 3；选择公务员时，择业标准 4 的基本分为 3，择业标准 5 的基本分为 1；选择专业技术人员职业时，择业标准 4 的基本分为 1，择业标准 5 的基本分为 2，择业标准 6 的基本分为 3。

(五)计算各职业职系分

按照表 6-4 中择业标准第 1 项至第 6 项对应的系数，对“职系分”分别进行计算。例如，第 2 项标准的系数值为 5，A 职业(工程师)的第 2 项择业标准基本分为 3 分，则其“系数分”为 15 分(5 分乘以 3)。将这一计算结果填入该项择业标准对应的“职系分”栏中。

表 6-4　穆小明职业选择表

择业标准	系数值	A：专业技术人员		B：公务员		C：记者	
		基本分	职系分	基本分	职系分	基本分	职系分
1. 职业稳定，不失业	6 分	2	12	3	18	1	6
2. 收入高，待遇好	5 分	1	5	2	10	2	10
3. 有培训机会	4 分	3	12	2	8	1	4

续表

择业标准	系数值	A：专业技术人员		B：公务员		C：记者	
		基本分	职系分	基本分	职系分	基本分	职系分
4. 有权力、能获得资源	3 分	1	3	3	9	2	6
5. 工作有自主权	2 分	2	4	1	3	3	6
6. 发挥个人才能	1 分	3	3	2	2	3	3
某职业总分	—	39		50		35	

(六)得出选择结果

依据 A、B、C 每一种职业的各项择业标准所计算的“职系分”分别汇总，填入各职业的“总分”栏中。通过比较，就得到最优选择的职业。

在上例中，专业技术人员、公务员和记者的分数，分别为 39 分、50 分和 35 分，显然选择公务员职业对于小明来说比选择专业技术人员或记者更合适。

【案例】

准确定位选择合适职业岗位

薛莉，32 岁，名牌大学广告策划专业，广告公司职员，在同事们的眼中，学历、资历、能力样样出众。不仅策划案做得好，又精通财务知识，平时一些重要的公关活动，老板也经常找她去助阵。本以为空下已久的部门经理职位非她莫属，结果老板却派了个空降兵。在老板看来，她既可做策划，也可当财务，还能做大项目公关。因而对于策划部经理一职，在他看来薛莉并不是最佳人选。

其实，薛莉最大的失误就在于缺乏一个明确的职业定位和目标，她认为的能者多劳，在领导眼中却成了没有定位，缺乏核心竞争力。薛莉进一步发现了自己擅长与人沟通的巨大潜力，职业规划专家也在面谈中发现，薛莉的沟通和表达能力相当强，亲和力好，思维反应敏捷，她自己也表示非常喜欢做与人交流和沟通的工作。薛莉虽然是广告策划专业出身，但她始终对其不太喜欢，因而又转而学了财务和营销。究其内心的职业向往，她最终确定自己的职业方向为大客户营销。

半年时间过去了，确立了方向的薛莉从策划部调到了营销部，专门维护公司的大客户渠道，目前她已提升为营销经理，她说接下来的目标是营销总监。

分析：职业选择一般从“最喜欢做的是什么工作”，“最擅长的是什么工作”，“你认为最有价值的工作是什么”这三个方面进行考虑，找到了这三个问题的答案，那么你的职业选择就会有个大方向。一个人的职业发展就像一棵大树，过多的旁枝很可能阻碍大树主干的生长，从而使大树失去足够的向上生长的能量。职业生涯也是如此，如果一个人有各种各样的兴趣、知识、证书，反而削弱了本来的核心竞争力，容易导致个人职业目标的模糊。

(资料来源：据“学习啦”网《如何准确职业定位的案例分析》 http://www.xuexila.com/zhichang/gonglue/200259.html 改写)

【小资料】

职业生涯规划的 SMART 原则：目标管理

SMART 原则由管理学大师彼得·德鲁克(Peter Drucker)在 1954 年出版的《管理实践》一书中提出。它是针对企业目标管理提出的管理原则，后来被运用到职业生涯规划中。企业目标管理五个原则其实也是职业规划的五原则，只不过将企业目标改为个人的职业生涯目标！针对职业生涯的目标，SMART 这五个字母的含义是:

(一) S——明确性

S(Specific)指职业生涯目标要明确而不能笼统。所谓明确就是能用语言清楚、具体地说明要达成的行为标准。职业规划必须明确、清晰、具体才具有可行性。如“我要找份好工作”“我要成功的晋升”之类的话，这只是愿景，不是具体的规划，所以没有办法去具体执行。而“我的目标是成为××公司的超级销售员”“我要在今年把工资提升到 5000 元”——这才是明确的目标。

当我们开始职业规划时，应该更加注重细节的具体化，只有细节问题处理好了，这样才不会只有大方向，而没有脚踏实地的前进步伐。

(二) M——衡量性

M(Measurable)指职业生涯目标是可量化的，或者行为化的。可量化指的是可衡量、可测量、有一定的评定标准，尤其针对结果而言。目标的衡量标准遵循“能量化的量化，不能量化的质化”。拒绝使用“大概”“差不多”“快了”之类的模糊修饰语。

(三) A——可实现性

A(Attainable)指目标必须是可以达到、实现的。职业规划设定的目标要高，有挑战性，但是，一定要是可达成的，即强调“职业规划中所设定的目标一定是能够通过最大的努力行动实现的”。如何设定的职业目标过低，那么就失去了目标的意义，制定职业目标应是跳起来能“摘桃”的目标，而不能制定出跳起来“摘星星”的目标。

当然，可达成目标会随着能力水平的进步而不断增加。但是无论什么目标，都要根据自己的现实水平和能力合理设定。这样，才会获得成就感，实现个人的自我价值。

(四) R——相关性的

R(Relevant)指实现此目标与其他目标的关联情况。如果实现了这个目标，但对其他的目标完全不相关，或者相关度很低，那这个目标即使达到了，意义也不是很大。相关性，就是解决所设定的目标“对不对”的问题。职业生涯目标的设定，要和自己的其他人生目标相关联。如在规划职业目标时，自己所学的专业最好能与自己的工作相关，这样有利于目标的达成，那么职业生涯成功的可能性就会大大增加。

(五) T——时限性

T(Time-based)是指解决所设定的目标“有没有”完成的问题。没有时间限制的目标没有办法考核。在职业生涯规划中任何目标的实施都要有时间限制，以克服人的惰性，最大限度地激发人的潜能。如果目标需要较长时间，为了在较长时间内能保持始终如一的进取状态，可为目标设立多个“子期限”，这样人的潜能就会更好地被激发出来。

充分运用 SMART 原则，努力找准属于自己的“北斗星”，职业生涯目标就容易实现。

【练习】

职业评估测验

完成下列问卷。根据表 6-5 职业评估测验表中的问题，在对应的栏目中圈出自己的意见：1 代表很不赞同，2 代表不赞同，3 代表赞同，4 代表很赞同。

表 6-5　职业评估测验表

序　号	问　题	很不赞同	不赞同	赞同	很赞同
1	我宁愿离开公司，也不愿在我的专业领域之外获得晋升	1	2	3	4
2	在某个专业技术领域成为一名杰出的专业人员，对我来说很重要	1	2	3	4
3	对我来说，不受组织限制的职业很重要	1	2	3	4
4	我总是在寻找那种能够给我提供为别人服务机会的职业	1	2	3	4
5	对我来说，能提供各种各样的工作任务和工作项目的职业很重要	1	2	3	4
6	晋升到总经理的位置上对我来说很重要	1	2	3	4
7	我愿意认同一个组织和这个组织所拥有的尊严	1	2	3	4
8	我宁愿待在现在的地方，也不愿因为调动而搬到别的地方去	1	2	3	4
9	在创立新的企业时能运用自己的技能对我而言非常重要	1	2	3	4
10	我希望能晋升到组织的一定层次，那样我的决策就可以发挥作用了	1	2	3	4
11	我认为自己更像一个全才，而不是献身于某个领域的专才	1	2	3	4
12	我认为职业生涯中永无止境的挑战很重要	1	2	3	4
13	认同一个有权威的或有尊严的雇主对我来说很重要	1	2	3	4
14	参与多种领域的工作活动很刺激，这是我的职业生涯的基本动机	1	2	3	4
15	不管处于哪个层次，监督、影响、领导、控制别人对我来说都很重要	1	2	3	4
16	为了使我的整体生活环境很稳定，我宁愿牺牲些自主性	1	2	3	4
17	组织是否能通过有保障的工作、福利和良好的退休待遇来提供安全的工作对我来说很重要	1	2	3	4
18	在我的职业生涯中，我主要关心自由和自主性	1	2	3	4
19	只要我直接参与创造的产品很多，我的事业积极性就很高	1	2	3	4
20	我希望别人通过了解我所在的组织和我的工作，而认同我的价值	1	2	3	4
21	在重要的活动中是否能利用我的能力和才智，这对我而言很重要	1	2	3	4
22	被别人认出头衔和地位对我来说很重要	1	2	3	4
23	允许我有最大的自由度来选择工作内容和工作时间的职业对我来说很重要	1	2	3	4
24	能够给我提供大量灵活性的职业，对我来说很重要	1	2	3	4

续表

序　号	问　题	很不赞同	不赞同	赞同	很赞同
25	我愿意处于总经理的位置	1	2	3	4
26	我希望别人通过我的职业认可我	1	2	3	4
27	只有当管理职位在我的专长领域之内时，我才接受它	1	2	3	4
28	我现在宁愿待在这个地方，也不愿因为晋升或新工作任务而搬家	1	2	3	4
29	我想赚取大笔钱财，以向自己和别人证明我很有能力	1	2	3	4
30	我希望能处于这样一个职位，它可以让我发挥自己的分析才能，同时又可以监督别人	1	2	3	4
31	在我的职业生涯中，我一直因在各种不同的工作领域施展我的才华而激励	1	2	3	4
32	我在自己的职业中所真正需要的是永无止境的挑战	1	2	3	4
33	能够给我提供长期稳定工作的组织，对我来说很重要	1	2	3	4
34	能够创造和建立一些东西，他们完全是我的产品或主意，对我来说太重要了	1	2	3	4
35	保持在自己的专业领域中，而不是升迁到一个自己不熟悉的领域中，这对我很重要	1	2	3	4
36	我不想限制在一个组织里或者商业世界里	1	2	3	4
37	看到别人由于我的努力而有了变化，对我来说很重要	1	2	3	4
38	我生活中最大的愿望莫过于胜任我的专业工作	1	2	3	4
39	有机会追求我自己的生活方式，而不是被组织制度所限制，对我很重要	1	2	3	4
40	我发现大多数组织是限制性的和强制性的	1	2	3	4
41	保持在自己的专长领域内，而不是升迁到总经理的位置，对我来说很重要	1	2	3	4
42	我渴望一种职业能够通过帮助别人来满足我自己的基本需要	1	2	3	4
43	在为别人服务的过程中，运用我的人际技能和助人技巧，这对我很重要	1	2	3	4
44	我乐意看到别人因为我的努力有所变化	1	2	3	4

把下列项目中你的得分加起来，获得分量表的分数。再用分量表分数除以项目数，如下所示：

技术能力　第 1、2、27、35、38、41 项　÷ 6=

自主性　第 3、18、23、36、39、40 项　÷ 6=

服务性　第 4、21、37、42、43、44 项　÷ 6=

身份性　第 7、13、20、22、26 项　÷ 6=

多样性　　第 5、12、14、24、31、32 项　　÷ 6=

管理能力　　第 6、10、11、15、25、30 项　　÷ 6=

安全感　　第 8、16、17、28、33 项　　÷ 6=

创造力　　第 9、19、29、34 项　　÷ 6=

这八个职业定位的含义如下：

技术能力，你是围绕着你正从事的工作的挑战而组织你的职业的。

自主性，你看重自由和独立。

服务性，你乐于助人或者是为了重要的原因而工作。

身份性，你在工作中关心地位、声誉和头衔。

多样性，你寻求不断有新的和不同的挑战。

管理能力，你喜欢解决问题，希望能够领导和控制别人。

安全感，你希望稳定和职业安全。

创造力，你具有创造一些你自己东西的强烈需求。

提示：在每一项给定的定位中得分越高，你越看重它，当你的工作最适合你的职业定位时，你能发挥得最好。定位和实际工作不匹配，会使你离开组织或者承受巨大的压力。

专题三　求职准备

第七章　把握求职策略

面对陌生而复杂的社会环境和强大的就业压力，求职者的心理反应会有很大差异，有的跃跃欲试，有的懵懂茫然，有的忧心忡忡……由于能否得到一份满意的工作是检验自己能否被社会接受的试金石，所以大多数的求职者会出现不同程度的心理波动，特别是初次求职者。因此求职者要适时调整心态，在掌握大量就业信息的基础上，筛选出有用的信息，准确地定位自身的职业，从容地应对求职的挑战，从而选择适合自己的职业。

【学习目标】

了解求职心理的调适。
掌握求职目标确立的方法。
掌握求职过程中遇到困难解决的方法。
了解常见的几种就业信息来源渠道。

【小故事】

掉落在地上的樱桃

相传耶稣带着他的门徒彼得远行，途中发现一块旧马蹄铁。耶稣让彼得捡起来，彼得却觉得很丢人，不愿意弯腰，没去理会它。于是耶稣自己捡了起来，然后用它在铁匠那儿换了几文钱，并用这些钱买了 18 颗樱桃。出城后两人继续往前走，经过茫茫荒野时，耶稣猜到彼得一定渴得厉害，就将藏在袖子中的樱桃悄悄地掉出一颗。彼得一见，红着脸捡起来吃了。耶稣再掉一颗，彼得就再捡一次。就这样，狼狈不堪的彼得一共弯了 18 次腰。走出了荒野，耶稣笑着对彼得说："你要是在此前弯上一次腰，再动一动脑子，就不会在后来没完没了地弯腰了。"

(资料来源：劳动和社会保障部教材办公室，《职业指导(第 2 版)》)

点评：这个故事对我们的启示是，在求职的过程中，如果能够适当调整心态，寻找一个适合自己的位置，往往会达到事半功倍的效果。

一、如何确立可行的就业目标？

正确的切实可行的就业目标是保持良好求职就业心理的关键一步。确立切实可行的就业目标要注意以下两个方面：

一是正确认识自我，即认真客观地分析自己的兴趣爱好、性格气质、能力水平等，认真评估自己想干什么，能干什么，适合干什么。如果对于这些问题不是非常清楚，可以通过专业的职业能力测评机构或职业规划指导机构寻求帮助。

二是正确认识就业形势，即考虑自己所学专业和理想职业在职场中的需求情况如何，竞争状况如何，自己的理想职业与自己所具备的能力是否相符，如果不符合，该如何进行弥补；目标求职的单位对应聘者有何具体要求，自己是否达到要求，是否需要调整求职意向等。综合考虑以上因素，确立就业目标，进行合理的职业定位，这样才能符合实际情况，便于找到适合自己的职业和工作岗位。

二、如何调整求职心理预期？

不可否认，就业问题是我国在经济社会发展进程中的热点和难点。据统计，2006 年至 2016 年，高校毕业人数呈逐年上升的趋势，到 2016 年，高校毕业生规模达到了 765 万人，毕业生总量压力进一步增大，社会就业压力大，就业环境不容乐观。拥有一份心仪的工作，是很多求职者的梦想。大多数求职者心目中的理想工作往往是大公司的白领，拥有优厚的薪酬待遇和优越的办公环境。想找到一份称心如意的职业，这种想法是无可厚非的，但往往未必能够如愿，甚至是事与愿违。

求职者应该清晰地认识到，求职不是一件轻而易举的事情，社会现实与人的主观愿望往往是有差距的，甚至是背道而驰的，这不是怨天尤人可以解决的。必须在对自己合理定位的基础上静下心来，面对现实，通过努力寻求对策来实现理想。同时，实现职业理想也不是一朝一夕的事情，很难“一口吃成一个胖子”，有可能需要分步实施。求职者可以先适当降低自己对职业的心理预期，以保证就业。在工作过程中不断学习，逐步积累，充实自己。而且随社会实际需求和自身条件的不断变化，动态调整自己的择业目标，才有可能实现自己的职业理想。

三、如何正视求职中遇到的挫折？

在求职过程中遭遇挫折，这实在是司空见惯的事情。面对挫折，每个人表现出的态度是不同的。有的人在经历一次次的挫折后，会变得情绪低落、沮丧、不自信，甚至抑郁；有的人在经历一次次的挫折后，会不断总结经验教训重新站起来，甚至越挫越勇。

一次挫折就是一次挑战，同时也蕴含着下一次机会。挫折也时刻提醒我们，对于种种可能出现的状况，事先必须有充分的思想准备和应对策略，要打有准备之战。即使遭遇挫折，我们也能够正确对待，通过不断总结经验教训，并以锲而不舍的态度积极进取，直到求职成功。这一点极其重要，因为一次求职成功的概率本身就很小。要努力上进，慢慢摸索出适合自己的职业规划，珍惜岗位，主动适应社会、适应企业、适应他人，在工作中实现人生价值。不能只看光明不看曲折，也不能只看曲折不看光明。要做好这样的思想和心理准备，才能更好地采取措施提高自己适应社会的水平，增强自己适应社会需求的能力。

四、如何树立求职的自信心？

有时感觉状态不佳，可能是对自己的要求过高，或者太在乎他人的看法或想法。应该相信，其他人的看法或想法往往存在片面性，会引起你不必要的自卑感。因此，不要过多地在意别人对你的评价，要正确认识自己，全面地看待自己和他人。只要将自己做不好的事，反复多做几次，就会慢慢熟悉，把事情完成得更好。

多给自己一些鼓励，相信自己有这个能力。有时候生命的价值不在于你挣了多少钱，也不在于你有多大的名望，而是在于你有多大的能力就付出多大的努力！不管后果是否成功，只要你尽力了，你的努力都会得到人们的认可和敬重。

五、调适心理的方法有哪些？

求职过程中难免会遇到挫折，遇到挫折也是正常现象。但有些人遇到挫折后会出现情绪低落、焦虑、悲伤等现象，长期处于这种情绪状态的话，对个人的身体健康也会产生消极影响，反过来也会影响求职的状态。因此，需要及时调适心理，正确看待自己遇到的挫折。常用的调适心理方法有以下几种：

1. 合理宣泄。合理的宣泄，可以减轻精神疲劳，使人变得轻松愉快。当求职受挫、心情不好时，需要将烦恼表达出来。一是倾诉：可以找同学、朋友、心理咨询师、长辈诉说自己的烦恼和委屈，一吐为快。二是写日记，把自己心中的郁闷写在日记中以此来宣泄。三是通过运动、流汗方式来宣泄，如击沙袋、跑步、打球等。宣泄时，要把握分寸，不能伤害自己，更不能伤害他人或公私财物。

2. 放松练习。情绪不好的时候，可以采用深呼吸，或者做瑜伽的方法，让紧张的心情放松下来，调整不良的情绪。

3. 转移注意力。当求职者遇到挫折时，可以去做点其他事情，转移一下注意力，这有助于摆脱心理困扰。如可以把注意力转到自己感兴趣的爬山、打球、看电影、上网聊天等事情上，可防止不良情绪泛化、蔓延，体验积极情绪。

4. 积极的心理暗示，树立信心。进行积极的自我心理暗示，鼓励自己、相信自己，能令我们保持好的心情、乐观情绪、自信心，从而调动内在因素，发挥主观能动性，帮助自己渡过难关。

六、取得就业信息有哪些渠道？

就业信息发布渠道十分广泛，网络、各类新闻媒体、人才市场等中介机构都是重要的信息来源，还可以通过社会关系寻求就业信息和机会。

(一)从专业招聘网站获取就业信息

专业发布招聘信息的网站一般有以下三类：

第一类是政府运营网站，可以是各地的人力资源和社会保障网下属专业网站。如中国就业网(http：//www.chinajob.gov.cn)，所属中华人民共和国人力资源和社会保障部，为高校毕业生、农民工、就业困难人员、社区就业、外国人及台港澳人员、妇女、残疾人等各类人员提供就业服务和指导；上海公共招聘网(http：//jobs.12333sh.gov.cn)是上海市依托上海市人力资源和社会保障局的政府资源和区县公共就业服务机构、街镇社区劳动保障事务所的服务力量，为广大求职者提供职业介绍、职业指导、职业见习、职业培训等公益、免费的公共就业服务。

第二类是商业运营的网站，这类网站可以提供不同级别的岗位需求信息，需要对发布招聘信息的企业进行审核，信息更新速度较快，发布的岗位招聘信息相对比较真实。如上海第一招聘网、51job、中华英才网、21 世纪人才网、智联招聘、猎聘网、上海兼职网等。

第三类是开放性的综合服务类网站，如 58 同城、百姓网、赶集网等，也会发布大量的招聘信息。由于是开放性的网站，对招聘企业资质的审核相对较少，因此其发布的招聘信息需要求职者进行甄别。

随着智能手机的普及，手机招聘 App 也应运而生，许多专业性的招聘网站也推出了相应的手机招聘的 App，在各大手机应用市场都可下载。

(二)通过社会中介机构获取就业信息

中介机构的类型很多，如劳务中介、人才中介及猎头公司，这些公司可以向求职者提供不同类型的就业信息，求职者可以根据目标岗位的类型到相应的中介公司寻找信息。

(三)通过人际关系获取就业信息？

从家人、亲戚、朋友、同学以及他们的社会关系中也可以获得求职信息。这种信息针对性更强，通常符合求职者所希望的行业或地区，对用人单位可以进行更具体的了解，易于双向沟通，因而就业成功率较高。

七、如何鉴别就业信息的真伪？

从报纸、网络或者其他渠道得到的就业信息不一定是完全真实的、没有问题的，因为用人单位在发布招聘信息时，有时会对一些内容加以粉饰，产生虚假信息，或者信息在多次传递过程中会发生很大偏差，因此需要对所获得的就业信息进行鉴别。可以直接给招聘单位拨打电话，通过交谈沟通的方法对招聘信息进行鉴别和确认，或者发送电子邮件，通过招聘单位邮件回复的及时性及回复的内容来判别其招聘的诚意。

八、如何对就业信息做出取舍？

在鉴别招聘信息的基础上，要确定重点信息。所谓重点信息就是满足你的求职定位，最符合你自身条件的求职信息，其余的信息则可视为一般信息。可以将就业信息的岗位招聘条件与自身条件相比较，看看自己满足哪些招聘岗位条件的要求，并做重点标记或记录。同时，对用人单位的招聘信息，可从用人单位的用人要求、具体岗位、工作条件、工资待遇及单位经营、发展情况等作深入细致的分析，然后再对这些信息作出取舍。

【案例】

把握时机

曾经有个毕业生，毕业后第一份工作的月薪是 4000 元，可是好景不长，他所在的公司半年后就倒闭了。在后来的求职中，他始终认定要找一份月薪不低于 4000 元的工作，多次求职未果。

他的父亲是一位菜农，一天他跟着父亲去卖菜，早市时父亲对儿子说："我们的菜是全市最好的，不能比别家价格低。"直到中午，菜都没有卖出去多少，因为菜价太高，顾客问的多买的少。儿子急了，要父亲降价，父亲始终不答应。天快黑了，他们的菜经过一天的风吹日晒已毫无优势，最后不得不降价出售。儿子埋怨父亲为什么不早点出手？父亲笑着说："是啊，那时候出手该多好，可早上总以为自己的菜应该值那个价，就像你现在总以为自己月薪必须达到4000元一样。"父亲的话让儿子深感震动！

分析：人生其实就像卖菜一样，要想卖个好价钱是不容易的，有时候越想卖高价，就越卖不出去。做人也一样，不能自视太高，要善于把握时机。每个人的一生都是对自我的不断调整。在求职过程中，要有"生存危机"，首先要考虑解决"吃饭"问题，树立"先生存、后发展"的就业观，即在保证生存的基础上考虑所选择的岗位是否符合自己的兴趣、自己能否得到提高、将来发展潜力如何等问题。

(资料来源：摘自《就业指导专刊》2012 年第 9 期)

【小资料】

常用的手机招聘 App 应用及特点如表 7-1 所示。

表 7-1　常用的手机招聘 App 应用及特点

手机招聘 App 名称	App 图标	App 二维码	特　点
BOSS 直聘	BOSS 直聘		这款求职招聘类软件的特点是可以向微信聊天一样，与"BOSS"进行"直聊"，使人才和老板去掉简历筛选环节，能够直接对接，提高了那些极其想招人和想要找工作的求职者之间的对接效率
兼职猫	兼职		这是一款兼职服务软件，可以发布兼职信息，或者投放简历寻找兼职工作。对于现在很多刚步入社会的年轻人来说，兼职猫 App 中的一些兼职是不错的选择

续表

手机招聘App名称	App图标	App二维码	特　点
牵牛招聘			这款手机招聘App是中国最大的、垂直的“圈内人”招聘平台。主要专注于广告/传媒、游戏、IT/互联网等行业，提供了这些行业内的热门工作、行业新奇趣、技术交流圈、业界活动指南、内幕小八卦等丰富资讯。可以游戏化地接受各种任务，以帮朋友找到心仪工作；还可以“拍卖”自己，获得平台提供的奖金
面条校园			这款招聘求职服务App主要面向大学里的大学生，让他们在毕业后能有一个好的就业环境和平台，每天为大学生用户提供很多招聘信息，全面涵盖各类专业，帮助大学生顺利找到自己喜欢的工作和企业
猎聘同道			这是一款高端、专业的社交招聘App，每天为求职者智能推荐高薪职位，为职场精英提供社交平台，扩展职场人脉，发现更多职场机会，提供与职场好友实时沟通的平台，实现与专业的猎头实时沟通
脉脉			这是一款人脉求职应用，作为管理者，你可以找到你需要的人才。作为求职者，你可以了解自己所从事行业的情况，认识更多志同道合的朋友。在这个社交求职平台上，可以一键挖掘真实可信的人脉，认识好客户、好老板、合作伙伴、职场导师，打通职场人脉
见招			这是一款手机找工作的App，适合于在校学生使用，会根据你的特点及求职意向，利用大数据自动筛选匹配适合你的职位，而且不用简历，能简单便捷地寻找到适合的工作

【练习】

1. 请列出2～3种你在求职过程中的不良情绪。

2. 请写出你克服上述不良情绪的方法。

3. 请按照要求完成以下任务。

(1) 请回忆尽可能多的动词，并一一罗列，然后按“喜欢”与“不喜欢”将所列的动词分为两类。

喜欢：

不喜欢：

(2) 按照喜欢的程度给予 1 ~ 5 分评分，其中十分讨厌 1 分；不喜欢 2 分；无所谓 3 分；喜欢 4 分；十分喜欢 5 分，并列出得 4 分和 5 分的动词。

(3) 根据第二步中所列的动词，写出你可能喜欢的职业类型。

4. 就自己所学专业及自己定位的职业岗位，尽可能从不同的途径搜集本地区最近一个星期内的就业信息，然后填写表 7-2。

表 7-2　就业信息

序　号	招聘单位	岗位名称	招聘人数	招聘要求	信息来源

就你所搜集的就业信息，筛选出一个有效的、你最感兴趣的招聘岗位及单位，利用网络或实地考察的方法，写出考察报告。

第八章　准备一份必胜的简历

简历是获得面试的敲门砖。简历撰写的关键是简明扼要，在有限的篇幅内向用人单位说明求职者是谁，具备哪些知识和技能，曾经做过什么，能做什么，希望做什么工作等，以便用人单位对求职者的资质进行评估。在撰写简历的过程中，除了基本内容完整外，关键要突出自己的优势，以吸引用人单位的注意力，引起其兴趣，从而获得面试的机会。

【学习目标】

了解简历包含的基本内容。
掌握简历撰写的关键问题。
了解简历撰写时要注意的细节问题。

【小故事】

李卫为何求职受挫？

毕业前夕，李卫和同学们一起开始忙于找工作。好朋友叮嘱李卫一定要把简历做得漂亮些，哪怕数量少点也没关系，见到合适的公司一定要递上去，绝对不能错过任何机会。没有求职经验的李卫点头称是，拿出1000元钱做了10套装饰精美的简历，每一套都是厚厚一叠。招聘会热火朝天，要人的单位多，等着找工作的学生更多。李卫把简历一份份递上，可得到的回答不是专业不对口，就是需要有两年以上工作经验。

转了很久，李卫终于看中一家大型企业集团的海外贸易部。负责招聘的工作人员快速翻着李卫的简历，皱着眉头说："你学什么专业的，到底要应聘什么部门，有什么特长啊，简历写这么多干什么！等电话吧！"说完"啪"的一声扔进一大摞简历堆里，高声叫道："下一个！"

一个礼拜过去了，李卫没接到任何面试的电话。打电话到公司，李卫耐心地报了姓名、学校和专业，可电话那头却冷淡地说："我们已经开始面试了，没收到通知说明你的简历不符合我们的条件！"

而和李卫同一个专业的某男生却成功应聘到了这家公司海外贸易岗位。他告诉李卫，他的简历只做了两页，一页介绍自己的基本情况(包括各科成绩)，一页是在校期间的社会活动简介。说完李卫顿时傻眼了。

(资料来源：据尊才网 http: //www.zuncai.com/News/1219.html 素材改写)

点评：一般而言，用人单位在招聘时，会收到很多份简历。如何让自己的简历更加有吸引力，在众多的求职者当中脱颖而出，从而获得宝贵的面试机会，这对于求职者而言是至关重要的。

一、简历包括哪些基本内容？

1. 个人资料：个人资料中有些信息是必须列出的，如姓名、性别、出生年月、联系地址(包括邮编)、电话(区号)、E-mail，而且应尽可能占最少的篇幅。籍贯、户籍、民族、身高、视力、政治面貌等则不是必要的，是否要列出，可据公司要求而定。

2. 求职目标：说明你想做什么，你能给公司带来什么价值，或者可直接写你能胜任的公司职位。要求简洁，一般不超过两行。

3. 教育背景：一般采用倒叙，先写现在，再写以前的。

4. 实践活动：用人单位比较看重你参加过哪些实践活动，从中可以判断你的实际工作能力、社会阅历、社会经验等信息。包括实习、社会实践、志愿者工作、社团工作等其他活动。要写明实践单位、工作职责或具体职务、运用的主要技能，所取得的业绩和收获(如成果、成就和贡献等)。要求简明扼要，但要突出重点，重点是你在实践活动中取得的业绩和收获，要根据自己目标岗位设置的要求，甚至招聘单位的偏好来突出自己的特点。如果是工作经历，每项工作都应列出工作时间、公司名称、职位名称、主要工作职责、曾经承担的项目、取得的工作业绩等。

5. 技能特长：根据你所申请的岗位列出你获得的技能证书，如外语、计算机资格证书等。

6. 奖励和荣誉：若获得的奖励少于 3 项时，可归入教育背景或实践活动中。

7. 兴趣爱好或自我评价：展示你的品德、修养、社交能力、与人合作能力等，但要与应聘岗位有关，否则会弄巧成拙。

二、如何在简历中展现个人优势？

在简历中，需要展现哪些个人优势并非是盲目的，要针对你所申请和应聘的岗位。具体而言，需要做到以下两个方面：

1. 求职目标要明确。在求职应聘时，简历首先要给招聘者传达明确的求职意向，因此一定要在简历的醒目处注明应聘岗位，或者明确表述清楚自己希望从事的和最合适的目标岗位职位是什么。有的求职者可能认为，不在简历上写应聘职位会更保险一些，招聘单位会根据求职者的特点来分配岗位，还可以服从调剂。一般来说，招聘者不会帮你挑选合适的职位，往往还认为你缺乏职业追求，没有做好准备。对于应聘职位没有明确目标的求职者，也是最容易被淘汰的对象。

2. 简历的内容要有针对性。所谓简历的针对性是指每份简历都要根据所申请的岗位来设计，从专业、技能、经验、兴趣等方面充分展示个人优势，证明你是该职位的最佳人选。即在明确求职目标的基础上，列出求职的目标岗位对任职者的各项任职能力的要求，特别要列出 2～3 项关键任职能力，然后收集和梳理个人的专业、技能、经验、兴趣等方面的素材，根据工作性质有侧重地表现自己，突出你在胜任该岗位的特长和优点。所有内容都应针对你应聘的职位，与应聘岗位无关的内容尽量不要描述，针对性越强的简历越容易受到招聘单位的青睐。千万不能把自己说成是一个全才，任何职位你都适合。不要用一份相同的简历申请不同企业的不同岗位，而应根据你应聘的不同岗位撰写不同侧重点的简历，这样你获得面试的概率会大大增加。

三、如何在简历中突出你的亮点？

一份合格的简历一定要使招聘人员眼睛为之一亮。研究表明，招聘者阅读一份简历的平均时间仅为 1～2 分钟，有时甚至更短，有可能只会花几十秒的时间进行浏览。只有突出重点，把自己的优点巧妙地推销给招聘者，引起他的兴趣，打动人心，才能使你的简历发挥效用，在众多的求职者中脱颖而出，获得宝贵的面试机会。因此，求职者切记要重点介绍与所应聘职位相关的知识、技能与经验，特别是与应聘岗位相关的实习经历或工作经历，这方面的内容如能凸显，你的简历才会有亮点。应该时刻牢记，你所写的重点内容一定要与用人单位的职位需要相符。

对于应届毕业生而言，由于工作经验相对较少，简历的重点应放在学业成绩以及参与过的课外活动、实习经历、社会实践上，说明你在社团和活动中做了哪些工作，取得了什么样的成绩。用人单位可以通过求职者的这些经历考查其团队精神、组织协调能力等。而对于工作经验丰富的求职者，则应加强工作实绩和工作经验的描述。不能只是简单地列出你所从事过的每个职务名称，而是要描述你在曾经任职的岗位上完成哪些重要工作，取得了哪些工作业绩，为企业做出了哪些贡献，这些工作成绩应尽可能具体化、量化。因为企业的招聘人员最看重的是你所从事过的工作是否是公司所需要的，所以你必须拿出证据来证明你的实力，要善于写出那些能表现自己与应聘岗位要求相一致的工作能力、品质魅力的经历，方能显示你比其他竞争者更有优势。

四、撰写简历时应注意哪些细节问题？

1. 内容要真实。简历首先要真实可靠，不管是简历的哪个环节，哪怕是一个细小的部分，在编写这些内容时都必须遵循真实的原则。内容必须是客观而实在的，千万不要“注水”，招聘单位都比较喜欢说老实话、做老实事的人。一定要按照实际情况填写，任何虚假的内容都不要写。不要虚构职务名称或社会实践经历，一旦用人单位去做背景调查或通过与你的面谈发现你在弄虚作假，那么即使才华再出众也不会被录用。

2. 应尽可能简洁明了。一般而言，企业在招聘时会收到很多份简历，工作人员没有太多时间和耐心来仔细研读每一份简历。如前所述，浏览一份简历通常只用 1～2 分钟时间，甚至更短，因此简历内容不要太长，一般 1～2 页 A4 纸即可，而且内容过多会淹没你简历中一些有价值的闪光点。

3. 注意简历的修饰。除非有特殊要求，简历一般可用计算机排版打印。纸张一般用白色或米色，纸型建议采用 A4。不要出现语法和文字错误，特别注意不要有错别字，可以使用拼写检查项，或者请你的家人和朋友来检查你可能忽略的错误。排版格式要美观，使得简历的内容一目了然。有的求职者的简历制作很精致，甚至很华丽，除了应聘美术设计、装潢、广告等特殊职位外，其他职位的应聘简历不必做得太花哨，过分标新立异有时会带来不好的效果。

五、简历中不应该出现哪些问题？

1. 薪酬问题。薪酬可以在面试时谈，在简历中提这个问题是冒失的，而且要冒很大风险，最好不写。如果薪酬要求太高，会让招聘者感觉雇不起你；如果要求太低，会让招聘者觉得你无足轻重。

2. 不要透露过多的个人信息。如婚姻状况、身体情况、宗教信仰等，这些内容除非与所求职位有关或用人单位有要求，否则不必列出。

3. 不要出现表象的问题。简历完成后要仔细阅读和检查，不要出现错别字和病句，也不要出现语义不详的句子。打印时不要使用劣质纸张，纸张表面不能出现污迹。

【案例】

个人简历示例：

个人简历

<u>**基本信息**</u>

照片

姓名：××　　性别：女户籍所在地：上海

联系电话：×××××××××　　E-mail：XXXX@126.com

求职意向：对外贸易类岗位

<u>**教育背景**</u>

2005/9——现在××大学企业管理专业管理学学士学位

主修课程： InternationalEconomics & Trade (国际经贸)；Marketing Principles (市场营销)；Economics (西方经济学)；Consumer Behaviour(消费者行为)；Introduction to Business Law (商法导论)；Global Marketing (全球营销)；International Finance (国际金融)；Business Finance (商务金融)

个人辅修： 自学国际商务单证课程及会计职称

<u>**兼职经历**</u>

2008/9——思悦智美公关顾问有限公司史云逊等公司发放 DM 兼职

2008/7——××热线亲子频道负责开拓市场及沟通客户关系工作

- 查询有关幼儿产品的厂商，并与之取得联系并拜访
- 吸引各大品牌赞助公司活动或在公司网站上为其宣传

- 2008 年的国际婴幼儿用品展览活动中，以媒体身份参与，并与大量的婴幼儿品牌的经销商和主管沟通，初步取得合作意向。

2006/8——汇鑫人力资源有限公司客户的文件翻译兼职

<u>校内工作</u>

2007/9——至今××大学××学院团委学生会学习部长

- 配合完成多次校艺术节、英语节工作，定期组织学院内的英语沙龙活动
- 作为学生代表，配合澳大利亚审查委员会来上海的交流
- 2008 年××国际论坛会议期间担任志愿者，获校领导一致好评

2005/9——2007/6　××大学××专业 BBA05 级学习委员

- 负责配合老师完成班内的学习工作

<u>获奖情况</u>

成就类 2007 学年优秀学员奖(学院最高奖项)

学习类： 2006 年获××大学××学院二等奖学金及英语优胜奖

2008 年获××大学××学院优秀作业奖及英语优胜奖

实践类： 2008 年××大学××学院社会活动奖

<u>获奖情况</u>

语言能力 全国大学英语 6 级，英语中级口译，英语高级口译(笔)

日语能力考试 2 级

电脑技能 熟练操作 Word、PowerPoint、Excel 等 office 办公软件

<u>自我评价</u>

因为长期负责班内及学校工作，培养了良好的组织能力，也结交了许多朋友。能够按时完成校领导和老师安排的工作。在学习生活中，我会面临一些挫折，但它们让我具有坚强的品性，也让我明白世间没有空中楼阁，只能一步一个脚印，不断丰富自己，提升自己各方面的能力。当然我也有一些缺点，我时常引以为戒，通过实践来完善自我。“突破自我，迎接挑战”是我的座右铭，它敦促我朝着自己的目标努力。

分析：这是一份不错的简历。

1. 求职意向明确，申请的是对外贸易类岗位。

针对这一岗位，说明个人辅修课程：国际商务单证课程及会计职称相关课程，因为从事国际贸易的岗位，要了解国际商务单证处理和会计方面的一些知识。

另外，校内外的工作经历都是针对外贸岗位的要求写的，突出了对市场的接触、与客户的沟通和公关能力、外语能力等，这些都是应聘岗位所必需的。

2. 兼职经历和校内工作放在获奖情况前面，因为这两部分是招聘单位比较关注的问题，所以要先写。

3. 措辞恰当，比如，“与大量婴幼儿品牌的经销商和主管沟通，并初步达成了合作意向”。这种措辞更符合一个实习生的身份。

4. 简历的长度为一页整，符合招聘人员浏览简历的习惯。

简历撰写的关键要求：求职目标明确，突出与目标岗位相关的经历，内容具有针对性，且内容齐全，格式美观，语言简洁，用词恰当。

【小资料】

用邮件发送简历的注意事项

1. 邮箱命名不当。比如，有的简历中的邮箱名叫作“差不多”“无所谓”等。最好是将邮箱命名为“自己的姓名”。

2. 邮件标题不妥。如：邮件的标题为“求职”“应聘”“应聘简历”“××大学××个人简历”“××专业××”等。一个较好的标题应该是“××大学××专业应聘 XX 岗位”“应聘××岗位——××大学××专业”“随时可到岗的××专业×××——应聘××位”等。

3. 邮件正文毫无内容。比如，邮件正文的位置除了一些广告外，正文中没有任何一个求职者的语句。建议要用邮件的正规格式，包括开头、正文、敬语、落款等。

4. 邮件的抬头不合适。比如，“您好”“您好：”“尊敬的校领导”“尊敬的领导”。建议开头写上招聘信息中的人，如果招聘信息中，没有写任何人，那么就可以用“尊敬的女士/先生”这样的词句来代替。

5. 邮件正文太随意。比如，“本人简历在附件中，劳烦查收!”“祝老师工作顺利!”“请您查收我的简历，祝工作快乐!”“简历已附上，请查收”等。邮件正文内容要有针对性，可以把应聘要求作为问题，用“1、2、3”的方式在邮件正文中进行作答；同时邮件正文不宜过长，也不宜过短，最好不要用屏幕上的滚动条。

6. 邮件正文没有落款。比如，有许多简历都会附上求职信之类的，但往往会漏写落款，忘记标注上自己的大名和写邮件的时间。

7. 附件命名不恰当。比如，许多简历的命名是“个人简历”“求职简历”“个人简介”“新建 Microsoft word”等。建议邮件的附件采用一些规范的命名方式，如“××专业——××”“应聘××岗位×××”等。

8. 不要将简历封面、简历、证书等内容作为几个附件或者压缩包发送。建议将所有的材料，形成一个 word 文档后进行发送。

【练习】

请按提示完成以下任务。

1. 请写出你的目标岗位。

2. 该目标岗位的关键能力有哪些？

3. 请列出以往工作经历中能够体现这些能力的关键工作或关键实践。

4. 请列出你所获得的与上述能力相关的证书。

5. 请列出你所获得的与上述能力相关的奖励。

6. 请根据上述资料，模仿本章案例中简历的模板，制作一份能够体现自身优势的、有针对性的求职简历。

第九章　成功面试

面试是招聘单位为了更好地了解应聘者的职业素质，以交流和观察为主要手段，与应聘者进行面对面沟通和测试的方式，主要目的就是甄选人员。作为应聘者，在接到面试通知后，必须做充分的准备工作，如收集招聘单位和目标岗位的相关资料，精心设计自我介绍，面试前还要适当修饰自己的仪表。在面试过程中，不仅要注意倾听，而且要注意与考官的沟通技巧，还要恰当运用肢体语言传递信息，从而顺利通过面试，获得心仪的工作。

【学习目标】

了解面试准备的主要环节。
掌握倾听的技巧。
掌握回答问题的技巧。
了解肢体语言的运用。

【小故事】

王烨该如何回答面试官的提问？

王烨毕业后打算从事文秘工作，便向几家企业投了简历，一周后收到了一家企业的面试通知。

在面试时，考官首先提问：“你会不会五笔字型打字？”。王烨不会五笔字型，所以一下子就被问住了。但她却忘了告诉考官：“虽然我不会五笔字型，但是我用全拼输入的速度相当快，效率不比五笔差。”结果她支支吾吾，不知所云。

“你有没有办公自动化方面的技能等级证书呢？”考官又问道。“没有。”王烨非常诚实地回答，且没有了下文。她没有告诉考官：“虽然我没有证书，但是我可以十分熟练地操作常用的办公软件。”

接下来考官又提了一个无关紧要的问题，便匆匆结束了面试，其结果是可想而知的。

(资料来源：根据张帆《职业指导案例》改编)

点评：在求职过程中，面试是相当关键的步骤。既是应聘者的一次表现机会，也是用人单位对求职者的一次评估。因此要予以足够重视，了解和掌握一些面试的技巧也非常重要，有助于求职者顺利就业。

一、如何收集招聘单位和目标岗位的相关资料？

通过互联网、新闻报道、广告、电话等渠道或者向朋友、同学或熟悉该单位的熟人打听，尽可能了解招聘单位的性质和背景，属于哪一种行业、生产何种产品；同时，还要尽可能了解清楚招聘单位的业务、规模和效益等情况。比如，业绩好不好？业务往来的对象有哪些？该公司的发展前景如何？另外，也应该尽可能了解清楚招聘单位的内部组织结构、员工的薪酬和福利、对应聘人员的专业、能力、个性等方面的信息。结合自身条件，有的放矢地做好准备，面试的成功率就会大大提高。

参加面试前，还要准备好与应聘岗位相关的一些个人资料，如毕业证书、学位证书、专业资格任职证书、获奖证书、身份证、推荐信等材料。去面试时，这些资料应有条不紊地放在公文包里随身携带，以便随时查看。

二、如何精心设计自我介绍？

面试时，考官会很快切入正题：“请你简单介绍一下自己。”这是每个应试者都必须精心准备的问题。不少应试者在回答时，往往过于详尽，从上学到工作娓娓道来，显得啰嗦而没有条理，面试考官可能也没有耐心听下去。

那么，应该如何介绍自己呢？可以从参加工作时讲起，不要扯得太远。要针对应聘岗位所要求的条件，重点介绍自己从事过什么工作，取得过哪些工作业绩，有何特长和优势等，凡与应聘岗位无关的都可省略。在介绍自己曾经取得的业绩时，要注意把握好分寸，要以自信谦逊、不卑不亢的方式巧妙地表达出来，千万不能给人留下自我吹嘘的印象。自我介绍的时间不要太长，一般控制在 2 分钟左右即可。

三、面试的仪表应该注意哪些问题？

男士需穿上整洁的服装，但也不必过分刻意打扮。注意头发是否干净整齐，如果过长，应修剪一下。面试时以西装衬衫为佳，避免穿着过于老旧的西装，颜色以素净为佳，衬衫和领带的色彩要和谐搭配，不能太过鲜艳显得花哨，领结要打得坚实、端正，不要松松散散，耷拉在一边。西装和皮鞋的颜色以保守为原则，皮鞋要上油，刷亮，擦去灰尘和污痕。戴眼镜的求职者，镜框的配戴最好能使人有稳重、和谐之感。

女士在面试时应穿得整洁得体，给面试考官留下好的第一印象，过多的珠宝饰物、过浓的香水、未修剪的指甲或蓬乱的头发等，都会使得你的形象大打折扣。面试服装以裙装套装最为合宜，长度应在膝盖左右或以下。服装颜色以淡雅或同色系的搭配为宜，不要过于花哨，更不宜过于暴露，有失庄重。面试时最好穿高跟鞋，略施脂粉，但千万不要浓妆艳抹。

四、如何正确有效地倾听？

首先要耐心。面试的目的在于让对方了解你、信任你、接受你，而不是与考官一比高下，要让面试官把话讲完。如果确实需要插话，应先征得对方同意，用商量的语气问一下：“请等一下，让我说一句”或“我提个问题好吗？”这样可以避免对你不尊重或不耐烦之类的误解。

其次要专心。应试者应全神贯注地倾听，在谈话过程中要不时表示听懂或赞同。如果你没有听懂对方的话或有疑问，可以在适当的时候礼貌地提出一些富有启发性或针对性的问题，这样不但使你的思路更明确，对问题了解更全面，而且面试官在心理上会觉得你听得很专心，对他的话很重视，会提高考官对你的评价。

最后要细心。要善于从考官的提问和双方的交流中理解其真正意图，以便能够有的放矢地回答问题，及时调整自己的谈话内容。

五、如何沉着冷静地回答问题？

在面试中，考官往往会有意施压或者提出特别尖锐的问题或令应试者感到左右为难，要应付这种局面、应答得体，就一定要掌握应答中的基本要领。应试者应事先有心理准备，面对有意刁难的问题，切记不要表现出不满、怀疑、愤怒，要保持冷静，提示自己这是在面试而不是实际情况，应表现出理智、容忍、大度，保持风度和礼貌，有条理地与考官讨论问题的核心。此外，要尽可能全面细致地回答问题，也不要自相矛盾，以防考官穷追不舍。

遇到自己不熟悉、或根本不懂的问题时，不要表现得手足无措、抓耳挠腮、面红耳赤，更不必为自己的“无知”而懊恼，甚至感到无地自容。对于不懂的问题或没有把握的问题可以略答，也可以间接回答，甚至坦率承认自己不懂，但绝不能回避问题，置之不理，或者略而不答。这会使考官觉得你没有礼貌，有一种被轻视的感觉。

六、如何恰当地运用讲话的语气和语调？

面试时要注意语言、语调、语气的正确运用。语气是指说话的口气，语调则是指语音的高低轻重配置。打招呼问候时宜用上升的语调，加强语气并带拖音，以引起对方注意。自我介绍时，最好多用平缓的陈述语气，音量的大小要根据面试现场情况而定。以每个主考官都能听清你的讲话为原则。

七、面试中如何合理地运用肢体语言？

1. 表情自然，目光与面试官保持接触。走进面试考场，应尽量放松自己，表情自然，面带微笑，给人以真诚、亲切的印象。通常情况下，面试考官大都会对应聘人员说：“欢迎你应聘我们公司！”此时，你可以微笑点头致意，也可以说“谢谢”。先不要急着坐下，在面试考官说过“请坐”之后，你再坐下，挺直身子，身体最好微微前倾。

面试时，目光最好能自然地注视着主考官，表示你很有信心和在乎这份工作。如果因为害羞而没有和对方进行目光接触，主考官会认为你是个不可靠、稳定性差的人。当有两位及以上的考官时，回答谁的问题，你的目光就应该注视谁，且应不时地与其他主考官进行目光交流，以示对他们的尊重。回答问题时，眼睛不要东张西望，显得漫不经心；也不要低垂眼皮，显得缺乏自信；更不要眼神闪烁或漂移，显得不够真诚。

2. 尽量克服不良的习惯性动作。肢体语言所传达的信息往往更加反映应聘者的真实内心，因此在面试时要克服一些不良的习惯性动作，以免引起面试官对你的反感或者对你的负面判断。如当众挖耳朵、擦眼屎、擦鼻子、打喷嚏、用力清喉咙都是粗鲁而令人生厌的。还有一类小动作就是为了掩饰内心的紧张而去抓头皮、弄头发、搔痒等。面试中不要晃动腿脚，让人感觉心浮气躁、自以为是或心不在焉。应聘时一定要克服这类毛病，保持良好的行为习惯。

【案例】

"计算机维护和维修岗位"面试自我介绍的示例

非常感谢公司给我这次宝贵的面试机会。我叫张××，来自××大学，是"计算机网络技术专业"2016 年的应届毕业生。我从小就对计算机有浓厚的兴趣，觉得它非常神奇。这也是我后来报考"计算机网络技术专业"的直接原因和学习动力。我非常渴望在公司从事计算机维护和维修这个职位，因为我已经具备了这个职位所要求的聘任条件。2014 年 10 月，我在×××省教育厅高教处组织的全省高校"计算机应用技能大赛"中，荣获"计算机维修工"二等奖，被授予计算机专业优秀学生称号，并获得证书。诚心希望公司领导能够给我这个宝贵的工作机会。谢谢！

点评：这份自我介绍简洁明确、重点突出，且态度诚恳，不卑不亢。能够紧紧围绕所应聘的岗位——计算机维护和维修这一岗位，从自己对计算机的兴趣和爱好开始，到学习该专业，再到所掌握的过硬专业技术，引入自然，让考官信服应聘者是具备岗位任职的能力和素质的，值得参考和借鉴。

（资料来源：据李明才《职业指导》改编）

【小资料】

面试后的注意事项

1. 及时退出考场。当主考官宣布面试结束后，求职者应礼貌道谢，迅速退出考场，不要再做任何补充，也不要再提什么问题。如果你认为确有必要的话，可以事后写信说明或者回访，不能在考试后拖泥带水，影响其他人面试。

2. 不要急于打听面试结果。在一般情况下，招聘人员每天面试结束后都要进行讨论、汇总，并报主管领导批准，确定最终的录用人选可能要 3～6 天，甚至更长时间。求职者在这段时间内一定要耐心等候消息，切不可到处打听，急于求成往往会适得其反。

3. 学会感谢。面试结束后，即使对方明确表示不予录用，求职者也通过各种途径表示感谢。据调查，在 10 个求职者中往往有 9 个人不会表示感谢。电话感谢、简短热情的感谢信都会使你的谋职善始善终。如果你没有忽略这个环节，则会显得格外突出，说不定会使对方改变初衷。

4. 面试后做好两手准备。在就业市场竞争激烈的情况下，参加招聘面试往往有两种结果，要么被录取，要么被淘汰，对此求职者要有一定的思想准备。“胜败乃兵家常事，”千万不要把求职失败看得过重，要善于总结经验教训，抖擞精神，迎接新的挑战。

【练习】

就业过程检查表

1. 查找工作信息

1.1 您是否了解就业的相关政策？ □是 □否

1.2 您是否可以寻找工作信息？ □是 □否

2. 简历制作及投递

2.1 您是否会制作简历？ □是 □否

2.2 您是否准备好了制作简历用的照片？ □是 □否

2.3 您是否在简历上注明了联系地址、电话等方式？ □是 □否

2.4 简历投递方式是否有效？ □是 □否

2.5 投完简历三天内招聘单位是否联系过您？ □是 □否

2.6 投完简历三天后您是否联系了招聘单位？ □是 □否

3. 面试前信息准备

3.1 收到面试通知后，您是否及时做出回复？ □是 □否

3.2 收到通知后，您是否查阅了招聘单位及应聘职位的相关信息？ □是 □否

3.3 您是否提前考虑好面试时的仪表装束？ □是 □否

3.4 您是否能根据职位要求准备好面试用的各项材料？ □是 □否

4. 常见面试问题准备

4.1 你为什么要选择这个职业？

4.2 你有哪些专业培训或工作经历？

4.3 你的工作目标是什么？

4.4 你了解我们公司吗？

4.5 能描述一下你上一份工作的主要内容吗？

4.6 你愿意为了工作而迁往外地或出差吗？

4.7 你觉得我们为什么要雇用你？

4.8 举一个例子来证明你的团队协作能力。

4.9 你对薪酬有什么期望？

4.10 你是否愿意花六个月的时间来实习？

5. 签订协议

5.1 您是否了解招聘单位给您提供的工作岗位及其内容？ □了解□比较了解□不了解

5.2 您是否了解招聘单位所提供的工资待遇、福利等？ □了解□比较了解□不了解

5.3 您是否了解签订协议的流程？ □了解□比较了解□不了解

5.4 您是否了解签订协议时应注意的事项？ □了解□比较了解□不了解

6. 应对就业失败

6.1 面试失败后您是否知道如何总结面试的经验教训？ □知道□不完全知道□不知道

6.2 虽然面试成功，但就业协议签订失败时您是否知道该怎么办？

□知道□不完全知道□不知道

6.3 签订就业协议后，如果你想毁约另找工作是否知道如何办理毁约手续？

□知道□不完全知道□不知道

6.4 就业协议签订后，如果招聘单位要毁约您是否知道应该怎么办？

□知道□不完全知道□不知道

6.5 就业协议已签订，并向用人单位报到后，您是否知道如何度过见习期？

□知道□不完全知道□不知道

6.6 您是否知道见习期满之后应该与用人单位签订劳动合同？

□知道□不完全知道□不知道

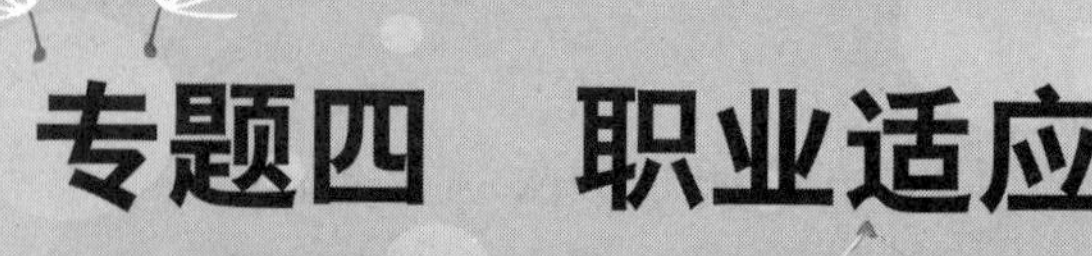

专题四　职业适应

第十章　初入职场

刚开始工作的那几天会是兴奋的，充满挑战，有压力，有恐慌，这些感觉会持续一段时间。许多企业都会为新进职员设定一个目标，而另一些企业则希望员工能立刻有所作为。职业适应是指从业者进入职业角色，履行职业角色义务，享受职业角色权利，遵守职业角色规范的发展过程。每个人进入职场都要度过一段时间长短不一的职业适应期。只有尽快适应工作环境，成功进行角色转换，得到上司和同事的认可，才能为今后的职业发展打下良好的基础。

【学习目标】

掌握职业人的特点，尽快适应岗位需要。

了解职场礼仪，实现角色转换。

【小故事】

“新人”角色转换

张小姐，研究生毕业后到一家大型的国有企业做总经理秘书。初到单位，她发现自己是唯一的研究生，自我感觉非常良好，自以为比其他人都强,因而只想做高层次的工作，看不起基层工作人员，甚至认为一个堂堂的大学毕业生干一些不起眼的事是大材小用。如今，眼高手低的她连基本的会议组织都不能做好，而且做事非常浮躁，她对本职工作也坚持不下去，缺乏敬业精神，不能深入了解工作职责及技巧。就职很长时间后，仍然未能稳下心来进入新的角色。结果，领导不满意，她也不满意。

（资料来源：罗才人才市场网，http: //www.lhjol.com/new_list-118038.html)

点评：张小姐初入职场，对未来充满憧憬，但理想可能并不符合职场的客观实际。职业适应期要能够根据现实的环境调整自己的期望值，注意从大处着眼、小处着手，一丝不苟地做好每件小事，从小事中积累资源。其实你做的每件事大家都看在眼里，领导也看在眼里，只要做事得到同事和领导的信任，一有机会，领导就会放心地让你做大事。

一、第一天上班有哪些注意事项？

第一天上班来到一个完全陌生的环境，很多人会忐忑不安，注意有以下事项会有助于缓解紧张情绪。

第一，着装要整洁大方，符合职业人的基本形象。如果公司员工上班都是正式的职业装，你却不合时宜地穿着 T 恤衫，牛仔裤去上班，那么马上会被同事们认为比较另类。但也有些 IT 公司对着装没有具体的要求，也可以 T 恤衫，牛仔裤，事先最好能观察了解一下。如果事先没有办法了解，无论是男士还是女士穿衬衣、西裤、皮鞋都比较合适。

第二，注意不要迟到，而且要稍微早一点到公司，这样能确认正确的报到地点，在正式开始工作之前可能还需要填写一些表格，早一点到公司，能够有充足的时间保证。

第三，要去熟悉一下现在的工作环境，并认识一下周围的同事，一定要记住你经常需要打交道的同事的姓名，这也是对同事的一种尊重。

第四，熟悉一下工作的主要内容及岗位作息时间，可打听一下注意事项，同时可以大胆地去问你想问的问题。

第一天结束的时候可能会对公司的工作环境和周围的同事有一个整体的感觉。如果感觉第一天未能完全适应是很正常的，一定要努力将你的目标和期望变成现实，并且要集中精力认真学习。

二、职业人具有哪些特点？

所谓职业人就是参与社会分工，自身具备较强的专业知识、技能和素质等，并能够通过为社会创造物质财富和精神财富，而获得其合理报酬，在满足自我精神需求和物质需求的同时，实现自我价值最大化的这样的一类群体。

职业人的特点主要体现在：一个人有正确的职业价值观和负责任的态度；扎实的专业技能和较强的工作能力；和谐的人际关系和较强的团队意识；积极的创新精神和较强的学习能力。

三、如何成为一个职业人？

第一，要遵守职业道德，遵守职业道德规范是职业人必备的基本素质。遵守职业道德规范是获得社会接纳与认同的前提。

第二，每个人都是职场中的一员，都要承担相应的责任。如果总是将自己的工作推给他人，那么就意味着你没有存在的价值。承担责任也是职业成长的一部分，放弃责任也就意味着放弃成长；但是也别将所有责任背上身：谨记自己不是“超人”，公司并不会要求你解决所有难题。所以最好专注地去做一些较重要和较紧急的工作，这比每件工作都弄不好要好得多。

第三，要端正工作态度，用心做好每份工作。从本章开头的小故事中我们也可以看到张小姐的问题正是出在对待工作的态度上。对待工作态度不端正，没有敬业精神，就无法深入了解工作职责及技巧，那她的职业发展也就无从谈起了。

第四，了解公司的文化，每家公司都有不成文的规则，了解并顺从这些“规则”有助你的发展。若企图打破传统，只会浪费时间。

第五，保持谦虚，努力建立和维系人际关系。随着职业的发展，人际关系的重要性越来越凸显，善于建立和维系人际关系，必将赢得未来。

第六，永远不要放弃努力。没有一个人的职业发展会总是一帆风顺，在工作中总会遇到各种各样的挫折，要勇敢面对挫折，不放弃。

四、进入职业生活，会遇到心理问题吗？

一个人进入职业生活，环境改变，角色转换的同时也会带来心理挑战，在职业适应过程中常会出现怀旧、依赖、自傲、自卑、浮躁、孤独等问题。心理问题会影响职业适应期的长短，从职业发展的角度来看，及时调整心理状态，是有利于职业发展的。调整心理的关键是要树立自信，保持良好的心态，不断肯定自己一次次的小小努力，看到自己每一次小小的进步。克服心理上的焦虑，尽快摆脱依赖心理，以积极的态度面对挑战、面对挫折，更加理性地看待自己，明确自己在职场中的角色，根据现实环境及时调整自己的期望值和目标，实现职业适应。

五、职业人会遇到哪些岗位适应的问题？

岗位适应即对职业岗位的性质、特点的适应，对岗位要求的适应，包括对劳动制度、岗位规范等的适应。

对岗位的不适应主要是由于缺乏工作经验，不熟悉工作程序，不了解工作方法，没有对工作有一个明确的认识造成的。对工作岗位的不适应还表现为不能很好地处理复杂的人际关系。在相对复杂的职场里，有些问题不是靠单纯的方法就可以直接处理的，这里面牵扯着复杂的人际关系。

一个人进入职场，崭新的生活方式、陌生的社会环境、复杂的人际关系，都会使人感到不习惯，如果不能很好地适应，就会难以应对，四处碰壁。

六、如何树立良好的第一印象？

良好的第一印象是在自己的内在品质和相应的技巧共同作用下树立的。尽管它具有暂时性和表浅性的特征，但是它有利于把自己尽快融于集体当中，有利于工作的良好起点和顺利发展。入职之初，应当以自身良好的道德品质和文化素养作为树立良好第一印象的基础，但有些实用技巧也要注意。

1. 仪表端庄。仪表是职业形象的基本外在特征，端庄的仪表会给人良好的第一印象。初到工作单位，要注意穿着打扮，衣服不一定讲究高档、时髦、追求名牌，但要符合自己的经济状况和现实身份。发型要定期修理，注意生活卫生，始终保持积极向上的良好形象。

2. 言谈举止得体。要注意在同事面前举止文明，落落大方，对自己的介绍要简单明了，实事求是，切忌夸大其词，冒失莽撞。对一些新问题、新情况，要虚心请教，谦虚的品格会给人留下良好的第一印象，会使你在业务和其他各个方面更快地成长。

3. 诚实守信。自觉遵守单位的作息时间和其他规章制度，讲求信用，是争得同事赞誉的前提。在单位里，同样需要不失约、不失信的诚实守信的美德。

当然，我们不能仅仅满足于良好的第一印象，更不能以极力伪装的所谓“良好的第一印象”来骗取别人的好感。“路遥知马力，日久见人心。”

七、什么是职业形象？

职业形象是指在职场中公众面前树立的印象，包括内在的和外在的两种主要因素，具体包括外在形象、品德修养、专业能力和知识结构这四大方面。它通过一个人的衣着打扮、言谈举止反映出一个人的专业态度、技术和技能等。每一个职场人都要有树立塑造并维护自我职业形象的意识。

职业形象需要严格恪守一些原则性尺度。其中最为关键的就是职业形象要尊重区域文化的要求。不同文化背景的公司肯定对个人的职业形象有不同的要求，绝对不能我行我素破坏文化的制约，否则受损的永远是职业人自己。其次，不同的行业、不同的企业，因为集体倾向性的存在，只有在职业形象符合该企业主流趋势时，才能促进自己职业的升值。

职业形象要达到以下几个标准：与个人职业气质相契合、与个人年龄相契合、与办公室风格相契合、与工作特点相契合、与行业要求相契合。个人的举止更要在标准的基础上，在不同的场合采用不同的表现方式，在个人的装扮上也要做到，在展现自我的同时尊重他人。一个人的种种职业形象特点，就像标点符号写在每个职业人的脸上、身上，是个人职业生涯的标点，对职业成功有着重大意义。

八、职场中有哪些职场礼仪?

职场礼仪是指人们在职业场所中应当遵循的一系列礼仪规范。了解、掌握并恰当地运用职场礼仪将会大大地提高一个人的职业形象。在职场中有一些细节小礼仪如果不注意，可能会引发种种尴尬事件。职场中的礼仪不仅包括仪容、仪态、服饰等个人行为方面的礼仪，在与他人的交往过程中也要注意介绍、洽谈、握手等拜访接待的礼仪，在商务联系中电子邮件、书面沟通中也有职场中约定成俗的礼仪。职场礼仪主要有以下几个方面的内容。

(一)着装礼仪

职场礼仪首先要注重着装礼仪，着装得体有一种职业的自豪感、责任感，是敬业、乐业在服饰上的具体表现。着装的基本原则：整齐、清洁、挺括、大方。男性的基本着装为西装、衬衣、领带、裤子、皮鞋等。职业女士的着装仪表须符合本人的个性、体态特征、职位、企业文化、办公环境、志趣等。最重要的是穿着要符合公司的文化，如著名的脸书(Facebook)公司的总裁扎克伯格的着装就是非常休闲，永远是一件圆领灰色 T 恤衫。哪怕是是公司发布会也是同样圆领灰色 T 恤衫，他认为把时间花在选择穿衣服上是一种浪费。

(二)办公桌礼仪

保持办公桌的清洁是一种礼貌。如果看到的是一张凌乱的办公桌，就会对这张桌子主人的印象打了折扣。

办公室里用餐，使用一次性餐具最好吃完立刻扔掉，不要长时间摆在桌子或茶几上。如果突然有事情，也记得礼貌地请同事代劳。容易被忽略的是饮料罐，只要是开了口的，长时间摆在桌上总有损办公室雅观。如茶水想等会儿再喝，最好把它藏在不被人注意的地方。

吃起来乱溅以及声音很响的食物最好不吃，会影响他人。食物掉在地上，最好马上捡起扔掉，餐后将桌面和地面打扫一下，是必须做的事情。

有强烈味道的食品，尽量不要带到办公室。即使你喜欢，也会有人不习惯的。而且其气味会弥散在办公室里，会损害办公环境和公司的形象。

在办公室吃饭，时间不要太长。他人可能按时进入工作，也可能有性急的客人来访、到时候双方都不好意思。在一个注重效率的公司，员工会自然形成一种良好的午餐习惯。

不要用手擦拭油腻的嘴，应该准备好餐巾纸，及时擦拭。嘴里含有食物时，不要贸然讲话。他人嘴含食物时，最好等他咽完再跟他讲话。

(三)电梯间礼仪

电梯很小，但学问不浅。伴随客人或长辈来到电梯厅门前时，先按电梯按钮，电梯到达门打开时，可先行进入电梯，一手按开门按钮，另一手按住电梯侧门，请客人们先进，进入电梯后，按下客人要去的楼层按钮，行进中有其他人员进入，可主动询问要去几楼，帮忙按下。

电梯内尽可能不要寒暄。电梯内尽量侧身面对客人。

到达目的楼层，一手按住开门按钮，另一手做出请出的动作，可说“到了，您先请!”客人走出电梯后，自己立刻步出电梯，并可引导行进的方向。

(四)洗手间

在洗手间遇到同事不要刻意回避，尽量先和对方搭话。千万不要装作没看见把头低下，给人不爱理人的印象。也不要与上司在同一时间上洗手间，特别是洗手间小的情况下。

有的洗手间采用封闭的门扉，有人敲门时，应回答：“我在里面!”

(五)借还物品

假如同事顺道替你买外卖，请先付所需费用，或在他回来后及时把钱交还对方。若你刚好钱不够，也要在次日还清，因为没有人喜欢厚着脸皮向人追债。同样的，虽然公司内的用具并非私人物品，但亦须有借有还，否则可能妨碍别人的工作。

严守条规，无论你的公司环境如何宽松，也别过分从中取利。可能没有人会因为你早下班 15 分钟而斥责你，但是，大模大样地离开只会令人觉得你对这份工作不投入、不专一。此外，千万别滥用公司的电话长时间聊天，或打私人长途电话。

(六)拜访顾客

出门拜访顾客，要注意以下几点：

1. 要准时。如果有紧急的事情，或者遇到了交通阻塞，立刻通知你要见的人。如果打不了电话，请别人替你通知一下。如果是对方要晚点到，你要充分利用剩余的时间。如坐在一个离约会地点不远的地方，整理一下文件，或问一问接待员是否可以利用接待室休息下。

2. 到达时要通知对方。当你到达时，告诉接待员或助理你的名字和约见的时间，递上你的名片以便助理能通知对方。如果助理没有主动帮你脱下外套，你可以问一下放在哪里。

3. 不干扰别人。在等待时要安静，不要通过谈话来消磨时间，这样会打扰别人工作。尽管你已经等了 20 分钟，也不要不耐烦地总看手表，可以问助理他的上司什么时候有时间。如果等不及，可以向助理解释下并另约时间。不管你对助理的上司有多么不满，也一定要对助理有礼貌。

4. 尽快进入正题。当你被引到经理的办公室时，如果是第一次见面应作自我介绍、如果已经认识了，只需互相问候并握手。

一般情况下对方都很忙，要尽可能快地将谈话进入正题，清楚直接地表达你要说的事情。说完后，让对方发表意见，并要认真听，不要辩解或不停地打断对方讲话。你有其他意见的话，可以在他讲完之后再说。

(七)握手礼仪

握手是人与人的身体接触，能够给人留下深刻的印象。当与某人握手感觉不舒服时，我们常常会联想到那个人消极的性格特征。强有力的握手、眼睛直视对方将会搭起积极交流的舞台。

(八)介绍礼仪

首先，要弄清职场礼仪与社交礼仪的差别。职场礼仪没有性别之分。比如，为女士开门这样的绅士风度在工作场合是不必要的，这样做甚至有可能冒犯了对方。请记住：工作场所，男女平等。其次，将体谅和尊重别人当作自己的指导原则。进行介绍的正确做法是将级别低的人介绍给级别高的人。

(九)道歉礼仪

即使在社交职场礼仪上做得完美无缺，也不可避免地在职场中冒犯了别人。如果发生这样的事情，真诚地道歉就可以了。表达出你想表达的歉意，然后继续进行工作。将你所犯的错误当成件大事只会扩大它的破坏作用，使得接受道歉的人更加不舒服。

(十)电子礼仪

电子邮件、传真和移动电话带来了职场礼仪方面的新问题。在现在的许多公司里，电子邮件充斥着笑话、垃圾邮件和私人便条，与工作相关的内容反而不多。电子邮件是职业信件的一种，应保持内容严肃。传真应当包括自己的联系信息、日期和页数。未经别人允许不要发传真，那样会浪费别人的纸张，占用别人的线路。

(十一)商务餐礼仪

白领阶层的商务性工作餐是避免不了的。一些大公司、大客户，甚至通过工作餐很容易地对某人的教育程度和社会地位迅速作出判断。而且在某些餐厅必须遵守一些最严格的规定，因此在这方面应该具备一些简单的知识，有正确的举止和饮食方式，以免出丑或使客人尴尬。

职场礼仪总体来说就是要尊重别人，保持微笑。尊重别人就是尊重自己，只要学会尊重身边的每一个人，那么你也会赢得每个人对你的尊重。保持微笑不仅能展示自己的自信，也反映了你自己积极的工作心态。

【案例】

勇于负责

一家装潢公司的老板，吩咐三个员工去做同一件事情，去供货商那里调查一下材料的数量、价格和品质。第一个员工五分钟后就回来了，他并没有亲自去调查，而是向别人打听了一下供货商的情况，就回来做了汇报。30 分钟后，第二个员工回来汇报，他亲自到供货商那里去了解了材料的数量、价格和品质。第三个员工 90 分钟后才回来汇报。原来他不但亲自到供货商那里了解了材料的数量、价格和品质，而且根据公司的采购需求，将供货商那里最有价值的商品做了详细记录，并且和供货商的销售经理取得了联系。在返回途中，他还去了另外两家供货商那里了解材料的商业信息，将三家供货商的情况做了详细的比较，并制定出了最佳购买方案。

(资料来源：据李明耀等主编的《职业生涯规划与就业指导案例解析》中的资料编写)

分析：毫无疑问，如果你是老板的话，肯定会用第三个员工，第一个员工只是在敷衍了事，草率应付，而第二个充其量只能算被动听命，真正尽职尽责地认真负责地行事的只有第三个人。尽职尽责，是培养敬业精神的土壤，认认真真兢兢业业地对待自己的工作，是成功者的必备品质。

【小资料】

常用礼貌用语七字诀

与人相见说“您好”，问人姓氏说“贵姓”，问人住址说“府上”。
仰慕已久说“久仰”，长期未见说“久违”，求人帮忙说“劳驾”。
向人询问说“请问”，请人协助说“费心”，请人解答说“请教”。
求人办事说“拜托”，麻烦别人说“打扰”，求人方便说“借光”。
请改文章说“斧正”，接受好意说“领情”，求人指点说“赐教”。
得人帮助说“谢谢”，祝人健康说“保重”，向人祝贺说“恭喜”。
老人年龄说“高寿”，身体不适说“欠安”，看望别人说“拜访”。
请人接受说“笑纳”，送人照片说“惠存”，欢迎购买说“惠顾”。
希望照顾说“关照”，赞人见解说“高见”，归还物品说“奉还”。
请人赴约说“赏光”，对方来信说“惠书”，自己住家说“寒舍”。

需要考虑说“斟酌”，无法满足说“抱歉”，请人谅解说“包涵”。
言行不妥“对不起”，慰问他人说“辛苦”，迎接客人说“欢迎”。
宾客来到说“光临”，等候别人说“恭候”，没能迎接说“失迎”。
客人入座说“请坐”，陪伴朋友说“奉陪”，临分别时说“再见”。
中途先走说“失陪”，请人勿送说“留步”，送人远行说“平安”。

(资料来源：百度文库 https://wenku.baidu.com/view/29699ca7a417866fb94a8e12.html)

【练习】

评估自己的表现

用下面评分表，对每个项目从 1 ~ 5 进行打分，并圈出右侧相应的数字。

1=需要较大改进；2=需要某些改进；3=基本满意；4=良好；5=优秀。

第一部分：工作态度和习惯

A. 出勤率、准时性及职业表现	1	2	3	4	5
B. 工作完成的及时性	1	2	3	4	5
C. 与他人合作	1	2	3	4	5
D. 接受建议和批评	1	2	3	4	5
E. 管理工作时间表	1	2	3	4	5
F. 准确使用设备	1	2	3	4	5

分析:

第二部分：工作表现

A. 工作质量	1	2	3	4	5
B. 解决问题的能力	1	2	3	4	5
C. 有创新思想	1	2	3	4	5
D. 良好沟通技能	1	2	3	4	5
E. 时间管理能力	1	2	3	4	5
F. 技能，专业知识	1	2	3	4	5
G. 人际交往技巧	1	2	3	4	5
H. 学习能力	1	2	3	4	5
I. 应用工作知识能力	1	2	3	4	5

分析:

你最大的优点和缺点是什么？

除了完成职位要求的正常工作任务之外，你还为公司或部门做了哪些贡献？

(资料来源：[美]唐娜 J. 叶纳著《职业生涯规划自测、技能与路径》)

第十一章　提升职场情商

职场情商，是一个人掌控自己和他人情绪的能力在职场和工作中的具体表现，如何处理好职场中的人际关系，是职业化的情绪能力表现。身在职场，无论从事哪种职业，身居何种职位，“智商决定是否录用，情商决定是否升迁”，已成为决定职业发展的重要信条。一个人的知识、经验和技能等智力因素固然重要，但是，进入一个单位之后，影响和决定一个人职业发展的关键因素却是情商的高低。一个人事业成功与否，通常认为20%取决于智商，80%取决于情商。

【学习目标】

掌握提升职场情商的方法。
了解职场人际关系的处理方法。
了解职场挫折、时间管理及压力管理。

【小故事】

人脉，你生命中的贵人

一个风雨交加的夜晚，一对老夫妇走进一间旅馆的大厅，想要住宿一晚。无奈饭店的夜班服务生说：“十分抱歉，今天的房间已经被早上来开会的团体订满了。若是平常，我会送二位去我们合作的旅馆，可是我无法想象你们要再一次的置身风雨中，你们何不待在我的房间呢？它虽然不是豪华的套房，但还是蛮干净的，因为我要值班，我可以待在办公室休息。”这位年轻人很诚恳地提出了这个建议。

老夫妇大方地接受了他的建议，并对造成服务生的不便致歉。隔天，雨过天晴，老先生前去结账时，柜台仍是昨晚的这位服务生，这位服务生依然亲切地说：“昨天您住的房间并不是饭店的客房，所以我们不会收您的钱，也希望您与夫人昨晚睡得安稳！”老先生点头称赞：“你是每个旅馆老板梦寐以求的员工，或许改天我可以帮你盖栋旅馆。”

几年后，他收到一位先生寄来的挂号信，信中说了那个风雨夜晚所发生的事，另外还附一张邀请函和一张纽约的来回机票，邀请他到纽约一游。

在抵达曼哈顿几天后，服务生在第 5 街及 34 街的路口遇到了这位当年的旅客。这个路口正矗立着一栋华丽的新大楼，老先生说："这是我为你盖的旅馆，希望你来为我经营，记的吗？"

这位老人就是威廉 · 阿尔道夫 · 阿斯特(William Waldorf Astor)，服务生就是乔治·博尔特(George Boldt)，这栋旅馆就是 Waldorf 华尔道夫饭店。这家饭店在 1931 年启用，是纽约尊荣的地位象征，也是各国高层政要造访纽约下榻的首选。

(资料来源：百度百科 http://baike.baidu.com/item/华尔道夫酒店/19832207?fr=aladdin)

点评：我们经常说某人有贵人相助，其实贵人无处不在，人间充满许许多多的机缘巧合。不要疏忽任何一个人，也不要放弃任何一个可以助人的机会，要对每一个机会都充满感激，其实很多时候我们就是自己最重要的贵人。人脉虽然不是金钱，但却是一种无形的资产，潜在的财富，缺少丰富的人脉关系，你将举步维艰。

一、什么是职场情商？

职场情商是就职领域中，个人的信心、毅力、责任感、合作精神等一系列与人素质有关的反映程度，包括协同力、沟通力、抗挫力、应变力、自我管理力、持久力等一系列职场的提升力。

职场情商是一个职业人士不可或缺的素质，是职场能否取得成功的关键。一个智商高而职场情商不高的人，注定不会成功；一个智商不高而职场情商高的人，必定会重写一个人的命运；而一个智商高且职场情商高的人，一定会绽放职业生涯的辉煌。

2017 年湖南卫视有一个综艺真人秀节目《中餐厅》，该节目有 5 位明星，分别是赵薇、黄晓明、周冬雨、张亮和靳梦佳，讲述的是他们在泰国开了一个中餐厅的故事。其中作为厨师的张亮的高情商得到了众多网友的称赞。我们来看一下他的高情商。在节目中，当有一个外国小哥尝了张亮做的咕咾肉后，一直要求赵薇一定要转达他对主厨张亮的感谢，因为他认为张亮的手艺真的很好，而张亮听说之后，不仅没有沾沾自喜，反而回答说这是中华美食的功劳。当赵薇自告奋勇地说想要做一份糖醋排骨，做好之后赵薇找张亮品尝，张亮吃了一口后，犹豫了一下回答："这个口感我还是第一次吃，跟我平时吃的糖醋排骨不太一样。"结果赵薇自己尝了之后，才发现原来很难吃。当周冬雨给大家泡茶时，没想到周冬雨直接把茶叶倒到了烧水壶里，赵薇生气，大家都看着的时候，这时候张亮赶紧接了句话说："没事，第一次正好可以去一去新水壶的味儿呢。"帮周冬雨解了围。细节之处都体现着张亮替他人着想、顾及他人感受的高情商，当然高情商也要有高智商的说话技能。

二、提升职场情商的说话技巧有哪些？

与同事、工作团队、客户交流的过程特别要注意说话的技能，以下是一些工作中的常用语。

1. 应答上司交代的工作：我立刻去办。

冷静、迅速地回应领导交代的任务，会让领导直观地感觉你是一个工作讲效率、处理问题果断，并且服从领导的好下属。如果犹豫不决，只会让领导不舒服，会给领导留下优柔寡断的犹疑印象，下次如果有重要项目或者机会可能就错失了。

2. 传递坏消息时：我们似乎碰到一些情况……

一笔业务出现麻烦，或市场出现危机，如果你立刻冲到上司的办公室报告这个坏消息，就算不关你的事，也会让上司怀疑你对待危机的能力，弄不好还会惹得上司的责骂，成为出气筒。

正确的方式是你可以从容不迫地说：我们似乎碰到一些情况……千万不要乱了阵脚，要让上司觉得事情并没有到不可收拾的地步，并且感到你会与他并肩作战，解决问题。

3. 体现团队精神：××的主意真不错！

小马的创意或设计得到了上司的欣赏，虽然你心里为自己不成功的设计而难过，甚至有些妒忌，你还是要在上司的听力范围内夸夸小马：小马的主意真不错。在明争暗斗的职场，善于欣赏别人，会让上司认为你本性善良，并富有团队精神，从而给你更多的信任。

4. 如果你不知道某件事：让我再认真地想一想，两点前答复您好吗？

上司问了你某个与业务有关的问题，你不知道如何作答，千万不要说“不知道”。而要说“让我再认真地想一想，两点前答复您好吗？”不仅暂时让你解围，也让上司认为你不轻率行事，而是个三思而后行的人。当然，要记得按时给出答复。

5. 请同事帮忙：这个策划没有你真不行啊！

有个策划，你一个人搞不定，得找个比较内行的人帮忙，怎么开口呢？你可以诚恳地说，“这个策划没有你真不行啊”！同事为了不负自己内行的形象，通常是不会拒绝的。当然，事后要记得感谢人家。

6. 减轻工作量：我知道这件事很重要，我们不妨先排一排手头的工作，按重要性排出先后顺序。

首先，强调你了解这项工作的重要性，然后请求上司指示，将这项工作与其他工作一起排出先后顺序，不露痕迹地让上司知道你的工作量其实很大。如果不是非你不可，有些事就可交给其他人或延期处理。

7. 承认过失：是我一时疏忽，不过幸好……

犯错误在所难免，所以勇于承认自己的过失很重要，推卸责任只会使你错上加错。不过，承认过失也有诀窍，就是不要让所有的错误都自己扛，这句话可以转移别人的注意力，淡化你的过失。同时，将目前事情的优劣条例清晰地列出来，不只可以体现你对事认真的态度，也体现出你对事情的思考。

8. 打破冷场的话题：您对这件事怎么看呢？

当你与上司相处时，有时不得不找点话题，以打破冷场。不过，这正是你赢得上司青睐的好机会，最恰当的话题就是谈一些与公司有关、上司很关心又熟悉的话题。当上司滔滔不绝地发表看法时，也会对你这样一个谦虚的听众欣赏有加。

9. 面对批评：谢谢您告诉我，我会仔细考虑您的建议。

面对批评或责难，不管自己有没有不当之处，都不要将不满写在脸上，但要让对方知道，你已接受到他的信息，不卑不亢让你看起来又自信又稳重，更值得敬重。对方愿意对你的事情进行批评，如果不是刻意为难，那么就意味着对方愿意提拔你。提前表达感谢并且尊重对方的意见，会让对方更愿意提供帮助与机会。

三、如何修炼职场情商？

职场情商直接决定和影响着其他职业素质的发展，提高职业情商是个人职业发展的关键。职场情商的修炼一般包括四个方面：心态、思维方式、习惯和行为等方面。

(一)心态修炼

职场情商对职业情绪的要求就是保持积极的工作心态。积极的工作心态表现在以下几个方面：

1. 工作状态要积极。每天要精神饱满地来上班，与同事见面主动打招呼并且展现出愉快的心情。愉悦的心情可让同事产生好感。

2. 工作表现要积极。主动发现工作中的问题；主动思考问题；主动解决问题；主动承担责任；主动承担分外之事。

3. 工作态度要积极，积极的工作态度意味着面对工作中遇到的问题会积极想办法解决，而不是千方百计找借口。

4. 工作信念要积极。对工作要有强烈的自信心，相信自己的能力和价值，肯定自己。只有抱着积极的信念工作的人，才会充分挖掘自己的潜能，为自己赢得更多的发展机遇。

(二)思维方式修炼

对工作中消极的情绪要学会掌控。掌控情绪就是掌握情绪和控制情绪两个层次的含义，而不是单纯的自我控制。因为控制情绪说起来容易，往往做起来很难，甚至遇到对自己情绪反应激烈的问题时，根本就忘了控制自己。要驾驭自己的情绪，还必须要从改变思维方式入手改变对事物的情绪，以积极的思维方式看待问题，使消极的情绪自动转化为积极的情绪，从而实现自我控制自己的情绪。

在工作方式上要培养积极的思维方式。积极的思维方式就是以开放的心态去处理工作中的人际关系和事情，包括多向思维、反向思维、横向思维、超前思维等。了解他人的情绪需要反向思维，也就是逆向思维，逆向思维的情商表现就是同理心思考或换位思考，要站在对方的角度看问题，理解对方的内心感受。

(三)习惯修炼

培养良好的职业习惯是提升职场情商和实现职业突破发展的唯一途径。改变不良习惯的关键，是突破自己的舒适区。一个人形成的习惯就是他的舒适区，要改变不好的习惯就要突破自己的舒适区，要有意识地为自己找点别扭，要敢于为自己主动施加压力，努力突破自己以往的心理舒适区，培养出积极的职业化习惯。

培养积极的职业习惯，必须突破以下心理舒适区：

1. 突破情绪舒适区。职场中应该避免的消极情绪是：抱怨和牢骚、不满和愤怒、怨恨或仇恨、嫉妒、恐惧失败、居功傲视等，这些都是影响个人职业发展的致命伤害。

调节自己的情绪有很多方式方法，其中最重要的是，要给自己强化一个意识：在工作场合我的情绪不完全属于我，在工作中必须控制自己的情绪！

2. 突破沟通舒适区。每个人的性格脾气决定了他与人沟通的方式各不相同，要学会积极倾听对方。良好的工作沟通不一定是说服对方，而是真正理解了对方的想法。即使是争辩，也必须是对事不对人的良性争论，不能进行人身攻击和恶语相向，这是职场人际沟通中最应该避免的现象。

3. 突破交往舒适区。人们都习惯和自己脾气相投的人交往，所以无论在哪个单位组织，都存在非正式的组织和团体，这是正常的现象。但是人在职场，必须要和所有组织内的人以及外部的客户打交道，就要学会适应不同性格的人。突破交往舒适区，就是要有意识和不同性格的人打交道，如要主动找与自己不同性格的人聊聊天。看来很简单的事情，其实职场中大部分的人都难以做到。一旦你去尝试和另一种不同性格的人交往，看来是一件小小的突破，却对提升你的职场情商有帮助。

(四)行为修炼

良好的工作心态和思维方式都要体现在工作行为上。同时，对于自己的工作行为，必须把握以下两条基本的行动准则：

1. 工作行为要以目标为导向。要制定明确清晰的个人目标，并且使公司目标和个人目标相结合，才可以形成职业发展的合力，相互推进，这是在职场实现个人职业发展的有效途径。

2. 工作行为要以结果为导向。以结果为导向既是一种思维方法，又是一种行为习惯。以结果为导向就是要追求积极的结果，积极想办法去实现。如果面对一项工作，如果你还没有去做就认为自己“办不成”，那么你的思维就妨碍了自己能力的发挥，你就有可能真的办不成。

四、什么是同事关系?

同事关系可以称为办公室关系，是在工作过程中结成的关系，具有人际关系的共性，也有侧重于“工作性质”的独特性。同事关系是个大概念，即人们在同一职业群体中从事共同的职业，以这种职业活动为媒介相互交往而结成的人际关系。如上下级关系、同级关系、同性关系、异性关系等。凡是因为工作而产生的社会关系，都可以看作同事关系。但我们平时经常谈论的同事关系常常是指担负非领导职务的人员之间正式的关系。

五、如何与上级建立好关系?

当你开始一份新工作的时候，最糟糕的就是让你的主管因为雇用了你而脸色难看。毕竟，你的上司是让你目前工作获得满足感以及在组织内获得未来成功的关键。每个人都会有不同的工作作风，积极地收集有关上级的目标、问题及压力的信息，协调好与上级领导之间工作风格上的差异。有时，下级可以有效地调整自己的作风，以适应上级所喜欢的获取信息的方式。著名管理学家德鲁克将上级区分为“聆听者”和“阅读者”。他指出，有些上级喜欢以书面报告的方式获取信息，便于研究；有些上级则喜欢口头报告，便于随时提出问题。这一意义非常明显，如果你的上级是一位“聆听者”，你应先亲自向他汇报，

然后再送书面报告；如果你的上级是一位“阅读者”，你就应先提出书面报告，说明要点和提议，然后再讨论。

但每一个上级都不是完美的。所以在工作中，唯上级之命是听并无必要，但也应记住，给上级提意见只是本职工作中的一小部分，尽力完善、改进、迈向新的台阶才是最终目的。要让上级心悦诚服地接纳你的观点，应在尊重的氛围里，有礼有节有分寸地磨合。不过，在提出质疑和意见前，一定要拿出详细的足以说服对方的资料。

六、如何与同事之间建立好关系？

在办公室里上班，与同事相处久了，对彼此之间的兴趣爱好、生活状态都有了一定的了解，你若想获取他人的好感和尊重，必须首先尊重他人。

大家在同一个公司里工作，个人的交情肯定是大不相同，远近亲疏自然是存在的，问题的关键就在于正确处理相互之间的关系。在发生误解和争执的时候，一定要换个角度，站在对方的立场上理解其处境，千万别情绪化，把对方的隐私抖出来。任何背后议论和指桑骂槐，最终都会在贬低对方的过程中破坏自己的大度形象，而受到旁人的抵触。

同时，对工作要有高度的热情，对同事则必须慎重支持。支持意味着接纳人家的观点和思想，而一味地支持只能导致盲从，也会有拉帮结派之嫌，影响公司决策层的信任。

要学会与各种类型的同事打交道，每一个人，都有自己独特的生活方式与性格。在公司里，总有些人是不易打交道的，如傲慢的人、死板的人、自尊心过强的人等。所以，你必须因人而异，采取不同的交际策略。

七、如何对待同事间竞争？

在职场中，大家同在一家公司，同处一个部门，追求工作业绩，赢得职位升迁，同事间竞争，其实是件很寻常的事情。然而这种竞争与外部环境的竞争相比较又有很大的不同。同事间的“竞争”不是单纯的竞争，存在共同的利益、共同的目标，又掺杂有个人感情，或是部门间、上下级间的复杂关系。

同事之间的关系，本来就是存在合作又存在竞争，过分放大竞争心态，合作固然不会愉快。同事竞争中“共赢”意识很重要。共赢的目标不是赢，而是在追求共同利益的过程中，强调能够与竞争对手合作，共同促进目标更快更好地实现。所以这种竞争是在目标一致的前提下，相互配合，取得的双赢结果。

其实，在一个整体里，每个人的工作都很重要，任何人都有闪光之处。当你超越对手时，没必要蔑视人家，别人也在寻求上进；当对手在你上面时，你也不必存心添乱找茬，因为工作是大家团结一致努力的结果。无论对手如何使你难堪，千万别跟他较劲，说不定他仍在原地发怨气，而你已出色地完成了任务。

八、如何面对工作中遇到的挫折？

工作中遇到挫折是不可避免的，同时挫折还会给人带来一种负面的影响，但适度的挫折具有一定的积极意义，它可以帮助人们驱走惰性，促使人奋进。挫折又是一种挑战和考验。英国哲学家培根说过：“超越自然的奇迹多是在对逆境的征服中出现的。”关键的问题是应该如何面对挫折。你可先静下心来把可能产生的原因寻找出来，针对所遭受的不同的职业挫折，寻求不同的解决问题方法，采取不同的措施。

1. 找出问题，寻求解决方案。由于个人工作能力或水平因素感觉工作过程中力不从心，而相同情况下同事却能轻松应对，可根据实际需要参加培训班，充实自己，提高工作能力或水平。

由于工作不熟悉产生的挫折，这是一个人在职业生涯中很正常的挫折，只需要在职业岗位上多锻炼，从实践中学习，多听、多看、多问，不断学习，就可以尽快进入角色，掌握工作要领。

对于无法适应组织环境，如不适应组织的文化、与同事不能和谐相处时，或者有能力而在单位中被压制，特别是存在严重不公平，上级领导对自己有成见，从而影响了自身的职业发展，可以在适当时候选择跳槽，换一个自己更加喜欢的工作环境。

2. 调适情绪，适当宣泄。在面对挫折时要适当调适自己的情绪或者适当宣泄，可以通过自己喜爱的集邮、写作、书法、美术、音乐、舞蹈、体育锻炼等方式，使情绪得以调适，情感得以升华。同时要学会宣泄，向亲人或知心朋友倾诉自己的不快以摆脱压力。学会幽默，自我解嘲。“幽默”和“自嘲”是宣泄积郁、平衡心态、制造快乐的良方。

3. 求助心理咨询。在必要时求助于心理咨询。当人们遭遇到挫折不知所措时，不妨求助于心理咨询机构。心理医生会对你动之以情，晓之以理，导之以行，循循善诱，使你从“山穷水复疑无路”的困境中，步入“柳暗花明又一村”的境界。

九、如何管理好我的时间？

在职场中，人往往觉得时间不够用，有的是因为拖延症，有的是因为优柔寡断迟迟做不了决策，还有的是因为事事苛求完美从而造成时间不够用，那么如何才能有效地管理好我的时间呢？以下这些方法会有助于你的时间管理：

1. 保持良好的心态，去面对繁忙的工作。
2. 设立恰当的目标对提高工作效率很重要。
3. 不要拖拉，马上行动。
4. 给自己的工作设定一个完成期限。
5. 专注于那些重要的事情。
6. 不要推迟那些不紧急但重要的事情。
7. 要学会授权。
8. 要学会拒绝。
9. 用固定的时间完成固定的工作。
10. 在精力最充沛的时间做最有挑战性的工作。
11. 工作效率低下的时候，适当休息。
12. 学会分析浪费时间的因素。
13. 定时检查时间的运用情况，寻找发挥更大时间价值的方法
14. 养成记录的好习惯。
15. 磨刀不误砍柴工，把问题弄清楚再着手去做。

16. 把不重要的事情集中起来处理。
17. 遵照计划，日清日毕。当天的工作当天完成。
18. 尽量不要把工作带回家。

十、如何应对工作中的压力?

压力是由人与环境的相互作用产生的，它使人疲于奔命，不堪承受，无力应付。也就是指当人们面对机会、约束或要求时就会产生压力。美国心理学协会 (American Psychological Association) 职业实践部前执行理事 Russ Newman 表示：“人们通常泛泛地感受到压力。压力应该有具体的原因和诱发因素，除非你花时间来审视它们，否则你不会知道你所面临的到底是什么。”

大多数的科学研究显示，当人们有很高的要求，却缺乏对发挥作用的力量的控制(或感知到的控制)时，与工作有关的压力会最沉重。例如，一个生产线上的工人可能有一份明确的、重复性的 9 个小时的工作但他仍然会感到压力重重，这因为他的工作命运远远超出了其掌控范围。

一旦弄清楚什么是你的负担后，就需要将这些压力的诱因分成两类：一类是你能够控制的，一类是你通常不能控制的。显然，要先击碎你能够控制的压力。对于那些你无法掌控的因素，你可以试着减弱它们的影响。如果压力来源的确无法改变，那么就试着改变你。

如果压力是来自工作量太大，可能需要考虑工作的重新合理分配和安排，或寻求团队合作；如果压力来自你的某项技能不够，则需要提高那项技能；如果压力来自人际关系或冲突，你则要学会与人相处之道，及时处理好人际冲突；如果压力来自你一味地承诺，让自己满负荷到崩溃的边缘，你则要学会如何婉转拒绝；如果你是一个工作狂，你则要学会适当地休息和放松，预防工作压力导致的崩溃。

十一、职业生涯规划要关注休闲吗?

人们在讨论职业生涯规划时，往往强调个人对事业的规划，而忽视了对个人休闲时光规划。休闲一词的英文来源于希腊语，是指必要劳动之余的自我发展，这表明休闲是一种有社会价值的娱乐。休闲是个体在闲暇时间里按照自己的意愿与偏好，从事的以获取身心愉悦自我实现或精神满足的活动。

一般意义上的休闲是指两个方面，一是解除身体上的疲劳，恢复生理的平衡。二是获取精神上的慰藉，成为心灵的驿站。休闲也是完成社会必要劳动之后的时间，是人的生命状态的一种形式；而对于人的生命意义来说，休闲又是一种精神态度。在人类社会进步的历史进程中休闲始终扮演着重要的角色。

适度休息很重要，却很容易被人忽视。休闲的重要性主要体现在个人、家庭和社会三个方面。对于个人来说可以增进身心健康，保持良好的情绪，提高工作效率，培养创造力和毅力，建立良好的人际关系；对于家庭来说，家人共同的休闲活动可以缩短家人之间的距离，建立家庭中的亲情与友爱，增加家人之间交流的机会；对于社会方面来说，休闲活动可促使人们相互了解，无形中提高了社会意识，促进了社会和谐。同时在休闲活动中可以学到许多生活准则、价值判断和社会规范，能帮助个人社会化。

【案例】

办公室人际交往

小任有行政管理专业大专文凭，又自修了文秘专业的本科学历，找工作相对比较容易。但是毕业两年的她却换了好几个工作单位，最长的八个月，最短的一个月。可是为什么跳槽如此频繁呢?

原来，小任被办公室人际交往所困扰，面对不了同事的议论。“我是个性格外向的人，可是由于职业需要我经常约束自己，有的同事就说我装模作样；我是个做事很认真的人，上司交给的工作都能一丝不苟地完成，但有业务往来的同事就在背后议论我古板。”

她总觉得同事们在背后对她指指点点的，认为自己条件优越找工作不难，可不曾想到每一个单位都有这样的矛盾。

(资料来源：根据云阳人才 http: //www.yunyangrc.com 资料改写)

分析：太在乎别人的感受说明自己的心智还不够成熟，还没有建立起自己的独立人格，坚定自己追求职业成功的信念，做最好的自己比什么都重要。同时，小任在职场中要结交优秀的同事，与他们一起共事，相互学习和激励，和同事及客户建立积极的人际关系，有助于小任职业生涯的发展。

【小资料】

时间管理“四象限”法

美国著名管理学家科维提出了一个时间管理的理论，把工作按照重要和紧急两个不同的程度进行了划分，基本上可以分为四个象限，见图 11-1。

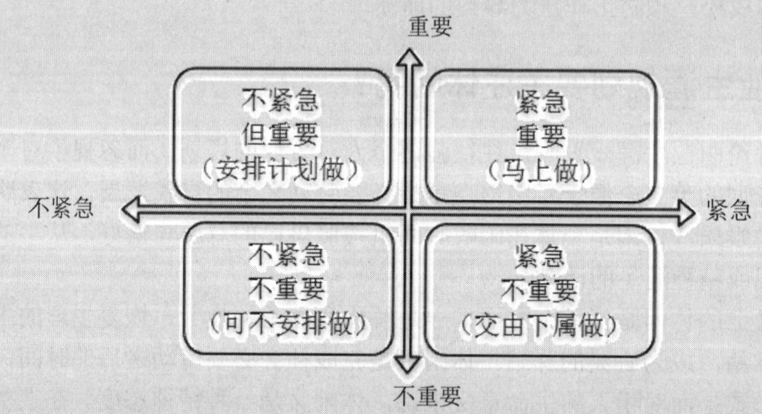

图 11-1　时间四象限管理图

重要且紧急(如救火、抢险等)——必须立刻做。

紧急但不重要(如有人因为打麻将“三缺一”而紧急约你、有人突然打电话请你吃饭等)——只有在优先考虑了重要的事情后，再来考虑这类事。人们常犯的毛病是把“紧急”当成优先原则。其实，许多看似很紧急的事，拖一拖，甚至不办，也无关大局。

重要但不紧急(如学习、做计划、与人谈心、体检等)——只要是没有前一类事的压力，应该当成紧急的事去做，而不是拖延。

既不紧急也不重要(如娱乐、消遣等事情)——有闲工夫再说。

在职场中要注意哪些小细节？

在职场中，除了出色完成自己分内工作的同时，在与人交流及合作过程中还需要注意很多细节。

1. 注意仪表，仪态要端正，古人说要站如松、坐如钟，行如风。
2. 准时守信，尊重公司文化和制度。
3. 乐观开朗，有点幽默感。
4. 保持自己工作环境清洁。
5. 表达自己意见要言简意赅，注意分寸。
6. 踏实做事，诚实做人。
7. 对待同事要和蔼，胸襟豁达，注重团队合作。
8. 注重倾听，倾听是拉近距离的绝招。
9. 和同事、领导谈事或者某些重要场合，不要嚼口香糖。
10. 在开会或其他重要场合要关手机，或者调成振动。
11. 在工作中，犯错了，被发现了，要先承认，然后再讲述理由。
12. 要注意部门分工和个人职责，不要用人情来替代工作原则。

【练习】

在表 11-1 中列出你喜欢的休闲。

表 11-1　休闲项目表

类　型	举　例	你喜欢的内容	计划安排
旅游类	郊游、旅行、露营、远足的		
体能类	球类、游泳、健身操、骑马、登山、太极拳、潜水、跳绳		
收藏类	邮票、书签、剪报、钱币、徽章、模型		
思考类	围棋、象棋、跳棋、拼图		
创作类	插花、绘画、书法、摄影、手工艺、弹奏乐器、写作、唱歌		
社会服务类	参加社团、志愿者、义工		
栽培饲养类	种花、饲养宠物		
娱乐类	电视、电影、话剧、舞蹈、音乐会、阅读		

第十二章　应对职业变迁

你的未来取决于你今天所做的各种选择。我们每个人都处在持续的变化之中，一个人一生从事一份工作已不可能，若要持续不断地向上发展，学习是一项重要的技能，当你不断地寻求各种新的运用技能和方法时，你将会在职场中保持竞争力。即使在目前岗位上感到安全和稳定，也必须随时了解职场中的发展趋势以及机会和隐藏的危险信号，做好自己的职业生涯规划。

【学习目标】

掌握职业发展的路径。

掌握跳槽的时机与方法。

了解职场中后期的应对方法。

【小故事】

升职“天花板”

许小姐今年 26 岁，原先做过一段时间营业员，4 年前进入昆山某制衣公司上海办事处工作。她从一名行政文员开始，在工作中兢兢业业，很快就能适应该公司的文化。后来她从行政部门转到了业务操作部门，成为贸易操作的业务骨干。

最近，她在这家公司的发展碰到“玻璃天花板”。家族企业固有的弊端、裙带关系等状况，使其感觉无法再往管理阶梯上移动。经验和技术的积累，使她的职业能力不断增长，而公司相应的激励机制却没有浮动，报酬的递增也明显滞后于贡献的递增，她在岗位上越来越缺乏成就感，工作意志低沉起来。

(资料来源：网易财经 http://money.163.com/13/0723/15/94FR13RG002525CP.html)

点评：工作一段时间了，职位、薪水都有了一定的提升，但是想谋求新的发展，却遇到了升职“天花板”，在这种情况下应确立自己的职业发展目标，认清自己的优势与劣势，找准机会选择合适的职业发展路径。

一、什么是职业变迁？

从广义的角度来说，职业变迁是指由于社会、经济的发展，某些职业的种类或者内涵发生的变化。如在 20 世纪 80 年代末 90 年代初寻呼机在中国广泛使用，催生了寻呼台小姐这一职业，随着科学技术的发展，寻呼机很快消亡了，寻呼台小姐这一职业也消失了。但是，随着服务业快速发展，又诞生了电话客户服务、网络客服，这种职业的形式与寻呼台小姐类似，但职业的内涵发生了变化。

从狭义的角度来说，职业变迁是指人们所从事的职业发生变化转移，因此也称为职业过渡或职业转型。如我国的许多运动员在职业生涯结束后所面临的职业变迁。有些人很成功，我国著名体操运动员李宁转型为商人，开创了自己的体育品牌。著名排球运动员郎平至今活跃在排球场上，担任职业教练员，并在世界排球史上写下了浓重的一笔。但也有很多运动员的转型并不成功，再加上在当运动员期间留下的伤病，和对文化学习不重视，缺少对职业生涯的规划，从运动员退役后生活悲惨，甚至落迫到了卖奖牌来维持生计。

二、如何突破职业发展的低层空间？

1. 充分认识问题的根源，尽早确立职业发展意识。

由于受困在职业发展的低层空间，不少人的抱怨情绪越来越多，总会将自己的困境归咎于外在因素，如用人单位不公正，甚至歧视；政府没有救助，缺乏关怀；自己总是运气太差等。然而，却忽视了造成这种状况的自我因素，没有看到正是自己忽视自我职业发展，才是导致目前状况的主要原因。所以，只有当认识到问题的根源，才能开始真正摆脱困境。当真正意识到职业发展的重要性时，就意味着找到了向上突破的大门。

2. 整合自我优势，定位职业发展方向。

定位职业发展方向，30 岁的人与 20 岁的人有着本质不同。30 岁的人有着近十年的工作经历，因此在职业定位时不仅要考虑个性因素，还要充分分析以往的工作经历，最大限度地整合、优化各种资源，同时还要结合家庭目前状况，确定一个合理的最优职业定位和职业发展路径。为此，可以广泛征求经历丰富的亲朋好友的意见，经过自己不断评估，作出决定。必要时可以向专业的职业咨询师求助。

3. 调整心态，认真从基础做起。

处于职业发展低层的时间久的人往往会有一些不良心理状态，如自卑、高不成低不就、总看到事情的负面而忽视其积极因素等。现在，当你已经确定自己未来的职业发展方向时，就意味着你将开始新的征程，新的生活，在此之前务必调整好心态，因为这些不良心态将是你未来的主要障碍。

4. 不断学习，提高职业能力。

30 岁的人由于有近十年的工作经历，这其中的宝贵经验如果迁移到现在的工作中，可以很快超越刚入职的年轻人。所以在新的职业发展路途上虽然延迟了一些，但只要能发愤努力，不断提升，很快就能适应新的职位。学习则是职业发展的基石。

三、如何选择职业发展路径？

职业路径是组织为内部员工设计的自我认知、成长和晋升的管理方案。职业路径在帮助员工了解自我的同时使组织掌握员工职业需要，以便排除障碍，帮助员工满足需要。另外，职业路径通过帮助员工胜任工作，确立组织内晋升的不同条件和程序对员工职业发展施加影响，使员工的职业目标和计划有利于满足组织的需要。

人们也常说条条大路通罗马，讲的是道路多、选择多、办法多的道理。可是那么多道路到底哪条是到罗马最近最好走的路呢？这就是实现目标中的路线选择问题，选择了捷径好路，就易于进入职业发展的快车道，否则，就会耽搁在路上。如果没有一个职业发展的路线蓝图，就会走错路，走弯路、走回头路，导致人们的努力、动力、能力不能直接作用于目标，就会产生资源、时间、精力的浪费。因此，在职业确定之后，必须对职业生涯路线进行选择。

典型的职业生涯路线图是一个"V"形图，见图 12-1。假设一个人 22 岁大学毕业参加工作，即"V"形图的起点是 22 岁。以起点向上发展，"V"形图的左侧是行政管理路线，右侧是专业技术路线。将路线分成若干等分，每等分表示一个年龄段，并将专业技术的等级、行政职务的等级分别标在路线图上，作为自己的职业生涯目标。

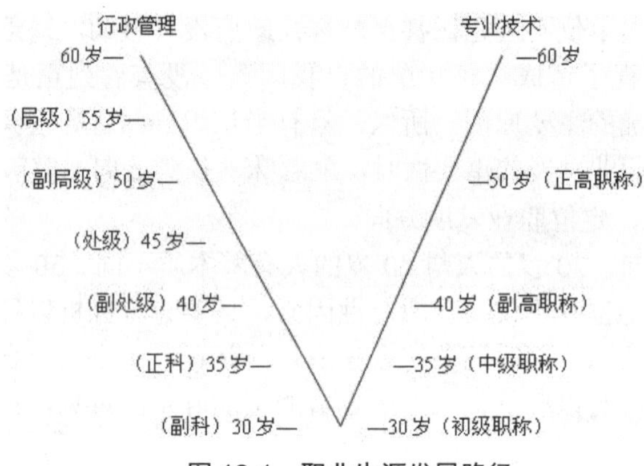

图 12-1　职业生涯发展路径

表 12-1～表 12-3 提供了三个典型的职业发展路径。

表 12-1　会计岗位的职业发展路径

级　别	职称名称	岗位名称
初级	会计员、助理会计师、审计员	出纳、会计员、审计员
中级	会计师、审计师	会计师、税务会计、成本会计、内部审计师
高级	高级会计师(注册会计师)、高级审计师	总会计师、部门经理、财务经理
高级管理	高级会计师(注册会计师)、高级审计师	首席财务官、副总裁、合伙人

表 12-2　政府机关行政级别的职业发展路径

级　别	行政级别	工作经验
初级(管理 9，10 级)	科员、办事员	1～4 年
中级管理(管理 7，8 级)	科长、主任科员、副科长、副主任科员	4～10 年
高级管理(管理 5，6 级)	处长(正处级调研员)、副处长(副处级调研员)	10～20 年
正高级管理(管理 3，4 级)	局长(正局级调研员)、副局(副局级调研员)	20～30 年

表 12-3　市场营销和销售的职业发展路径

级　别	行政级别	工作经验
初级	销售代表、客户代表	专业培训
中级	销售经理(销售主管)、客户经理(客户主管)	2～4 年
高级管理	营销与销售总监(区域经理、总监)	5～10 年

但是，随着经济的全球化、互联网的发展，职业发展的路径会越来越宽，很多人的职业成就感可能并不来自职位的提升，人们可能会在多个组织中任职。Arthur 在 1994 年组织行为杂志(Journal of Organizational Behavior)的特刊上首先提出无边界职业生涯的概念，是指“超越单个就业环境边界的一系列的就业机会”。与传统的职业生涯不同，无边界职业生涯强调以就业能力(employability)的提升替代长期雇佣保证，使员工能够跨越不同组织实现持续就业。

四、为什么要跳槽？

跳槽是能够改变职业现状的一种方法，比起那些连跳槽的勇气都没有的职业人来说，能够跳槽也是你力量的标志。只是，跳槽的目标不能太低，如只是为了能够有一份工作，不合适的跳槽会让你的职业发展一败涂地。有策略的跳槽能够让你一步步迈向职业成功。

要顺利完成跳槽，首先需要明确跳槽动机。自己为什么要跳槽，是否需要跳槽。跳槽的动机一般来说有两种。

一是被动的跳槽。即个人对目前的工作不满意，不得不跳槽，这些不满意包括对人际关系、工作内容、薪资待遇、工作环境或工作条件、发展机会等方面。一般来说，被动跳槽的人，在选择新公司和职位时候，容易抱着一种消极、急躁的情绪，有些人在面试的时候就会说自己以前公司的不好，这在面试中是需要避免的。还有些人会由于以前的不满意导致对自身能力的不认可，而选择一份过低的工作。

二是主动的跳槽，当你面对更好的工作条件如薪资待遇、工作环境、发展机会时，自己经不住“诱惑”而选择跳槽。对于主动的跳槽，一般认为，会导致跳槽过于盲目，如有些人自身没有明确的职业规划，同时面临一些跳槽“诱惑”，而进入一些自己不喜欢或不适合的领域。

因此，跳槽动机产生后，还需要你能够平衡好心态，不能过于急躁地开始跳槽，不能在新公司面前贬低你以前的工作机会，不能没有职业方向地盲目跨入一些新领域。一旦决定跳槽，你就要大胆地付诸实施了，但你需要选择恰当的跳槽时机，还要做好跳槽准备。

五、跳槽前要做好哪些事情？

跳槽是职业生涯中的大事，在跳槽之前要做好充分的准备，先谋而后定。因此跳槽要做好以下两个步骤。

1. 做好规划，切忌盲目。跳槽其实是职业规划中的一部分，在制定跳槽目标的时候，应该注意在以后的职业中避免一些不可以改变的问题，本着扬长避短的原则、策略原则，有策略地准备自己的相关求职技能，包括相关的培训、简历、面试技巧等。

2. 不要急功近利，急于跳槽。有不少人在职业发展上，对自己的期望过高，希望能快速积累经验，耐不住从事基层的职位。工作中感到业绩不好，没有成就感，就寄希望于换一家公司、换一种环境，换了工作后却发现在职位上重复了原有的问题，于是为了改变现状又萌生了换工作的想法，从而陷入了频繁跳槽的怪圈。

六、跳槽后要注意哪些事项？

跳槽后要注意以下几点。

1. 留有余地，不要埋下人际关系的“地雷”。跳槽离开原先工作的单位原因会有很多，如对上司看不惯、人际关系不如意、事业的前景不好或对薪水不满意等。但不论出于什么原因，不管感到多委曲，没必要为泄一时之愤，在走的时候与原单位的上司或是同事之间的关系弄僵，这于己来说是于事无补的，且对以后万一工作中有往来会有害而无益。所以不管出于何种原因跳槽，还是留有余地为好。

2. 珍惜人脉关系。很多人都以为跳槽后，就可以与原单位道声“再见”，可以“挥挥衣袖不带走一片云彩”，这样做起来看似潇洒，其实会在无意之中丢失许多今后受益的东西。因为在一个单位工作过一段时间，与大部分同事会有种亲近感，甚至是好朋友，说不定在以后的工作中会有所帮助，不妨把他们看作自己的人力资源库。所以在跳槽时，要珍惜这些朋友而不要丢弃这份宝贵的财富。拥有丰富的人力资源有助于事业发展，所以跳槽时，要有保护自己人力资源的意识，即使是空着两手走出原单位的大门，但也已经带走了一份很有价值的人脉财富。

3. 跳到一个高起点。跳槽之后，在新的单位里翻开了自己人生中新的一页，与先到的同事相比，无疑是处于零的起点上，这是不是就意味着一切从头做起呢？如果这样，那以往的一切付出都等于白费，损失太大了。其实以往的工作经验也是一笔财富，因为不论过去从事的工作与现在有什么不同，但就如何待人处世、把握自己等许多方面都可以总结出有价值的东西。

跳槽时不要抛弃过去的一切，要好好地总结经验，把过去的经历当作一面镜子反省一下自己，然后校正自己的不妥的行为，经营自己的长处，这有助于自己跳到一个新单位后有个高的起点，那么，跳槽转职会更易取得主动和成功。

七、人到中年如何进行职业生涯选择？

超过 45 岁，谋生是否仍然是从事职业工作的主要目的？一般来说，在这个年龄的人将处于职业生涯的顶峰阶段，之后随着年龄增加，职业生涯也必然开始逐步走下坡路。如果超过 45 岁职业仍然是你谋生的重要手段，即职业收入是你重要的，甚至唯一的生活来源，如前所述，你可能唯一的选择就是：极力保住职业岗位，这也将成为你未来职业生涯的中心。但社会给一个 45 岁以上的人以谋生为目的的职业发展机会将逐步减少，职业发展的空间愈加狭窄，你所面临的问题也会越多，你将面临职业高风险期，内心的压力也会加大，并可能对生活的其他方面带来不利影响。

如果此时职业的谋生需求占你职业需求的比重已经较小，甚至你基本实现了财务自由，那么你未来的生活将更多依赖你的投资理财收入，而非职业收入，你依然可以较好保持原有的生活质量。同时，你的职业焦虑感明显降低，在职业工作中更多展现的是你豁达、平和的一面，这反而更有利于你之后的职业发展，让你未来的职业生涯进入平缓的变化期。

八、如何应对退休生活？

社会的飞速发展影响着我们今天的生活，人的预期寿命不断延长，要求工作的年限也越来越长，目前我国人力资源和社会保障部正在出台延迟退休的政策。无论如何，我们总会面临退休的生活，但突然停下来的生活让不少人心里空落落的，一下子不知如何安排生活，容易被失落、孤独、焦虑等不良情绪困扰，甚至憋出病来。其实，退休生活的精彩与否，完全取决于自己，退休的好处是显而易见的，可以有更多的自由时间去追求业余爱好和其他兴趣。美国“生活选择学院”创始人琼·凯特提出了以下退休生活技巧。

1. 调整心态，知足常乐。就像衰老是不以人的意志为转移的客观规律，退休不可避免，首先我们应该在心理上认识和接受这个事实。其次，有人会抱怨，为什么我的退休工资低而别人的高？这样一比，更会加重失落感。因此，我们要过自己的生活，不要跟别人比，知足才能常乐。最后，凡事要看到好的一面，这是很重要的幸福之道。

2. 制订生活计划。退休后，不少人变得敏感、悲观或多疑，容易抓着小事不放，夫妻关系原本不错的，退休后天天相处，矛盾反而多了起来，身体健康状况也开始下降，有人称上述现象为“离退休综合征”。中国科学院心理所研究员、老年心理研究中心主任李娟认为这是一种适应性的心理障碍，男性比女性更难调整退休后的心理落差。应该制订一个生活计划，让生活变得充实起来。国家二级心理咨询师孔令雪建议，退休后的前三个月最难熬，可以按照上班的工作时间，列出生活作息表，尽量详细，最好精确到几点几分，包括：几点起床、吃饭、锻炼身体、休息、读报、会客等。除了基本日常作息，可以安排一些轻松的活动，如去公园遛弯儿、交新朋友、带孙子孙女玩、养宠物等，让身体和心理逐步适应退休的节奏。

3. 重新找到目标，培养兴趣爱好。退休后之所以会出现失落感，主要因为失去了“工作”这一目标。因此，重新找到目标非常重要。如今很多老年人学钢琴、书画、唱歌、烹饪，都是不错的选择。如果老人身体健康、精力旺盛，又有一技之长，可以积极寻找机会，做一些力所能及的工作，一方面发挥余热，为社会继续做贡献，实现自我价值。另一方面使自己精神上有所寄托，让生活充实起来，增进身体健康。美国《职业健康心理学》的一份研究报告显示，退休后仍然工作的人，身体和精神健康状态好于完全停止工作的人。其中，患重病的概率低 17%；精神健康测试中，前者比后者的分数也高出 31%。

如果退休时的经济状况面临着收入减少，退休就不会那么令人愉快。如同职业生涯中所有阶段一样，退休也需要计划和调整，保持积极的态度，并有意识地融入世界，可以使你的生活同之前一样成功并取得收益。

【案例】

等待还是跳槽

小李大学毕业后，小李舅舅的朋友林叔叔介绍他进了一家动画公司，被安排了一个轻松的职位，试用期月薪 2500 元，以后月薪 2800 元。公司是给房地产做三维广告的，由于近半年来公司生意少了很多，月薪一直都是 2500 元。小李一个月后已经学会了动画技术，但是公司不准备安排他参加动画制作，因为他操作比较慢，但小李认为自己可以做好，他认为如果没有机会参加制作，很可能就涨不了工资了。

另外还有家公司，效益比较好，工资都在 3000 元左右。小李去应聘了，但是那里没有合适的岗位，只有一个网页设计与网站维护，但小李不能马上独立操作，因此没有被录用。但公司的领导很热情，让小李把网页网站都完全学好了，再到他们公司应聘。

小李本想赶快把网页和网站学好了去应聘，但后来想法发生了变化，由于小李独立学习有点儿难，自学没有相应的软件和设备，这是其一；第二小李认为就算应聘上，也是每月拿 3000 元的死工资，因为网站维护不是一个技术性很强的工作，也不是长久之计；第三，小李认为就算学会了，那家公司可能早就有人做这个岗位了。

小李如果留在现在的公司，月薪迟早会涨到 2800 元，如果有机会参与制作动画，那一个月工资涨到四五千都很正常。如果离开这家公司，可能还会得罪人。若留下也可能没有那家公司的工资高。但小李家人认为小李不适合打工，准备将来让他开店做生意。让小李困惑的是现在是否有必要去学好网站，跳槽到那家公司，获得高一些的薪水吗？

(资料来源：据 http: //tieba.baidu.com/p/576927079 资料改写)

分析：小李现在这个工作如果没小李舅舅这层关系恐怕也不一定能找到，大部分情况下那公司领导说把网页网站技能学好再去应聘可能是一句客套话，因为他也不知道小李是否能学好网站维护的技术，且他们公司招到人后也不会马上再重新聘。即便公司领导是诚心，那在原来动画公司一样可以有机会学习，而且学习的机会可能会更多些。因此，根据目前的状况不建议小李跳槽。

【小资料】

职业锚

职业锚理论产生于在职业生涯规划领域具有“教父”级地位的美国麻省理工大学斯隆商学院、美国著名的职业指导专家埃德加 · H.施恩(Edgar.H.Schein)教授领导的专门研究小组，通过对该学院毕业生的职业生涯研究演绎而成。斯隆管理学院的 44 名 MBA 毕业生，自愿形成一个小组接受施恩教授长达 12 年的职业生涯研究，包括面谈、跟踪调查、公司调查、人才测评、问卷等多种方式，最终分析总结出了职业锚(又称职业定位)理论。

所谓职业锚，又称职业生涯系留点，是指当一个人不得不作出选择的时候，他无论如何都不会放弃的自己职业中的那种至关重要的东西或价值观。个人进入早期工作情境后，由习得的实际工作经验所决定，与在经验中自省的动机、价值观、才干相符合，达到自我满足和补偿的一种稳定的职业定位。

职业锚实际就是人们选择和发展自己的职业时所围绕的中心。职业锚，也是自我意向的一个习得部分。职业锚强调个人能力、动机和价值观三方面的相互作用与整合。职业锚是个人同工作环境互动作用的产物，在实际工作中是不断调整的。职业锚是指当一个人面临职业选择的时候，他无论如何都不会放弃职业中至关重要的东西或价值观。研究表明职业锚是内心深处对自己的看法，它是自己的才干、价值观、动机经过自省后形成的。职业锚可以指导、约束、或稳定个人的职业生涯。

职业锚在职业生涯过程中非常重要，这是因为它是以人们实际的生活工作经历和他人的反馈为基础形成的。即使面临非常困难的状况，职业锚在职业选择过程中也不会被放弃，所以它可以解释人们与公司之间是如何以及为什么相互影响、相互作用。这意味着人们不会放弃目前的工作，而转换到一份不能满足职业锚需要的其他工作。

(资料来源：百度百科，https://baike.baidu.com/item/职业锚/1070868?fr=aladdin)

【练习】

给自己制定一份职业生涯规划

请给自己制定一份为期五年的职业生涯规划书。请对自己的职业性格、职业能力及职业兴趣进行评估，分析环境因素对职业发展的影响，采用 SWOT 工具进行分析，根据分析结果确定自己的职业目标，并制定相应的实施方案及评估调整方案。

1. 该五年规划在你职业发展过程中的地位及作用

2. 自我评估

2.1 就职经历

2.2 职业兴趣

2.3 职业价值观

2.4 职业性格

2.5 职业能力

3. 外部环境评估

3.1 行业环境分析

3.2 公司环境分析

3.3 专业(职业)分析

3.4 家庭分析

4．SWOT 分析

优势：

劣势：

机会：

威胁：

采取的策略：

5. 职业目标：

6. 职业发展路径：

7. 实施方案：

____年____年

____年____年

____年____年

____年____年

8. 评估调整方案：

专题五　职业保障

第十三章　维护劳动者权益

在市场经济中，用人单位和劳动者作为劳动关系的主体，双方具有平等的法律地位。但是，客观上两者不仅实力悬殊，而且存在着管理与被管理的隶属关系，因而属于典型的“形式上平等实质上不平等”的社会关系。我国劳动立法基于承认劳动关系主体之间不平等的现实，以保护劳动者合法权益为第一要义，注重给予处于劣势的劳动者以特别的保护，是劳动权益保障直接而重要的依据。劳动立法正是通过全面维护劳动者权益进而维护社会利益，促进公平正义。

【学习目标】

了解我国核心劳动立法、劳动法基本原则、女职工和未成年工特殊保护、劳动者平等就业权。

掌握劳动者权益的主要内容。

了解劳动者报酬权和休息权的法律保障、劳动者在劳动安全卫生制度中的权利、工会的权利与义务。

【小故事】

发薪日期必须固定

小李与公司签订的劳动合同中写明每月的十日为发薪日。由于单身，小李每月工资都有节余，于是在建设银行开设了零存整取的账户。工作的前几个月，公司遵照规定按时发工资，小李每月按时向银行存款。后来公司财务出现问题，再也没能在十日准时向职工发工资，而是每月二十日后的某一天，具体哪天也不确定。小李与公司交涉，公司声称工资每月支付，只要在一个月内发放工资都是符合法律规定的，小李感到很困惑。

(资料来源：《劳动保障实用案例》，上海市劳动保障电话咨询中心编写，2008 年 11 月)

点评：公司管理者的说法不正确。根据《中华人民共和国劳动法》和《工资支付暂行规定》的规定，用人单位应当每月至少支付一次工资，而且必须在用人单位与劳动者约定的固定日期支付。如遇节假日或休息日，通过银行发放工资的，不得推迟支付工资；直接发放工资的，应提前在最近的工作日支付工资。小故事中，公司无正当理由，未能在约定的每月十日支付工资，属于拖欠工资的违约行为，劳动行政部门有权责令用人单位限期支付劳动报酬。

一、我国核心劳动立法有哪些？

1.《中华人民共和国劳动法》(以下简称《劳动法》)，1995 年 1 月 1 日起实施，作为我国第一部全面系统保障劳动者利益、调整劳动关系的法律，既是宪法有关劳动规定的明晰化，又是具体劳动立法的制定依据，为建立公平公正符合市场要求的劳动力市场提供了重要法律保障，标志着中国劳动法法制建设的重大进展。

2.《中华人民共和国劳动就业促进法》(以下简称《就业促进法》)，2008 年 1 月 1 日起实施，对我国积极就业政策的实施，促进劳动者就业，具有重要意义。

3.《中华人民共和国劳动合同法》(以下简称《劳动合同法》)，2008 年 1 月 1 日起实施，其尊重劳动，保护劳动者，完善了劳动保障法律体系，是自《劳动法》颁布实施以来我国劳动法法制建设中的又一个里程碑。

4.《中华人民共和国劳动争议调解仲裁法》(以下简称《劳动争议调整仲裁法》)，2008 年 5 月 1 日起实施，为及时公正解决劳动争议，保护当事人合法权益，促进劳动关系和谐稳定，提供了重要的法律保障。

5.《中华人民共和国社会保险法》(以下简称《社会保险法》)，2011 年 7 月 1 日起实施，是我国第一部社会保险制度的综合性法律，奠定了民生领域社会保障的基本框架。

二、核心劳动立法主要规定了什么内容？

1.《劳动法》共计 13 章 107 条，依次为：总则；促进就业；劳动合同和集体合同；工作时间和休息休假；工资；劳动安全卫生；女职工和未成年工特殊保护；职业培训；社会保险和福利；劳动争议；监督检查；法律责任；附则。

2.《就业促进法》共计 9 章 69 条，依次为：总则、政策支持、公平就业、就业服务和管理、职业教育和培训、就业援助、监督检查、法律责任、附则。

3.《劳动合同法》共计 8 章 98 条，依次为：总则、劳动合同的订立、劳动合同的履行和变更、劳动合同的解除和终止、特别规定、监督检查、法律责任和附则。

4.《劳动争议调解仲裁法》共计 4 章 54 条，依次为：总则、调解、仲裁、附则。

5.《社会保险法》共计 12 章 98 条，依次为：总则、基本养老保险、基本医疗保险、工伤保险、失业保险、生育保险、社会保险费征缴、社会保险基金、社会保险经办、社会保险监督、法律责任、附则。

三、劳动法的基本原则是什么？

劳动法以劳动关系为主要调整对象，以劳动者和用人单位为特定主体，以促进就业、职业培训、劳动合同和集体合同、工资、社会保险、劳动争议等为独立的内容体系，保护劳动者权益、三方性原则是贯穿劳动立法始终的基本原则。

1. 保护劳动者权益是体现劳动法宗旨的首要原则，也是劳动法作为独立法律部门的价值所在。为对劳动者弱势地位予以补救，在用人单位与劳动者之间达成新的平衡，国家必须通过劳动立法对劳动者权益给予倾斜保护。我国劳动立法通过基准化与合同化相结合的方法对劳动者权益给予了全面而平等的保护。

2. 三方性原则是指政府、工会、企业组织代表三方共同参与劳动关系的协调。这一原则由国际劳工组织确立。国际劳工组织通过的《三方协商以促进实施国际劳工标准公约》和《三方协商以促进实施国际劳工标准公约建议书》，在 1990 年被全国人大常委会批准，这是我国实行“三方性原则”的法律依据。

四、劳动法与民法究竟有哪些不一样？

劳动法与民法是两个独立的法律部门，存在三个方面的不同：

1. 调整对象不同。民法调整的对象是平等主体之间的人身关系和财产关系，劳动法的调整对象是劳动者与用人单位之间的劳动关系以及劳动附随关系。

2. 法律关系的主体不同。民事法律关系的主体双方均可以是自然人、法人、经济组织，也可以一方是自然人，另一方是法人或者经济组织，还可以一方是经济组织，另一方是法人等；劳动法律关系的主体必须一方是用人单位，另一方是劳动者。

3. 适用原则不同。民法适用的主要原则是平等自愿、等价有偿，劳动者的首要原则是维护劳动者合法权益。

五、劳动者主要有哪些权益？

1. 平等就业权，劳动者在就业过程中享有平等的就业权利，不因劳动者的性别、民族、种族、宗教信仰、健康、户籍等因素而受到不公平对待。

2. 劳动报酬权，是劳动者按约定提供劳务活动后获得用人单位报酬的权利。

3. 休息休假权，在自然时间中，工作时间与休息时间处于此消彼长的状态，所以限制工作时间和规定法定的休息休假时间以保障劳动者休息休假权，是劳动立法的主要任务。

4. 劳动安全卫生保护权，是指劳动者在劳动过程中有权获得生命安全和身体健康方面的保障。具体内容一般包括安全技术规程、劳动卫生规程和劳动安全卫生管理制度。此外，还包括针对女职工和未成年职工的特殊保护内容。

5. 职业培训机会获得权。职业培训是指以提高劳动技能和职业技术知识为目的而对劳动者进行业务知识的教育和操作技能的训练。职业培训机会获得权既是劳动者实现就业权不可或缺的途径，也是劳动者全面提高自身素养、实现自我价值的重要手段。

6. 社会保险享受权，是指劳动者因伤、病、残、死亡或因年老、失业等原因暂时或永久失去劳动能力或劳动机会的情况下，其本人或家属能从社会获得物质帮助的权利。目前我国有五大保险项目：养老保险、失业保险、医疗保险、工伤保险、生育保险，其中前三项需要用人单位和劳动者个人分别按照一定比例缴纳保险费，后两项则无须劳动者个人缴费。

7. 提请劳动争议处理权，是指劳动法律关系的当事人之间发生争议时劳动者能够通过一

定途径将该争议提交给有关机关处理的权利。具体形式包括申请调解、仲裁和提起诉讼。

六、女职工和未成年工是要给予特殊保护的劳动者吗？

女职工是指所有以工资收入为主要生活来源的女性劳动者，包括从事体力劳动和脑力劳动的女性职工。

未成年工是指年满 16 周岁未满 18 周岁的青少年劳动者。

我国劳动立法基于社会文明与进步的需要，基于对社会生产力合理开发与保护的需要，给予这两类劳动者以特殊保护。具体而言，女职工特殊保护是指国家为维护女职工的合法权益，根据女职工的生理特点以及养育子女的特殊需要，在劳动安全卫生方面给予其有别于男子的特殊保障措施。未成年工特殊保护是指国家为保护未成年工的身心健康，在劳动安全卫生方面对未成年工采取的特殊保障措施。

七、女职工特殊保护的主要内容是什么？

1. 女职工禁忌劳动范围。《劳动法》第 59 条规定："禁止安排女职工从事矿山井下、国家规定的第四级体力劳动强度的劳动和其他禁忌从事的劳动。"

2. 对女职工生理机能变化的保护。一般是指女职工的经期、孕期、产期、哺乳期的保护。《劳动法》《女职工劳动保护规定》以及《女职工禁忌劳动范围的规定》，规定了相关其具体内容。

3. 女职工劳动保护设施。根据《女职工劳动保护规定》，女职工较多的单位，应当按照国家有关规定以自办或联办的形式，逐步建立女职工卫生室、孕妇休息室、托儿所、幼儿园等设施，并妥善解决女职工在生理卫生、哺乳、照料婴儿方面的困难。

4. 女职工权益被侵害的救济途径。女职工劳动保护的权益受到侵害时，除了协商、申请调解、仲裁和提起诉讼等一般的劳动争议解决途径之外，还可以向所在单位的主管部门或当地劳动部门提出申诉、向妇女组织投诉、向人民法院直接提起诉讼。

八、未成年工特殊保护的主要内容是什么？

1. 最低就业年龄规定。根据有关法律规定，我国最低就业年龄为 16 周岁。任何用人单位均不得使用不满 16 周岁的未成年人。禁止任何单位或个人为不满 16 周岁的未成年人介绍就业，禁止不满 16 周岁的未成年人开业从事个体经营活动。

2. 未成年工禁忌劳动范围。《劳动法》第 64 条规定："不得安排未成年工从事矿山井下、有毒有害、国家规定的第四级体力劳动强度的劳动和其他禁忌从事的劳动。"此外，法律还规定了未成年工其他禁忌劳动范围以及未成年工患有某种疾病或具有某些生理缺陷(非残疾型)时用人单位不得安排其从事的劳动范围。

3. 定期健康检查。《劳动法》第 65 条规定："用人单位应当对未成年工定期进行健康检查。"

4. 未成年工登记制度。国家对未成年工的使用和特殊保护实行登记制度，要求用人单位招收未成年工，除符合一般用工要求外，还须向所在地的县以上劳动行政部门办理登记。

九、如何保障劳动者的平等就业权？

平等就业又称为公平就业或者非歧视就业，指劳动者的就业权不因劳动能力以外的原因而受到区别对待。《中华人民共和国劳动就业促进法》特别重视劳动者的平等就业权，专设“公平就业”一章，明确规定以下内容：

1. 各级人民政府创造公平就业的环境，消除就业歧视，制定政策并采取措施对就业困难人员给予扶持和援助。

2. 用人单位招用人员、职业中介机构从事职业中介活动，应当向劳动者提供平等的就业机会和公平的就业条件，不得实施就业歧视。

3. 国家保障妇女享有与男子平等的劳动权利。用人单位招用人员，除国家规定的不适合妇女的工种或者岗位外，不得以性别为由拒绝录用妇女或者提高对妇女的录用标准。用人单位录用女职工，不得在劳动合同中规定限制女职工结婚、生育的内容。

4. 各民族劳动者享有平等的劳动权利。用人单位招用人员，应当依法对少数民族劳动者给予适当照顾。

5. 国家保障残疾人的劳动权利。各级人民政府应当对残疾人就业统筹规划，为残疾人创造就业条件。用人单位招用人员，不得歧视残疾人。

6. 用人单位招用人员，不得以是传染病病原携带者为由拒绝录用。但是，经医学鉴定传染病病原携带者在治愈前或者排除传染嫌疑前，不得从事法律、行政法规和国务院卫生行政部门规定禁止从事的易使传染病扩散的工作。

7. 农村劳动者进城就业享有与城镇劳动者平等的劳动权利，不得对农村劳动者进城就业设置歧视性限制。

十、如何保障劳动者的报酬权？

1. 用人单位支付工资不得低于当地最低工资标准(延长工作时间工资；中班、夜班、高温、低温、井下、有毒有害等特殊工作环境条件下的津贴；法律、法规和国家规定的社会保险、福利待遇等不得作为最低工资的组成部分)。

2. 应当以法定货币直接支付给劳动者本人并提供个人工资清单。

3. 应当定期(约定的日期)、按时(每月至少一次)支付。

4. 劳动者遇有疾病等特殊情况，用人单位应允许在支付工资的日期以前支付应得工资。

5. 不得克扣或无故拖欠劳动者工资。只有下列费用用人单位可代扣代缴：个人所得税；由劳动者个人负担的各项社会保险费用；法院判决、裁定中要求代扣的抚养费、赡养费；其他费用。

如果用人单位恶意欠薪，达到一定的严重程度，则构成犯罪，适用刑法处置。

十一、近年来惩治用人单位恶意欠薪的实例是怎样的？

根据人社部公布的2016年拖欠劳动报酬典型案件，选取三例如下。

(一)海南建峰建设集团股份有限公司拖欠劳动报酬案

2016 年 1 月，海南省三亚市人社局接到投诉，称三亚“保利·凤凰公馆”项目拖欠劳动报酬。经查，三亚“保利·凤凰公馆”项目部分装修工程由海南建峰建设集团股份有限公司承建，刘文彬担任该公司海南分公司负责人，具体负责装修工程相关管理工作，共拖欠 119 名劳动者劳动报酬 249.98 万元。但建峰建设集团股份有限公司及刘文彬拒不配合调查处理，并引发了劳动者集体上访讨薪。三亚市人社局依法向该公司下达了劳动保障监察责令改正决定书，责令该公司限期支付劳动者劳动报酬，该公司逾期未支付。2016 年 1 月底，三亚市人社局将该案移送公安机关立案处理。2016 年 2 月，公安机关依法将刘文彬予以刑事拘留。2016 年 3 月，迫于压力，刘文彬将所拖欠的劳动报酬全部发放到位。

(二)江西华理机械铸造有限公司拒不支付劳动报酬案

2015 年 9 月，江西省新余市人社局接到举报，称新余市高新区华理机械铸造有限公司拖欠劳动报酬。经查，该公司法定代表人为刘海华，共拖欠 132 名劳动者劳动报酬 135 万元。新余市人社局依法下达限期改正指令书后，公司法定代表人刘海华失去联系，去向不明。2016 年 1 月，新余市人社局依法将该案移送公安机关立案处理。2016 年 4 月，刘海华被抓捕归案。2016 年 11 月，新余市渝水区人民法院判处刘海华有期徒刑 1 年并处罚金 2 万元。

(三)河南林州市建筑工程有限公司拖欠劳动报酬案

2015 年 9 月，河南省新乡市人社局接到投诉，称新乡市世外桃源一期住宅楼工程项目拖欠劳动报酬。经查，该工程是由林州市建筑工程有限公司承建，共拖欠 108 名劳动者劳动报酬 105 万元。2015 年 10 月，新乡市人社局依法向林州市建筑工程有限公司下达了劳动保障监察限期整改指令书，该公司逾期未支付。新乡市人社局依法向该公司下达了处罚 11 万元的行政处罚决定和支付劳动者劳动报酬 105 万元、加付 50%赔偿金的行政处理决定。

2016 年 7 月，新乡市人社局向人民法院申请强制执行。2016 年 10 月，新乡市红旗区人民法院下达了准予执行裁定书。

十二、如何保障劳动者的休息权？

1. 我国法律规定劳动者的标准工作时间为：劳动者每日工作时间不超过 8 小时，每周工作时间不超过 40 小时；每周至少休息一日。与之相辅相成的休息休假种类包括：一个工作日内的休息时间、两个工作日之间的休息时间、公休日、法定节假日、探亲假、年休假、婚丧假和女职工的产假。

2. 标准工作时间之外，法律允许加班加点，但因为过度的加班加点有可能危害劳动者健康，侵犯劳动者休息权。所以，为保障劳动者休息权，法律对加班加点予以严格的限制，具体规定是：禁止“怀孕 7 个月以上和哺乳未满 1 周岁婴儿的女职工和未成年工”加班加点；用人单位由于生产经营需要，与工会和劳动者协商达成一致，加班加点一般每日不超过 1 小时，因特殊原因需要延长工作时间的，在保障劳动者身体健康的条件下，每日不得超过 3 小时，但是每月不得超过 36 小时。如果发生自然灾害、事故威胁劳动者生命健康和财产安全需要紧急处理的，生产设备、交通运输线路、公共设施发生故障影响生产和公共利益必须及时抢修的，加班加点则不受上述规定的限制。

3. 用人单位安排劳动者延长工作时间的，支付不低于工资的 150%的工资报酬；休息日安排劳动者工作又不能安排补休的，支付不低于工资的 200%的工资报酬；法定休假日安排劳动者工作的，支付不低于工资的 300%的工资报酬。

十三、劳动安全卫生制度的含义以及各方当事人是怎样的？

劳动安全卫生制度，是国家以保护劳动者在劳动过程中的生命安全和身体健康为目的，通过立法建立的用人单位和劳动者在劳动过程中必须遵守的行为规范。

劳动安全卫生法律关系中存在着三方当事人，即劳动安全卫生行政管理部门、用人单位、劳动者。三方在劳动安全卫生法律关系中，享有不同的权利，承担不同的义务。

十四、劳动者在劳动安全卫生制度中的权利与义务是什么？

1. 劳动者的权利。根据《劳动法》和相关法律法规的规定，劳动者在劳动安全卫生法律关系中享有以下权利：获得各项劳动保护条件和保护待遇权；危险因素和应急措施的知情权；对用人单位管理人员违章指挥、强令冒险作业的拒绝权；对企业及负责人不提供法定的安全卫生条件以及违章指挥、强令冒险作业的监督权；紧急情况下的停止作业和紧急撤离权。

2. 劳动者的义务。遵守国家有关安全生产的法律、法规和规章，严格遵守单位的安全生产规章制度和操作流程，自觉接受单位有关安全生产的教育培训、掌握相关安全知识。

十五、工会的权利与义务是什么？

工会是职工自愿结合的工人阶级的群众组织。作为劳动者自己的组织，根据《中华人民共和国工会法》的规定，工会享有以下权利：

1. 代表权，工会有依法代表职工合法权益的权利。

2. 维护权，工会具有依法维护职工合法权益的权利，这也是工会的基本职责。

3. 参与权，工会有代表职工参与国家和社会事务的管理以及参与企业管理的权利。

4. 监督权，工会对国家行政机关和用人单位在执行国家劳动法律、法规和相关政策上具有监督的权利。

5. 协商谈判权，工会有代表职工与企业一方就劳动报酬、工作时间、休息休假、劳动安全卫生和社会保险福利等事项进行协商谈判，签订集体合同的权利。

法律还规定了工会的义务：

1. 维护国家政权，支持协助企事业行政工作。
2. 动员和组织职工参加社会主义经济建设。
3. 教育职工，提高职工素质。

【案例】

工资支付不能违法

某厂招收了 10 名女工，在劳动合同中约定 2 个月的试用期，试用期间每月工资 1500 元(当地最低工资标准是 1800 元)。试用期满转正后每月工资 2200 元，其中包括厂方每天提供三餐饭费计 500 元。此外，厂方每月发给每名女工 500 元生活零用费，并说剩余工资暂由厂方代为保管，视工作表现在年底一次性支付。

请问:

1. 该厂在试用期里向劳动者支付工资的行为是否合法？为什么？
2. 请指出该厂在工资支付方面的违法之处。

(资料来源：百度知道，https://zhidao.baidu.com/question/363723123.html)

分析:

1. 不合法。试用期里劳动者只要在法定时间里提供了正常劳动，厂方应当支付其不低于当地最低工资标准的工资，即应支付每月 1800 元的工资。

2. 厂方在工资支付方面的违法之处:

一是试用期里低于当地最低工资标准支付劳动者工资。二是转正后工资发放也不符合最低工资的法律规定：厂方提供的 500 元三餐饭费不应计入最低工资的组成中；除去三餐饭费 500 元，厂方每月发放工资额为 1700 元，低于当地最低工资标准。三是工资至少每月一次足额发放，而不能在年底一次性支付。

【小资料】

立法严厉打击恶意欠薪

为维护劳动者依法取得劳动报酬的权利，加大对用人单位拒不支付劳动报酬行为的惩处力度，2011 年 5 月 1 日实施的《中华人民共和国刑法修正案(八)》第 41 条增设了“拒不支付劳动报酬罪”，规定:

以转移财产、逃匿等方法逃避支付劳动者的劳动报酬或者有能力支付而不支付劳动者的劳动报酬，数额较大，经政府有关部门责令支付仍不支付的，处三年以下有期徒刑或者拘役，并处或者单处罚金；造成严重后果的，处三年以上七年以下有期徒刑，并处罚金。单位犯前款罪的，对单位判处罚金，并对其直接负责的主管人员和其他直接责任人员，依照前款的规定处罚。有前两款行为，尚未造成严重后果，在提起公诉前支付劳动者的劳动报酬，并依法承担相应赔偿责任的，可以减轻或者免除处罚。

最高人民法院于 2013 年 1 月 23 日发布实施了《关于审理拒不支付劳动报酬刑事案件适用法律若干问题的解释》，针对拒不支付劳动报酬罪所涉及的术语界定、定罪量刑标准、单位犯罪等问题，作了进一步的明确规定。

近年来依据上述规定，全国各地处理了多起恶意欠薪案件，强化了刑法对民生的保护，切实维护了劳动者合法权益和社会公平正义。

【练习】

1. 《劳动合同法》的主要内容和意义是什么？

2. 劳动者主要有哪些权益？

3. 劳动法的基本原则是怎样的？

4. 如何保障劳动者的平等就业权？

5. 如何保障劳动者的劳动报酬权？

6. 如何保障劳动者的休息权？

7. 劳动者在劳动安全卫生制度中的权利与义务是什么？

8. 工会的权利有哪些？

第十四章　重视劳动合同

我国劳动法律制度是一个内容丰富的完整体系，以宪法为最高准则，以保护劳动者合法权益为主旨，以劳动合同为核心。劳动合同是劳动者获得就业机会、实现劳动权利的主要手段，是确立个别劳动关系的重要法律形式，也是调整劳动关系的基本途径，它集中体现了劳动者与用人单位的权利和义务。《中华人民共和国劳动合同法》是规范劳动合同最直接的重要法律依据。

【学习目标】

了解劳动合同、劳动合同变更、劳动合同解除、劳动合同终止、服务期条款、竞业限制条款、保密条款、劳务派遣、非全日制用工、集体合同的概念。

掌握劳动合同内容、劳动合同试用期、劳动合同解除的法律规定。

理解未订立书面劳动合同的法律责任、限制劳动合同短期化的法律措施、劳动合同解除的法律后果、集体合同与劳动合同的区别

【小故事】

试用期不可随便试用

小王 2007 年大学毕业，2008 年 2 月被一家外资企业录取，签订了一年的劳动合同，期限是 2008 年 2 月 1 日到 2009 年 1 月 31 日，并约定 3 个月的试用期。2008 年 4 月下旬单位领导跟小王谈话，说经过两个半月的考察，认为小王表现欠佳，不能胜任工作。明确表示试用期内单位如果觉得劳动者不符合录用条件，可以随时与劳动者解除合同，不需要支付经济补偿金，也不需要提前告之，小王特别郁闷。

(资料来源：《劳动保障实用案例》，上海市劳动保障电话咨询中心编写)

点评：单位的做法不正确。一是根据劳动合同法规定，劳动合同期限 1 年以上不满 3 年的，试用期不得超过 2 个月。单位与小王约定了 3 个月的试用期，违反了法律规定。试用期应为 2008 年 2 月 1 日至 3 月 31 日共计 2 个月。二是 2008 年 4 月下旬已超过约定试用期，单位不能以试用期内劳动者不符合录用条件为由解除合同。如果单位认为小

王不能胜任工作，经培训或调整岗位仍不能胜任而需要解除合同的，要提前 30 天以书面形式通知小王或额外支付其 1 个月工资后才能解除劳动合同，同时应支付经济补偿金。小王工作年限不满 6 个月的，应支付其半个月的工资的经济补偿。

一、什么是劳动合同？

劳动合同是劳动者与用人单位确立劳动关系、明确双方权利和义务的协议。这一协议是劳动者实现劳动权利的主要手段，也是确立个别劳动关系的重要法律形式。

二、订立劳动合同的主体和形式有什么要求？

1. 劳动合同的主体。订立劳动合同的主体是劳动者和用人单位。劳动者应当是年满 16 周岁，具有劳动权利能力和劳动行为能力的自然人。用人单位应是依法成立或者核准登记的企业、个体经济组织、民办非企业单位等组织，国家机关、事业单位、社会团体与劳动者建立劳动合同关系的，也可称为“用人单位”。

2. 订立劳动合同的形式。用人单位与劳动者应当订立书面形式的劳动合同，应如实告知对方自身的相关情况；用人单位不得扣押劳动者的居民身份证和其他证件；不得要求劳动者提供担保或者以其他名义向劳动者收取财物；劳动合同文本由用人单位和劳动者各执一份。

三、没有订立书面劳动合同要承担哪些法律责任？

1. 已建立劳动关系，未同时订立书面劳动合同的，用人单位应当自用工之日起 1 个月内订立书面劳动合同。

2. 自用工之日起 1 个月内，经用人单位书面通知后，劳动者不与用人单位订立书面劳动合同的，用人单位应当书面通知劳动者终止劳动关系，无须向劳动者支付经济补偿，但是应当依法向劳动者支付其实际工作时间的劳动报酬。

3. 用人单位自用工之日起超过 1 个月不满 1 年未与劳动者订立书面劳动合同的，应当向劳动者每月支付两倍的工资，并与劳动者补订书面劳动合同；劳动者不与用人单位订立书面劳动合同的，用人单位应当书面通知劳动者终止劳动关系，并依照劳动合同法的第 47 条支付经济补偿。用人单位自用工之日起已满 1 年未与劳动者订立书面劳动合同的，除应当向劳动者每月支付两倍的工资外，还视为自用工之日起满 1 年的当日已经与劳动者订立无固定期限劳动合同，立即与劳动者补订书面劳动合同。

四、劳动合同的内容有哪些？

劳动合同的内容即劳动合同的条款，可分为法定必备条款和任意约定条款两类。

1. 法定必备条款，是指法律要求劳动合同必须具备的条款。具体包括：用人单位的名称、住所和法定代表人或者主要负责人；劳动者的姓名、住址和居民身份证或者其他有效身份证件号码；劳动合同期限；工作内容和工作地点；工作时间和休息休假；劳动报酬；社会保险；劳动保护、劳动条件和职业危害防护；法律、法规规定应当纳入劳动合同的其他事项。

2. 任意约定条款，是指在法定必备条款之外，可以由双方当事人自愿协商并约定的合同条款。具体内容包括约定试用期、服务期、竞业限制、保守秘密、补充保险和福利待遇等事项。

五、法律采取哪些措施来限制合同短期化问题？

1. 除用人单位维持或者提高劳动合同约定条件续订劳动合同，劳动者不同意之外，在固定期限劳动合同期满终止时，用人单位应当依法向劳动者支付经济补偿金。

2. 用人单位裁减人员时，应当优先留用与本单位订立较长期限的固定期限和无固定期限劳动合同的劳动者。

3. 有下列情形之一，除劳动者提出订立固定期限劳动合同之外，用人单位应当与劳动者订立无固定期限的劳动合同：劳动者在该用人单位连续工作满十年的；用人单位初次实行劳动合同制度或者国有企业改制重新订立劳动合同时，劳动者在该用人单位连续工作满十年且距法定退休年龄不足十年的；连续订立二次固定期限劳动合同，且劳动者没有劳动合同法第 39 条和第 40 条第 1、2 项规定的情形，续订劳动合同的。

4. 用人单位自用工之日起满一年不与劳动者订立书面劳动合同的，视为用人单位与劳动者已订立无固定期限劳动合同。

六、当事人约定试用期时应遵循哪些规定？

1. 试用期必须包含在劳动合同的期限内，因而不能单独签订一个试用期合同。

2. 劳动合同期限三个月以上不满一年的，试用期不得超过一个月；合同期限一年以上不满三年的，试用期不得超过二个月；三年以上和无固定期限的劳动合同，试用期不得超过六个月；以完成一定工作为期限或者合同期限不满三个月的劳动合同，不得约定试用期。同一用人单位与同一劳动者只能约定一次试用期。

3. 劳动者试用期的工资不得低于本单位相同岗位最低档工资或者劳动合同约定工资的百分之八十，并不得低于用人单位所在地的最低工资标准。

4. 试用期中，除劳动者有劳动合同法第 39 条和第 40 条第 1、2 项规定的情形外，用人单位不得解除劳动合同。用人单位在试用期解除劳动合同的，应当向劳动者说明理由。

七、服务期条款是怎么回事？

为避免因劳动者提前辞职导致用人单位为提高劳动者的素质而进行的投资遭受损失，法律允许用人单位与劳动者订立服务期条款。服务期条款是指双方当事人约定，由用人单位出资培训或提供其他特殊待遇的劳动者，必须为该单位服务满约定的年限，中途不得辞职的合同条款。

劳动者违反服务期约定的，应当按照约定向用人单位支付违约金。但是，违约金的数额不得超过用人单位提供的培训费用；若中途辞职违约金不得超过服务期尚未履行部分所应分摊的培训费用。服务期的约定，不影响按照正常的工资调整机制提高劳动者在服务期期间的劳动报酬。

八、竞业限制条款是怎么回事？

竞业限制条款是指约定限制或禁止雇员从事或参与与用人单位同业竞争的活动，以保护单位商业利益的合同条款。该条款属于任意约定条款，根据劳动合同法的规定：

1. 竞业限制的人员限于用人单位的高级管理人员、高级技术人员和其他负有保密义务的人员。

2. 竞业限制的期限从合同终止后开始，具体时间由双方当事人约定，但最长不得超过 2 年。

3. 劳动者按合同的约定履行竞业禁止义务的，单位应当给予劳动者一定的经济补偿。

4. 合理约定违反竞业限制义务的违约金数额。

值得注意的是，如果与竞业限制有关的技术秘密已为公众知悉，或者已不能为本单位带来经济利益或竞争优势，不具有实用性；或负有竞业限制的人员能够证明该单位未执行国家有关科技人员的政策，受到显失公平的待遇以及本单位违反竞业限制不支付或无正当理由拖欠补偿费的，竞业限制条款自行终止[①]。

九、保密条款是怎么回事？

保密条款是指劳动者对用人单位的商业秘密和与知识产权相关的保密事项负有保密义务的合同条款。《劳动合同法》规定，违反保密义务给用人单位造成损失的，劳动者应当承担相应的赔偿责任。在劳动合同中双方约定保密义务条款时，需要注意避免保密义务人范围的泛化，明确保密义务的失效情况、保密义务人辞职的提前通知和脱密措施等事项。

十、劳动合同的履行过程中要注意哪些问题？

劳动合同在履行过程中，应遵循全面履行与合法履行的原则。

特别要注意以下具体事项：

1. 用人单位变更名称、法定代表人、主要负责人或者投资人等事项，不影响劳动合同的履行。

2. 用人单位发生合并或者分立等情况，原劳动合同继续有效，劳动合同由承继其权利和义务的用人单位继续履行。

3. 用人单位应当按照约定和规定向劳动者及时足额支付劳动报酬，否则劳动者可以依法向当地人民法院申请支付令。

---

① 《关于加强科技人员流动中技术秘密管理的若干意见》(国科发政字〔1997〕317 号)。

4. 用人单位应当严格执行劳动定额标准，不得强迫或者变相强迫劳动者加班。

5. 劳动者拒绝用人单位管理人员违章指挥、强令冒险作业的，不视为违反劳动合同。

十一、如何变更劳动合同？

劳动合同的变更是指劳动合同双方当事人因发生变更事由而对已经生效的劳动合同内容进行修改或补充的法律行为。《劳动合同法》规定，只要用人单位与劳动者协商一致就可以变更劳动合同，变更劳动合同应当采用书面形式，变更后的劳动合同文本由用人单位和劳动者各执一份。

十二、什么是劳动合同的终止？

劳动合同的终止是指劳动合同因一定法律事实的出现而终结，其后果表现为劳动者与用人单位之间的权利义务归于消灭。具体法定情形包括：劳动合同期满的；劳动者开始依法享受基本养老保险待遇的；劳动者死亡，或者被人民法院宣告死亡或者宣告失踪的；用人单位被依法宣告破产的；用人单位被吊销营业执照、责令关闭、撤销或者用人单位决定提前解散的；法律、行政法规规定的其他情形。

十三、什么是劳动合同的解除？

劳动合同的解除，是指劳动合同因发生一定事由，根据当事人的意愿而被提前终止效力的行为。可以是双方当事人协商解除劳动合同也可以是单方面依法解除劳动合同。

十四、可以双方协商(或协议)解除劳动合同吗？

劳动法规定劳动合同可以经双方协商解除。但须注意的是，双方协商一定是用人单位向劳动者提出解除建议时才适用，劳动者向单位提出解除建议的按劳动者辞职处理。双方协议解除劳动合同时用人单位应给予劳动者经济补偿。

十五、用人单位单方面解除劳动合同的法定情形有哪些？

1. 即时解除，指用人单位可以不必依法提前预告而立即解除劳动合同的行为。劳动者有以下情形之一，用人单位可以即时解除劳动合同：在试用期间被证明不符合录用条件的；严重违反用人单位的规章制度的；严重失职，营私舞弊，给用人单位造成重大损害的；同时与其他用人单位建立劳动关系，对完成本单位的工作任务造成严重影响，或者经用人单位提出，拒不改正的；以欺诈、胁迫的手段或者乘人之危，使用人单位在违背真实意思的情况下订立或者变更劳动合同，致使劳动合同无效的；被依法追究刑事责任的。

2. 预告性解除，指用人单位应当提前 30 日以书面形式通知劳动者或者额外支付劳动者一个月工资才能解除劳动合同的行为。劳动者有以下情形之一，用人单位可以预告性解除劳动合同：患病或者非因工负伤，在规定的医疗期满后不能从事原工作，也不能从事由用人单位另行安排的工作的；不能胜任工作，经过培训或者调整工作岗位，仍不能胜任工作的；劳动合同订立时所依据的客观情况发生重大变化，致使劳动合同无法履行，经用人单位与劳动者协商，未能就变更劳动合同内容达成协议的。

3. 经济性裁员，是指企业为了克服经营困难而成批辞退富余人员的行为。法律规定：

(1) 裁员条件：依照企业破产法规定进行重整的；生产经营发生严重困难的；企业转产、重大技术革新或者经营方式调整，经变更劳动合同后，仍需裁减人员的；其他因劳动合同订立时所依据的客观经济情况发生重大变化，致使劳动合同无法履行的。

(2) 裁员程序：需要裁减人员 20 人以上或者裁减不足 20 人但占企业职工总数 10%以上的，用人单位提前 30 日向工会或者全体职工说明情况，听取工会或者职工的意见后，裁减人员方案经向劳动行政部门报告，可以裁减人员。

(3) 用人单位应承担的社会责任：第一，裁员时应优先留用与本单位订立较长期限的固定期限劳动合同、与本单位订立无固定期限劳动合同、家庭有需要扶养的老人或者未成年人而无其他就业人员的劳动者。第二，用人单位裁员后在六个月内重新招用人员的，应当通知被裁减人员，并在同等条件下优先招用被裁减人员。

十六、法律对用人单位单方面解除劳动合同有哪些限制？

劳动者有下列情形之一，用人单位不得解除劳动合同：

从事接触职业病危害作业的劳动者未进行离岗前职业健康检查，或者疑似职业病病人在诊断或者医学观察期间的；在本单位患职业病或者因工负伤并被确认丧失或者部分丧失劳动能力的；患病或者非因工负伤，在规定的医疗期内的；女职工在孕期、产期、哺乳期的；在本单位连续工作满十五年，且距法定退休年龄不足五年的；法律、行政法规规定的其他情形。

十七、劳动者在什么情况下可以单方面解除劳动合同？

1. 立即辞职。用人单位以暴力、威胁或者非法限制人身自由的手段强迫劳动者劳动的，或者用人单位违章指挥、强令冒险作业危及劳动者人身安全的，劳动者可以立即解除劳动合同，无须事先告知用人单位。

2. 随时辞职。用人单位有下列情形之一，劳动者可以随时解除劳动合同：未按照劳动合同约定提供劳动保护或者劳动条件的；未及时足额支付劳动报酬的；未依法为劳动者缴纳社会保险费的；规章制度违反法律、法规的规定，损害劳动者权益的；以欺诈、胁迫的手段或者乘人之危，使劳动者在违背真实意思的情况下订立或者变更劳动合同致使劳动合同无效的；法律、行政法规规定劳动者可以解除劳动合同的其他情形。

3. 预告辞职。劳动者不需要提供任何理由，只需提前 30 日以书面形式通知用人单位，如果是试用期则提前三日通知用人单位，即可解除劳动合同。

十八、解除劳动合同要承担哪些法律后果？

1. 用人单位的义务：

(1) 支付经济补偿金。按劳动者在本单位的工作年限，每满 1 年给予相当于 1 个月工资的经济补偿。6 个月以上不满 1 年的，按 1 年计算；不满 6 个月的，向劳动者支付半个月工资的经济补偿。如果单位未按以上规定给予补偿，除全额补发应发的经济补偿外，还须追加支付其数额 50%的额外补偿金。

(2) 支付医疗补助费。由于劳动者患病或非因工负伤法定原因而解除劳动合同的，除按上述规定支付经济补偿外，还应发给劳动者不低于 6 个月工资的医疗补助费；患重病的还应再增加不低于 50%的部分；患绝症的再增加的部分应不低于 100%。

(3) 用人单位的其他义务。向社会保险经办机构缴足应缴的社会保险费用；办理退工手续并出具劳动关系终止证明。

2. 劳动者的义务：

结束并移交有关事务及移交所保管的物品；按约定履行竞业禁止(或竞业限制)义务；赔偿因违约而给用人单位造成的损失。

十九、什么是劳务派遣？

劳务派遣也称劳动派遣、人力派遣、劳动力租赁，是指劳务派遣单位与被派遣劳动者在劳动合同中约定由被派遣劳动者向用工单位给付劳动的劳动关系。劳务派遣一般适用临时性、辅助性或者替代性的工作岗位，其主要特征如下：

1. 劳务派遣关系的当事人由派遣单位、被派遣劳动者和用工单位三方构成；
2. 派遣劳动者与派遣单位之间形成劳动合同关系；
3. 派遣单位与用工单位之间形成民事合同关系；
4. 派遣劳动者须向用工单位履行劳动给付义务，并在用工单位指挥监督下工作。

二十、什么是非全日制用工？

非全日制用工是指以小时计酬为主，劳动者在同一用人单位一般平均每日工作时间不超过 4 小时，每周工作时间累计不超过 24 小时的用工形式。

非全日制用工的特征：非全日制工作时间以小时为单位；劳动者可以与一个以上的用人单位建立非全日制的劳动关系；合同可以口头约定、可以随时通知对方终止，比较灵活自由。

二十一、什么是集体合同？

集体合同是指工会或职工代表与用人单位或其组织之间就职工的劳动报酬、工作时间、休息休假、劳动安全卫生、保险福利等事项达成的书面协议。

由于国际劳工组织的大力推进，集体合同制度成为世界各国劳动立法不可缺少的组成部分，我国劳动合同法等相关法律中都对集体合同作了规范。

二十二、集体合同与劳动合同有什么区别？

1. 主体方面。集体合同主体一方是用人单位，另一方是工会或职工代表；劳动合同主体一方是用人单位，另一方是劳动者。

2. 目的方面。签订集体合同的目的是为了协调用人单位与劳动者之间已经存在的劳动关系，签订劳动合同的目的是为了在用人单位与劳动者之间建立劳动关系。

3. 内容方面。集体合同的内容可以是劳动标准，也可以是作为整体的劳动者与用人单位之间的权利、义务。劳动合同的内容只是个别劳动者与用人单位之间的权利、义务。

4. 程序方面。集体合同的签订程序依次为：双方当事人经集体协商形成合同草案，由职代会或职工大会讨论并通过草案，双方首席代表在通过的草案文本上签字盖章，最后报劳动保障行政部门审查、备案。劳动合同的签订程序为双方意思表示一致，在合同文本上签字盖章。

5. 效力方面。集体合同的效力高于集体劳动关系范围内的个别劳动合同，对全体劳动者具有约束力。

此外，集体合同与劳动合同在合同的期限、合同的解除方面也有所不同，具有劳动合同无法取代的作用和功效。

【案例】

吴某违约跳槽要承担法律责任

吴某 2010 年 5 月与 A 公司签订了为期 5 年的劳动合同。2013 年 11 月 2 日，吴某向公司口头提出解除劳动合同，但 A 公司未置可否。10 天后吴某即跳槽到 B 公司上班。A 公司由吴某参与的一个项目不得不延期，为此支付了项目委托方违约金 10 万元人民币。

请问：

1. 吴某在跳槽问题上有无过错？

2. A 公司有权要求吴某承担法律责任吗？

(资料来源：中文文档库 http://www.wordwendang.com/wendang_hangye/0925/2939_8.html)

分析：

1. 吴某在跳槽问题上有过错。一是吴某先向 A 公司提出协商解除劳动合同，根据法律规定双方协商达成一致方可解除合同，而 A 公司并未回应吴某的提议。二是吴某继而不辞而别跳槽到 B 公司，同样于法无据。劳动者单方面解除劳动合同须提前 30 日以书面形式通知用人单位。即使从吴某口头提出解除劳动合同算起到其离开也只有 10 天，不符合法定条件。

2. 根据法律规定，A 公司对吴某违法解除劳动合同给自己带来的 10 万元损失有权要求吴某予以赔偿；如 B 公司明知吴某在职而违法招用吴某，则应依法对此项损害承担连带赔偿责任。

【小资料】

雇主与家政人员不是劳动关系

随着人们生活水平的提高，保姆、月嫂、小时工等家政人员已经越来越多地进入普通家庭，满足了人们养老育幼、打扫采买等各种需求。为保障双方合法权益，家庭直接雇用家政人员时能否签订劳动合同呢？

根据《中华人民共和国劳动合同法》第二条规定，用人单位主要是指企业、个体经济组织、民办非企业单位等组织，事业单位、国家机关、社会团体与劳动者建立劳动合同关系的，也可称为“用人单位”。相应的，只有在这六种用人单位管理下从事劳动并获取相应报酬的自然人，才可以成为劳动法上的“劳动者”。因此，雇主家庭不能成为法律所规定的用工主体，与家政人员之间不属于劳动关系，当然不能签订劳动合同。

对此类问题，两个文件有更加明确的规定。《关于贯彻执行〈中华人民共和国劳动法〉若干问题的意见》第四条规定：“公务员和比照实行公务员制度的事业单位和社会团体的工作人员，以及农村劳动者(乡镇企业职工和进城务工、经商的农民除外)、现役军人和家庭保姆等不适用劳动法。”《最高人民法院关于审理劳动争议案件适用法律若干问题的解释(二)》第七条规定：“下列纠纷不属于劳动争议：(四)家庭或者个人与家政服务人员之间的纠纷”。

雇主与家政人员属于平等主体，双方之间形成的是民事雇佣关系，依据民事法律规范来调整彼此的权利义务。如果发生纠纷，协商调解不成可以直接到法院提起民事诉讼。

【练习】

1. 没有订立书面劳动合同要承担哪些法律责任？

2. 劳动合同的内容有哪些？

3. 法律采取哪些措施来限制劳动合同短期化问题？

4. 劳动合同当事人约定试用期时应遵循哪些规定？

5. 服务期条款是怎么回事？

6. 竞业限制条款是怎么回事？

7. 保密条款是怎么回事？

8. 用人单位单方面解除劳动合同的法定情形有哪些？

9. 法律对用人单位单方面解除劳动合同的限制是什么？

10. 劳动者在什么情况下可以单方面解除劳动合同？

11. 劳动合同解除的法律后果是什么？

第十五章　参加社会保险

劳动过程中存在诸多不确定因素，劳动者会遇到年老、疾病、伤残、失业和生育等劳动风险，仅凭个人力量难以独立解决因此而引起的经济困难。对此，国家通过立法建立社会化的保险机制，集聚社会组织与劳动者个人资金形成巨大的支付能力，保障劳动者个人及其家庭的基本生活需要。我国以《中华人民共和国社会保险法》为核心的社会保险制度是促进经济持续发展，实现社会公平的重要保证。

【学习目标】

了解社会保险的定义及结构、社会保障、职工福利、职业病的概念。

掌握社会保险五大项目、养老保险金和失业保险金的领取条件、生育保险待遇。

理解社会保险与职工福利的区别、工伤认定、工伤保险待遇、医疗保险待遇。

【小故事】

达到法定退休年龄应退出劳动岗位

刘某年满 60 周岁后，单位要按有关规定为其办理退休手续。但是，考虑到退休后待遇不如在职好，刘某表示不同意退休，理由是其与单位之间订立的劳动合同尚未到期。但单位拒绝了刘某的要求。

(资料来源：法律快车 http://www.lawtime.cn/info/laodong/laodongguanxi/qixian/2010112577607.html)

点评：单位的做法是正确的，刘某应当提前结束与单位之间的劳动合同。

我国法律规定，当事人在履行劳动合同时必须具备法定的资格，即当事人要有劳动权利能力和劳动行为能力。劳动法律法规中规定劳动者的劳动权利能力和行为能力始于 16 周岁，终止于 60 周岁(女性 55 周岁)。劳动权利能力和行为能力终止即丧失了就业的权利，应该退出劳动岗位，享受相应的社会保险待遇。所以，刘某年满 60 周岁时，单位依照国家有关规定，为他办理退休手续的做法是正确的。刘某与单位签订的劳动合同随着李某的退休应依法归于终止。

一、社会保险的概念、结构是什么？

社会保险是国家依法对劳动者因年老、疾病、伤残、失业和生育而丧失劳动能力和劳动机会时，提供一定的物质补偿和帮助，以维持其基本生活水平的法律制度。社会保险具有强制性、互济性、保障性、非营利性的特征。

我国社会保险结构由国家基本社会保险、用人单位补充保险、个人储蓄保险三个部分组成，具有多层次性：

1. 国家基本社会保险。国家基本社会保险是社会保险结构中最基本的一个层次，也是最重要的组成部分，由国家统一立法、强制实施，适用于各类用人单位和每个劳动者。其费用通常由国家、用人单位和劳动者个人三方出资负担，并实行社会统筹。

2. 用人单位补充保险。用人单位补充保险由用人单位建立并负担费用，是社会保险结构的中间层次，国家对此持鼓励态度。

3. 个人储蓄保险。个人储蓄保险是完全由劳动者根据自己的意愿和条件以个人储蓄方式建立的社会保险，属于第三层次的社会保险，国家对此持提倡态度。

二、社会保险与社会保障是一回事吗？

社会保障是指由社会法调整的各种具有经济福利性的、社会化与体系化的国民生活安全保障制度。

我国社会保障体系包括社会保险、社会福利、社会优抚、社会救助四个部分。社会福利是以提高公民的生活质量为目的的保障制度；社会救助是对贫困与不幸的社会成员予以接济和扶助的保障制度；社会优抚则是以军人及其家属作为优待和帮助对象的保障制度。社会保险作为社会保障体系中的一个子系统，是一种特定的社会保障制度。两者的最大区别在于社会保险关系中享受保障待遇的主体必须是劳动者，具备劳动法意义上的劳动经历；而社会保障关系中的保障受益人是全体公民，不以是否存在劳动经历为限[①]。

三、社会保险与职工福利有什么区别？

职工福利是行业和单位为满足职工物质文化生活需要为提高和改善职工及其亲属生活质量而提供的工资收入以外的津贴、设施和服务的社会福利项目。《劳动法》第 76 条规定：“国家发展社会福利事业，兴建公共福利设施，为劳动者休息、休养和疗养提供条件。用人单位应当创造条件，改善集体福利，提高劳动者的福利待遇。”职工福利与社会保险的区别在于：

1. 权利义务方面：社会保险是双向的，既强调国家和社会对劳动者个人的责任，又强调劳动者个人本身应当履行的义务；职工福利是单向的，一般只强调国家、社会和单位对劳动者个人的责任。

---

①参见《社会保障学》，郑功成著，商务印书馆出版，2000 年 9 月。

2. 资金来源方面：社会保险强调劳动者个人、用人单位、国家三方负担，分别按一定比例缴纳保险基金；而职工福利强调由国家、社会和单位向个人提供。

3. 保障手段方面：社会保险是预防型的，强调用人单位和劳动者预先缴纳和积累；而职工福利是发展型的，为了进一步提高单位职工的物质文化生活水平。

4. 保障对象方面：社会保险的对象是遭遇劳动风险需要给予物质帮助的劳动者；而职工福利的对象是单位的所有劳动者。

四、五大社会保险项目是什么？

1. 养老保险。养老保险是指劳动者因年老丧失劳动能力的情况下，能够从社会获得物质帮助的一种社会保险制度。养老保险基金主要来源于国家财政补贴、用人单位和劳动者缴纳，此外还有按规定收取的滞纳金、基金存储的利息和依法投资运营的收益。

2. 失业保险。失业保险是指对于因失业而中断生活来源的劳动者，在法定期限内由国家给予一定的物质帮助，以保障其基本生活并促进其再就业的一种社会保险制度。失业保险基金由以下各项构成：城镇企业事业单位、企事业单位职工缴纳的失业保险费；失业保险基金的利息；财政补贴；依法纳入失业保险基金的其他资金。

3. 医疗保险。医疗保险是指劳动者及其供养亲属非因工患病或负伤后，在医疗上获得物质帮助的一种社会保险制度。基本医疗保险基金由统筹账户和个人账户构成，职工个人缴纳的基本医疗保险费，全部计入个人账户。用人单位缴纳的基本医疗保险费分为两部分，一部分用于建立统筹基金，一部分划入个人账户。划入个人账户的具体比例由统筹地区根据个人账户的支付范围和职工年龄等因素确定。退休人员个人不缴费。

4. 工伤保险。工伤保险是职工因工而致伤、病、残、死亡，依法获得医疗救治和经济补偿及物质帮助的一种社会保险制度。工伤保险基金由用人单位缴纳的工伤保险费、工伤保险基金的利息和依法纳入工伤保险基金的其他资金构成。职工个人不缴纳工伤保险费。工伤保险中的赔偿责任采取无过错责任原则，即只要是劳动者在劳动过程中遭遇工伤，无论用人单位有无过错，都应当承担赔偿责任。

5. 生育保险。生育保险是国家通过立法对女性劳动者在怀孕、分娩过程中给予生活保障和物质帮助的一项社会制度。生育保险基金的来源是由参加统筹的单位交纳，职工个人不缴纳生育保险费。

五、领取养老金的条件是什么？

养老金是养老保险最基本的待遇。养老金由社会保险经办机构从养老保险统筹基金和个人账户储存额中开支，一般按月发给，直至参保人员死亡。能够按月领取养老金的前提条件是缴费满 15 年，并且达到法定退休年龄。缴费年限累计不满 15 年者，不发给基础养老金，个人账户储存额一次性支付给本人。被保险人死亡后，其个人账户中的余额，可由其供养亲属或其他法定继承人依法继承。

六、失业保险待遇就是指失业保险金吗？

失业保险待遇包括失业保险金、失业保险金期间的医疗补助金、失业保险金期间死亡的失业人员的丧葬补助金和其供养的配偶以及直系亲属的抚恤金、失业保险金期间接受职业培训和职业介绍的补贴等。其中，失业保险金是最主要的失业保险待遇，但是不等同于失业保险待遇。失业保险金的具体标准由省、自治区、直辖市人民政府按照低于当地最低工资标准、高于城市居民最低生活保障标准的水平予以确定。

七、领取失业保险金的条件是什么？

按照规定参加失业保险，所在单位和个人已经按照规定履行缴费义务满 1 年的；非因本人意愿中断就业；已经办理失业登记，并有求职要求的。在此前提之下，具体标准为：

失业人员失业前所在单位和本人按照规定累计缴费时间满 1 年不足 5 年的，领取失业保险金的期限最长为 12 个月；累计缴费时间满 5 年不足 10 年的，领取失业保险金的期限最长为 18 个月；累计缴费时间满 10 年以上的，领取失业保险金的期限最长为 24 个月。重新就业后再次失业的，缴费时间重新计算，领取失业保险金的期限可以与前次失业应领取而尚未领取的失业保险金的期限合并计算，但最长不得超过 24 个月。

八、怎么认定工伤？

工伤，特指劳动者在劳动过程中因执行职务而受到的急性伤害。法律对工伤认定的具体规定如下。

(一)应当认定为工伤的情况

1. 在工作时间或工作场所内，因工作原因受到事故伤害的。
2. 工作时间前后在工作场所内，从事有关预备或收尾工作受到事故伤害的。
3. 在工作时间和工作场所内，因履行工作职责受到暴力以外伤害的。
4. 患职业病的。
5. 因工外出期间，由于工作原因受到伤害或下落不明的。
6. 在上下班途中，受到机动车事故伤害的。
7. 法律、行政法规规定应当认定为工伤的其他情形。

(二)视同工伤的情况

1. 在工作时间和工作岗位，突发疾病死亡或者在 48 小时之内经抢救无效死亡的。
2. 在抢险救灾等维护国家利益、公共利益活动中受到伤害的。
3. 职工原在军队服役，因战、因公负伤致残，已取得革命伤残军人证，到用人单位后旧伤复发的。

(三)不得认定为工伤或者视同工伤的情况

1. 因犯罪或者违反治安管理伤亡的。
2. 醉酒导致伤亡的。
3. 自残或自杀的。

九、什么是职业病？

职业病是劳动者在职业活动中，因接触粉尘、放射性物质和其他有毒有害物质而引起的疾病。

以《中华人民共和国职业病防治法》为核心，我国基本形成了职业病防治的法律体系，规定了我国职业病的范围(10 类 115 种)、职业病的诊断与鉴定程序以及“预防为主、防治结合”的工作方针等内容。

十、工伤保险待遇包括哪些内容？

享受工伤保险待遇的前提是工伤的认定，认定为工伤后的保险待遇包括工伤医疗待遇、工伤伤残待遇、因工死亡待遇。

(一)工伤医疗待遇

工伤医疗待遇包括工伤治疗的相关费用支付、停工留薪待遇两项内容。其中，职工需要暂停工作接受工伤医疗的，一般不超过 12 个月。伤情严重或者情况特殊，经设区的市级劳动能力鉴定委员会确认，可以适当延长，但延长不得超过 12 个月。工伤职工在停工留薪期满后仍需治疗的，继续享受工伤医疗待遇。生活不能自理的职工在停工留薪期间需要护理的，由所在单位负责。在停工留薪期间，原工资福利待遇不变，由所在单位按月支付。

(二)工伤伤残待遇

1. 职工因工致残被鉴定为一至四级伤残的，保留劳动关系，退出工作岗位，享受从工伤保险基金中按伤残等级支付的一次性伤残补助金、伤残津贴等。

2. 职工因工致残被鉴定为五至六级伤残的，享受从工伤保险基金中按伤残等级支付一次性伤残补助金。保留与用人单位的劳动关系，由用人单位安排适当工作。难以安排工作的，由用人单位按月发给伤残津贴，经工伤职工本人提出，该职工可以与用人单位解除或者终止劳动关系，由用人单位支付一次性工伤医疗补助金和伤残就业补助金。具体标准由省、自治区、直辖市人民政府规定。

3. 职工因工致残被鉴定为七至十级伤残的，享受从工伤保险基金中按伤残等级支付一次性伤残补助金。劳动合同期满终止或者职工本人提出解除劳动合同的，由用人单位支付一次性工伤医疗补助金和伤残就业补助金。具体标准由省、自治区、直辖市人民政府规定。

(三)因工死亡待遇

1. 职工因工死亡，其直系亲属按照下列规定从工伤保险基金中领取丧葬补助金、供养亲属抚恤金和一次性工亡补助金。

2. 职工因工外出期间发生事故或者在抢险救灾中下落不明的，从事故发生之日起 3 个月内照发工资，从第 4 个月起停发工资，由工伤保险基金向其供养亲属按月支付供养亲属抚恤金。生活有困难的，可以预支一次性支付 50%的工亡补助金。

(四)停止享受工伤保险待遇的情况

丧失享受工伤保险待遇条件的；拒不接受劳动能力鉴定的；拒绝治疗的；被判刑正在收监执行的。

十一、医疗保险待遇包括哪些内容？

医疗保险待遇的项目主要包括：规定范围内的药品费用，规定的检查费用和医疗费用，规定标准的住院费用。其中，(小额)医疗费用主要由个人账户支付；住院(大额)医疗费用主要由统筹基金支付。

统筹基金有明确的起付标准和最高支付限额，起付标准原则控制在当地职工年平均工资的 10%左右，最高支付限额一般为当地职工年平均工资的 4 倍左右。起付标准以上、最高支付限额以下的医疗费用，主要从统筹基金中支付，个人也要负担一定比例。退休人员个人负担医药费的比例适当低于在职职工。

十二、生育保险待遇包括哪些内容？

1. 产假。根据国家法律和法规规定，给予女职工在生育过程中休息的期限。

2. 生育津贴。国家法律与法规规定对于女职工因为生育而离开工作岗位期间，所给予的生活费用。实行生育保险社会统筹的地区，支付标准按本企业上年度职工平均工资的标准支付，期限不少于 90 天。

3. 生育医疗保健服务。女职工生育的检查费、接生费、手术费、住院费和药费由生育保险基金支付，超出规定的费用个人自理。女职工生育出院后，因生育引起疾病的医疗费由生育保险基金支付，其他疾病的医疗费按照医疗保险待遇的规定办理。女职工产假期满后，因疾病需要休息治疗的，按照有关病假待遇和医疗保险待遇规定办理。女职工生育或流产后，由本人或所在企业持当地计划生育部门签发的计划生育证明，婴儿出生、死亡或流产证明，到当地社会保险经办机构办理手续，领取生育津贴和报销生育医疗费。

【案例】

刘某能领到失业保险金吗？

刘某 1995 年进入一家国有企业工作，2005 年辞职，当时在领取《劳动手册》之后进

行了失业登记，要求申领失业救济金，被告知不符合领取条件。2006 年 2 月又找到一份工作，在 2012 年 1 月合同到期后离职。刘某在职期间，参加了社会保险，缴纳了相关社会保险费用。2012 年年底，刘某去街道办理失业登记手续，再次要求申领失业救济金。

请问：

1. 刘某能否两次申领失业保险金？为什么？

2. 刘某能够领取多长时间的失业保险金？

(资料来源：张志京、袁静. 实用法学[从]. 上海：复旦大学出版社，2015：157)

分析：

1. 根据法律规定，刘某只能领取一次失业保险金。因为第一次失业，是刘某自己辞职离开企业的，不符合“非本人意愿中断就业”的条件，所以不能领取失业保险金。第二次是刘某的劳动合同到期终止，非他本人意愿中断就业，因此能够享受失业保险金待遇。

2. 刘某在 1995 年到 2005 年和 2006 年到 2012 年就业期间，累计缴纳失业保险费 16 年。根据法律规定，刘某可享受 24 个月的失业保险金。

【小资料】

工伤认定的相关细化标准

最高人民法院 2014 年 8 月 20 日发布的《关于审理工伤保险行政案件若干问题的规定》(以下简称《规定》)，根据实践中常见多发现象，进一步细化了工伤认定的标准，可操作性增强，提高了对工伤保险案件处理的指导性。其部分内容如下：

关于“上下班途中”的认定。《规定》第六条规定：“对社会保险行政部门认定下列情形为‘上下班途中’的，人民法院应予支持：(一)在合理时间内往返于工作地与住所地、经常居住地、单位宿舍的合理路线的上下班途中；(二)在合理时间内往返于工作地与配偶、父母、子女居住地的合理路线的上下班途中；(三)从事属于日常工作生活所需要的活动，且在合理时间和合理路线的上下班途中；(四)在合理时间内其他合理路线的上下班途中。”

关于“因公外出期间”的认定。《规定》第五条第一款规定：“社会保险行政部门认定下列情形为‘因工外出期间’的，人民法院应予支持：(一)职工受用人单位指派或者因工作需要在工作场所以外从事与工作职责有关的活动期间；(二)职工受用人单位指派外出学习或者开会期间；(三)职工因工作需要的其他外出活动期间。”

【练习】

1. 社会保险的概念是什么？

2. 社会保险的五大项目包括哪些？

3. 养老保险金的领取条件是什么？

4. 失业保险金的领取条件是什么？

5. 如何认定工伤？

6. 什么是职业病？

7. 生育保险待遇的内容是什么？

8. 社会保险与职工福利的区别是什么？

第十六章　处理劳动争议

恩格斯曾经指出，劳动关系是现代全部社会体系所围绕旋转的“轴心”，“轴心”的状态影响着“全部社会体系”的状态。因此，可以说劳动关系和谐是社会和谐的基础。和谐的劳动关系不是没有争议和纠纷，而是有完善的解决争议和纠纷的机制。我国于 1987 年恢复了劳动争议仲裁制度，几经发展演变，形成了以协商、调解、仲裁、诉讼为主要环节的劳动争议处理制度，集中体现在《中华人民共和国劳动争议调解仲裁法》之中。《劳动争议调解仲裁法》的指导原则就是尽最大可能将劳动争议案件解决在基层，强化调解，完善仲裁程序和司法救济。

【学习目标】

了解劳动争议的含义、处理劳动争议的机构和形式、劳动争议仲裁委员会的职责、仲裁员的回避情形。

掌握劳动仲裁时效、劳动仲裁程序、劳动仲裁裁判的法律效力。

理解劳动争议处理原则、劳动仲裁管辖。

【小故事】

劳动争议调解协议具有法律效力

小黄因加班工资问题，与所在公司发生争议。经公司劳动争议调解委员会调解，达成支付协议。但公司领导称他本人没有同意该协议，因此调解协议无效。如果小黄坚持索要加班工资，只能去申请劳动仲裁。小黄十分不爽。

(资料来源：张志京、袁静. 实用法学[从]. 上海：复旦大学出版社，2015:163)

点评：公司领导的说法没有依据，调解协议具有法律效力，小黄不需要再进行劳动仲裁。根据《劳动争议调解仲裁法》规定，因支付拖欠劳动报酬、工伤医疗费等事项达成调解协议，用人单位在协议约定期限内不履行的，劳动者可以持调解协议书依法向人民法院申请支付令。人民法院应当依法发出支付令。小黄可持调解协议书到所在地人民法院申请支付令，要求公司履行调解协议。

一、劳动争议的含义和范围如何界定？

1. 劳动争议的含义。劳动争议又称劳动纠纷，国外也称劳资争议、劳资纠纷，是指劳动关系当事人之间在劳动过程中因享受劳动权利和履行劳动义务发生分歧而引起的纠纷。

2. 劳动争议的范围。《中华人民共和国劳动争议调解仲裁法》规定：因确认劳动关系发生的争议；因订立、履行、变更、解除和终止劳动合同发生的争议；因除名、辞退和辞职、离职发生的争议；因工作时间、休息休假、社会保险、福利、培训以及劳动保护发生的争议；因劳动报酬、工伤医疗费、经济补偿或者赔偿金等发生的争议；法律、法规规定的其他劳动争议。

二、处理劳动争议的机构和形式有哪些？

1. 我国目前处理劳动争议的机构有：企业劳动争议调解委员会，依法设立的基层人民调解组织，在乡镇、街道设立的具有劳动争议调解职能的组织，劳动争议仲裁委员会和人民法院。

2. 我国劳动争议的处理形式主要有四种，包括劳动争议和解，劳动争议调解，劳动争议仲裁和劳动争议诉讼。其中，劳动争议和解不受程序约束，劳动争议调解、劳动争议仲裁和劳动争议诉讼是解决劳动争议的三个主要程序。通常情况下，劳动争议仲裁程序是法定的必经程序，是人民法院受理案件的前置程序。

三、处理劳动争议的原则是什么？

根据《中华人民共和国劳动争议调解仲裁法》规定，解决劳动争议应该遵循以下四项原则：

1. 合法原则。在处理劳动争议过程中，应坚持依法处理原则。

2. 公正原则。处理劳动争议过程中，应保障劳动争议双方当事人法律地位和权利义务的平等。

3. 及时处理原则。在劳动争议处理机构办理劳动争议案件时，应在法定期限内及时处理案件。

4. 着重调解原则。要求当事人在发生劳动争议之后，应着重采取调解方式在互谅互让的基础上化解矛盾。

四、劳动争议的调解程序有哪些主要规定？

根据《中华人民共和国劳动争议调解仲裁法》规定，劳动争议调解一般需要经过申请与受理、调查核实、组织调解等程序。

1. 劳动争议当事人调解申请可以是书面形式也可以是口头形式。口头申请的，调解组织应当当场记录申请人基本情况、申请调解的争议事项、理由和时间。调解组织对决定受理的案件，应及时指派调解员对争议事项进行调查核实并制作笔录。在充分听取双方当事人对事实和理由的陈述后，劝导协调，帮助达成调解协议。

2. 经调解达成协议的，应当制作调解协议书。调解协议书由双方当事人签名或者盖章，经调解员签名并加盖调解组织印章后生效，对双方当事人具有约束力，当事人应当履行。

3. 自劳动争议调解组织收到调解申请之日起十五日内未达成调解协议的，当事人可以依法申请仲裁。达成调解协议后，一方当事人在协议约定期限内不履行调解协议的，另一方当事人可以依法申请仲裁。

特别值得注意的是，法律规定因支付拖欠劳动报酬、工伤医疗费、经济补偿或者赔偿金事项达成调解协议，用人单位在协议约定期限内不履行的，劳动者可以持调解协议书依法向人民法院申请支付令。人民法院应当依法发出支付令。

五、关于劳动争议仲裁委员会的组成和职责是怎样规定的？

根据《中华人民共和国劳动争议调解仲裁法》规定，劳动争议仲裁委员会由劳动行政部门代表、工会代表和企业方面代表组成。劳动争议仲裁委员会组成人员应当是单数。

劳动争议仲裁委员会依法履行下列职责：

1. 聘任、解聘专职或者兼职仲裁员；
2. 受理劳动争议案件；
3. 讨论重大或者疑难的劳动争议案件；
4. 对仲裁活动进行监督。

劳动争议仲裁委员会下设办事机构，负责办理劳动争议仲裁委员会的日常工作。

六、劳动争议申请仲裁的时效是怎样规定的？

劳动争议申请仲裁的时效期间为 1 年，时效期间从当事人知道或者应当知道其权利被侵害之日起计算。特别强调一点，劳动关系存续期间因拖欠劳动报酬发生争议的，劳动者申请仲裁不受 1 年的仲裁时效期间的限制；但劳动关系终止的，应当自劳动关系终止之日起 1 年内提出。

七、发生劳动争议后到哪一个仲裁委员申请仲裁呢？

劳动争议仲裁委员会负责管辖本区域发生的劳动争议。

劳动争议由劳动合同履行地或者用人单位所在地的劳动争议仲裁委员会管辖。双方当事人分别向劳动合同履行地和用人单位所在地的劳动争议仲裁委员会申请仲裁的，由劳动合同履行地的劳动争议仲裁委员会管辖。

八、关于仲裁程序有哪些规定？

1. 仲裁申请。仲裁委员会仲裁劳动争议必须基于当事人的申请。申请人申请仲裁应当提交书面仲裁申请。申请书应载明下列事项：第一，劳动者的姓名、性别、年龄、职业、工作单位和住所，用人单位的名称、住所和法定代表人和主要负责人的姓名、职务；

第二，仲裁请求和所根据的事实理由；第三，证据和证据来源、证人姓名和住所。

2. 仲裁受理及仲裁庭的组成。仲裁委员会应当在收到仲裁申请 5 日内作出是否受理的决定并通知当事人。决定受理的劳动争议案件，应依法组成仲裁庭。仲裁庭由 3 名仲裁员组成，设首席仲裁员。简单劳动争议案件可以由 1 名仲裁员独任处理。

3. 仲裁和解。当事人申请劳动争议仲裁后，可以自行和解。达成和解协议的，可以撤回仲裁申请。

4. 仲裁调解。仲裁庭在作出裁决前应当先行调解。调解达成协议的，仲裁庭应当制作调解书。调解书经双方当事人签收后发生法律效力，调解不成或者调解书送达前，一方当事人反悔的，仲裁庭应当及时作出裁决并制作裁决书。仲裁调解书与仲裁裁决书具有同等法律效力。

5. 仲裁裁决。仲裁庭应当按照多数仲裁员的意见作出裁决并制作裁决书，少数仲裁员的不同意见应当计入笔录。仲裁庭不能形成多数意见时，应当按照首席仲裁员的意见作出裁决并制作裁决书。

6. 仲裁期限。裁决劳动争议案件，应当自仲裁委员会受理仲裁申请之日起 45 日内结束。案情复杂需要延期的，经仲裁委员会主任批准后可适当延长，但延长期限不得超过 15 日，逾期未作出仲裁裁决的，当事人可以就该劳动争议事项向人民法院提起诉讼。

九、仲裁员在哪些情况下需要回避？

根据《中华人民共和国劳动争议调解仲裁法》规定，仲裁员有下列情形之一，应当回避，当事人也有权以口头或者书面方式提出回避申请：

1. 是本案当事人或者当事人、代理人的近亲属的；
2. 与本案有利害关系的；
3. 与本案当事人、代理人有其他关系，可能影响公正裁决的；
4. 私自会见当事人、代理人，或者接受当事人、代理人的请客送礼的。

劳动争议仲裁委员会对回避申请应当及时作出决定，并以口头或者书面方式通知当事人。

十、仲裁裁判的法律效力是怎样的？

动争议仲裁并非终局的判定。如果是仲裁裁决结案的，劳动争议当事人不服仲裁裁决，应于收到裁决书之日起 15 日内向人民法院起诉。逾期不起诉，仲裁裁决书即发生法律效力。一方当事人不履行，另一方当事人可以向人民法院申请强制执行。如果是仲裁调解结案的，仲裁调解书自送达之日起生效。一方当事人不履行，另一方当事人可以向人民法院申请强制执行。

值得注意的是，为特别保护劳动者权益，法律规定下列仲裁裁决为终局裁决，裁决书自作出之日起发生法律效力：一是追索劳动报酬、工伤医疗费、经济补偿或者赔偿金，不超过当地月最低工资标准 12 个月金额的争议；二是因执行国家的劳动标准在工作时间、休息休假、社会保险等方面发生的争议。

【案例】

女职工合法权益受法律保护

刘某与单位之间的劳动合同即将期满，单位通知刘某不再续签劳动合同。但刘某此时已经怀孕 1 个多月，并向单位提交了怀孕证明，要求继续维持劳动合同关系。单位认为，劳动合同期满属于自然终止，单位只是不再续签，不存在侵犯女职工权益问题。

请问：

1. 用人单位的做法是否正确？为什么？

2. 刘某该怎么办？

(资料来源：法制频道 http://www.southcn.com/law/fzzt/ldzwq/ldzwqnzgp/200309170465.htm)

分析：

1. 不正确。劳动法规定，对“三期”(孕期、产期、哺乳期)内的女工，企业不得在女工无过错的情况下，单方面解除劳动合同。劳动法的配套法规还规定，劳动者在孕期、产期、哺乳期内，劳动合同期限届满时，用人单位不得终止劳动合同，合同期限应自动延续到相应的期限届满为止。因此，用人单位的理由不能成立。

2. 刘某可以向单位所在地的劳动争议仲裁委员会申请仲裁，要求继续维持劳动合同关系，直到刘某享受完法律规定的特殊保护期。仲裁委员会应当在收到仲裁申请 5 日内做出是否受理的决定并通知当事人。劳动仲裁案件，一般情况下应当自仲裁委员会受理仲裁申请之日起 45 日内结束。如果刘某不服仲裁裁决，应于收到裁决书之日起 15 日内向人民法院起诉。逾期不起诉，仲裁裁决即发生法律效力。

【小资料】

“支付令”与劳动争议

支付令是人民法院依照民事诉讼法规定的督促程序，根据债权人的申请，向债务人发出的限期履行给付金钱或有价证券的法律文书。《中华人民共和国民事诉讼法》第二百一十四条规定：“债权人请求债务人给付金钱，有价证券，符合下列条件的，可以向有管辖权的基层人民法院申请支付令：(一)债权人与债务人没有其他债务纠纷的；(二)支付令能够送达债务人的。申请书应当写明请求给付金钱或者有价证券的数量和所根据的事实，证据”。

民事诉讼法规定的支付令制度被引入到劳动争议的解决程序中，《劳动争议调解仲裁法》特别规定了劳动者申请支付令的程序：因支付拖欠劳动报酬、工伤医疗费、经济补偿或者赔偿金事项达成调解协议，用人单位在协议约定期限内不履行的，劳动者可以持调解协议书依法向人民法院申请支付令。人民法院应当依法发出支付令。

支付令被引入到劳动争议的解决程序意义有二：一是迅速解决劳动争议，保护劳动者的切身权益。根据民事诉讼法规定，债权人提出申请后，法院应当在五日内通知其是否受理。法院受理申请后，经审查债权人提供的事实、证据，对债权债务关系明确、合法的，应当在受理之日起 15 日内向债务人发出支付令；申请不成立的，裁定驳回申请，该裁定不得上诉。因此，由于不必经过法院的审理程序，支付令在解决用人单位拖欠劳动报酬、工伤医疗费、经济补偿或者赔偿金等事项方面，可以便捷快速地解决问题，给劳动者提供最有力的保护。二是解决了调解协议的效力问题。调解协议不能作为申请人民法院强制执行的法律依据，而劳动者根据调解协议向法院申请支付令，用人单位如果提不出抗辩事由，人民法院则可以强制执行。调解协议的效力问题在程序上得以解决，对劳动争议调解制度的广泛适用是一个有力的促进。

【练习】

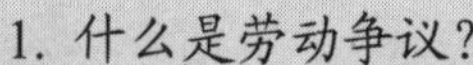

1. 什么是劳动争议？

2. 处理劳动争议的机构和形式有哪些？

3. 劳动争议仲裁委员会的职责是什么？

4. 劳动仲裁裁判的法律效力是怎样的？

专题六　创业指导

第十七章　了解创业

创业不是一蹴而就的，没有人能够随随便便成功。在开始创业前，我们应该反复考量，了解创业模式和创业类型，思考是否有一些个性、素质和能力特征能够帮助我们，成为成功的创业者？创业者应该具备哪些知识？创业学的研究为我们有效识别成功的创业者提供了依据。

【学习目标】

了解创业的常规模式和创业类型。
了解创业者必备的心理素质和能力。
掌握创业者必备的创业知识。

【小故事】

创业需要信心和毅力

哈兰德·山德士一生中经历了无数次的失败。年轻时，他做过保险，卖过轮胎，做过律师，还经营过一条渡船，开过一家加油站，但是都失败了。65 岁那年，邮递员送来了他的第一张社会养老保险支票，他用这 105 元的养老保险金创办了一家新的企业。这次他获得了成功，他说："一次成功就够了。"这家新企业的名字叫肯德基。

(资料来源：肯德基中国网站 http://www.kfc.com.cn/kfccda/about.html)

点评：在这个例子中，我们一方面惊叹哈兰德·山德士创业的信心和毅力，另一方面也由此认识到创业的才能只有在市场的艰苦磨炼中才能不断地得到提升。

一、创业的常规模式有哪些？

1. 独立创业。即完全自己设计、构思创业的产品和商业模式，自创品牌，从无到有地创办和发展。

2. 合作创业。有的创业者手里有项目，有的有资源，他们通过寻找合作伙伴，实现资源和资金等的整合协同，共同创业。

3. 在家创业。如利用农村为旅游的人提供农家乐和农家饭，在家里做一些加工组装等。

4. 电子商务。如在网上开个商店，现在流行的是淘宝，卖点儿当地特产或者衣服、手工艺品等。

5. 转让经营。如接手他人转让的餐馆或其他零售店，如果原来的企业有老客户和业务量，创业就会比较容易。

6. 承包经营。向原来的业主交纳一定的承包经营费，从而得到一家企业的经营权。这种方式可以降低企业的启动资金。

7. 特许加盟。成为知名品牌和企业模式的复制经营者，这可以在别人已经成功的企业模式上开始经营，品牌宣传也比较省力。

8. 经销和代理。即选择某个产品，成为其代理商和经销商，做产品批发、零售。

二、选择哪种创业类型？

1. 打工转型的创业。这类创业者可称为“四带”，即带回技术、管理经验、市场客户和订单，有的还带回熟练工人，因而创业成功率相对较高。

2. 依托基本生活所需的创业。这是最容易的创业类型，表现为家庭小工厂、小作坊、小卖店、小餐馆之类，对资金、技术和管理的要求不高。

3. 产业带动型的创业。一般是利用地方政府的扶持政策，积极投入相关产业中进行创业。如有的地方提倡发展生态旅游农业，因此创办休闲山庄、观光农业、园艺基地等，吸引城市居民到农村体验农村生活和观光旅游。

三、如何选择合适的创业项目？

考虑到自身的实际情况，企业家在选择创业项目时可以从以下几方面作出比较和选择：

1. 选择个人有兴趣或擅长的项目；
2. 选择市场消耗比较频繁或购买频率比较高的项目；
3. 选择投资成本较低的项目；
4. 选择风险较小的项目；
5. 选择客户认知度较高的项目；
6. 可先选择网络创业(免费开店)后进入实体创业项目。

从市场现状来看，适合创业的行业有：健康行业、环保行业、汽车饰品业、婴儿用品业、工艺礼品饰品业、服装业、夕阳行业、创意家居用品店、网吧、宠物商店、按摩、电子商务、淘宝店、报纸杂志店、彩票站、家政服务、打印传真、绿色干洗、皮鞋美容、书店等。

四、创业的关键要素有哪些？

1. 产品。主要包括：是否掌握某种商品的供货渠道、良好的货源。如果是服务业，有没有足够的条件可以提供所需要的服务；有没有掌握产品的生产技术。

除了市场有需求的产品，更重要的还有服务、品牌和信誉，将这些经营好的人，才能成为最后的赢家。

2. 市场。主要包括：是否熟悉企业现有的和潜在的客户；竞争对手比我们有哪些优势；我们的产品能不能销售出去，市场需求有多少。

3. 资金和人脉。有没有足够的自创资金，能从企业外部筹集多少资金，有没有人脉帮助我们完成创业。创业者应该在自己的生活和经营范围内逐步形成一个相对稳定的关系网络，这个关系网络对于每一个创业者来说都是一笔不可多得的财富。

4. 项目。项目是成功的最重要的条件。一个好的项目是创业成功的一半。项目必须通过慎重的选择和细致的市场调查来确定。

五、创业者应具备哪些素质？

创业并不一定就会取得成功，需要机遇与外部条件，对于创业者而言更需要具备创业者的素质，创业者的素质包括四个方面：心理素质、身体素质、专业素质、能力素质。

(一)心理素质

所谓心理素质是指创业者的心理条件，包括自我意识、性格、气质、情感等心理构成要素。作为创业者，他的自我意识特征应为自信和自主；他的性格应刚强、坚持、果断和开朗；他的情感应更富有理性色彩。作为成功的创业者要有强烈的自我实现欲望和自信心，要有冒险精神、敏锐的洞察力和顽强执着的精神。在碰到困难、挫折和失败时也不灰心丧气，消极悲观。

在创业初期，要有积极的心态。尤其是在逆境中，积极的心态能使人保持乐观的情绪、顽强的意志和冷静的思考。

创业的过程绝不可能是一帆风顺的，有成功就会有失败。对于初次创业的人来说，失败的概率要更高一些。这就需要创业者不要急于求成，必须具有坚忍不拔、百折不挠的心理品质。

(二)身体素质

所谓身体素质是指身体健康、体力充沛、精力旺盛、思路敏捷。现代小企业的创业与经营是艰苦而复杂的，创业者工作繁忙、时间长、压力大，如果身体不好，必然力不从心、难以承受创业重任。

(三)专业素质

创业者的专业知识素质对创业起着举足轻重的作用。创业者要进行创造性思维，要作出正确决策，必须掌握广博的知识，具有一专多能的知识结构。具体来说，创业者应该具有以下几方面的知识：熟悉政府政策，依法行事，用法律维护自己的合法权益；了解科学的经营管理知识和方法，提高管理水平；掌握与本行业本企业相关的专业技术知识，依靠科技进步增强竞争能力；具备市场经济方面的知识，如财务会计、市场营销、国际贸易、国际金融等。

(四)能力素质

创业者至少应具有以下能力：创新能力、分析决策能力、预见能力、应变能力、用人能力、组织协调能力、社交能力和激励能力。

当然，这并不是要求创业者必须完全具备这些素质才能去创业，但创业者本人要有不断提高自身素质的自觉性和实际行动。哈佛大学拉克教授讲过这样一段话："创业对大多数人而言是一件极具诱惑的事情，同时也是一件极具挑战的事。不是人人都能成功，也并非想象中那么困难。但任何一个梦想成功的人，倘若他知道创业需要策划、技术及创意的观念，那么成功已离他不远了。"

六、创业需要具备哪些必备的知识？

不论准备投身何种创业项目，提前储备一些商业知识和经营之道是必须的，而且还应该具有很强的针对性。一个专业的创业者肯定要对他所要从事的行业有着相当的了解，并且对这个行业的经营特点和经营模式也要了如指掌。作为一个经营者应具备的基本知识主要有以下几方面：

1. 合法开业的知识。包括：有关私营及合伙企业、有限责任公司的法律法规；怎样进行验资；怎样申请开业登记；哪些行业不允许私营；哪些行业的经营须办理有关行业管理手续；哪些行业要进行环境影响评估；怎样办理税务登记；纳税申报有哪些规定和程序；如何领购和使用发票；银行开户程序和有关结算规定；成为一般纳税人有哪些条件；你应该交哪些税费，如何交纳；怎样获得税收减征免征待遇；怎样进行账务票证管理；国家对偷漏税等违法行为有哪些制裁措施；增值税率及计征方法；工商管理部门怎样进行经济检查；行业管理部门如何进行行业管理和检查。

2. 营销知识。如市场预测与市场调查知识、消费心理知识、定价知识和价格策略、仓储知识、销售渠道的开发知识、营销管理知识。

3. 货物知识。批发、零售知识；货物种类、质量和有关计量知识；货物运输知识；货物保管储存知识；真假货物识别知识；对有关危险品的管理知识。

4. 资金及财务知识。货币(支票、本票、汇票等)金融知识、信用及资金筹措知识、资金核算及记账知识、证券、信托及投资知识、财务会计基本知识。

5. 经济法常识。作为企业主应该了解合同法、公司法、反不正当竞争法、消费者权益保护法、产品质量法、税法、商标法等基本知识。

除了以上相关知识，创业的企业家还应该掌握劳动用工及社会保障知识、公关及社交礼仪等相关知识，这样才能更好地作出经营决策和运营管理。

你可能并不需要全部掌握以上的知识，有针对性的合理选择才是学习的好办法，因此，学以致用，各取所需也是很必要的。现在获得创业知识的途径有许多，政府也会举办专门的创业培训或指导以及专门的讲座等，都可以让创业者得到想要的知识。另外，学习对于创业者来说是一门永远不能丢掉的功课，在平时遇到的各种问题也是创业者们积累经验的好机会。

七、创业者应该培养什么能力？

作为创业者，我们至少应具有以下能力：决策管理能力、财务管理能力、危机管理能力、创新能力、分析决策能力、预见能力、应变能力、用人能力、组织协调能力、社会交往能力和激励能力等等。

创业最重要的是创业的能力。自主创业首先要有勇气和魄力，因为自主创业不但要比传统的就业付出更多的时间、精力和体力，而且要承担各种风险带来的巨大的心理压力，并要具有化解各种风险的知识、技巧和能力。

其次，要具备发掘市场的能力，这是创业的基础。因为只有具备了这种能力，才能在纷繁复杂的市场中发现商机，找准自己的创业定位。

再次，要具备一定的经营管理能力。这是我们必须具备的较高层次的能力，直接决定着创业的成败、创业的规模与效益。但这种能力必须在经营中不断学习、积累，最后百炼成钢。

最后，要具备一定的危机管理能力。企业在面对危机时所采取的不同的态度和方法，会产生“差之毫厘，谬以千里”的效果。所以企业创业者的危机管理能力对企业安身立命至关重要，能够在威胁中看见机会，让企业转危为安甚至在危机中抓住企业发展的难得的机遇。

不是要求创业者必须全面具备这些素质才能创业，但是，如果要创业，就要有不断提高自身素质的自觉性和实际行动。这主要依靠学习和与其他人交流，做一个终身学习的人和善于交流的人。

【案例】

冯仑的第一桶金

很多人很佩服冯仑，认为这个人能做能侃，很了不起。其实，冯仑不是有了钱才有本事，而是因为有本事才有了钱。

冯仑 20 岁就入了党，20 世纪 80 年代先后在中央党校、中宣部、国家体改委任职，也曾是一位热血青年。当“万元户”“下海”“倒爷”等新名词出现时，冯仑终于按捺不住创业激情，放弃仕途毅然下海。

1991 年，此前已在牟其中属下的南德集团经过 2 年历练的冯仑又踏上了海南那片热土，与王功权、潘石屹等 6 人成立了海南万通集团，手里总共只有 3 万元，这要做房地产简直是天方夜谭。

冯仑想了一个办法，他找到一家信托投资公司的老总，大谈海南房地产的机会以及自己的为人和出身。冯仑的经历很耀眼，对方不敢轻视。初步取得对方认可后，冯仑又开始讲自己也刚刚闹明白的新名词“按揭”，他告诉对方这是一种全新的做房地产的形式，用很少的钱就可以做很大的项目，冯仑盯着对方的眼睛说，“这一单，我出 1300 万元，你出 500 万元。我们一起做你干不干”？

这样好的生意，冯仑又是这样一个与众不同的人，有体面的经历，而且出资 1300 万元，于是信托投资公司的老总慷慨地拿出了 500 万元。

冯仑立即骑着自行车跑回去写文件，在最短的时间内将手续做完后，冯仑让王功权负责第一时间把钱拿回来。王功权是谈判高手，他在最短的时间拿到了 500 万元。他们拿着这 500 万元到银行做现金抵押，又立即从银行贷了 1300 万元，接着又用这 1800 万元购买了 8 栋别墅，重新包装之后卖了出去，赚到 300 万元。这就是冯仑和王功权在海南淘到的第一桶金。

多年后，冯仑如此总结：“做大生意必须先有钱，第一次做大生意又谁都没有钱。在这个时候，自己可以知道自己没钱，但不能让别人知道。当大家都以为你有钱的时候，都愿意和你合作做生意，到最后你就真的有钱了。”

有人曾经评价说冯仑的本事在于他的“懂人”和“会说”，他能在极短的时间内找到打动对方的那一句话。“就那么一句，不会说，说一辈子也说不出来；会说，三分钟就能将这句说出来。”

特别是冯仑初到海南，尽管没钱，也一定要将自己和公司上下都收拾得整整齐齐，言谈举止让人一眼看上去就是很有实力的样子。

(资料来源：www.yjbys.com/qiuzhizhinan/show-16693.html)

分析：冯仑的成功在于他所拥有的能力，在创业的过程中，他表现了良好的决策能力、市场预见能力以及对环境的应变能力。应该说，合适的项目、符合社会发展趋势的商业模式以及一定的创业能力，对于创业的成功是非常重要的。同时，创业者还需要具备相应的管理和营销等基本知识。

【小资料】

导致创业失败的 10 个误区

误区 1　进入自己不熟悉的行业，没有充分调查就行动。
误区 2　用错误的方式管理合伙人，缺乏管理合伙人的智慧。
误区 3　重情义，轻管理。
误区 4　缺乏诚信与商业道德。
误区 5　贪大，赌性代替了实干精神。
误区 6　急于求成，缺少战略思维。
误区 7　忽视与投资相关的环境。
误区 8　错误的时间做正确的事。
误区 9　唯利润是求而忽视创新。
误区 10　花钱不合理，没有坚持“现金为王”。

【练习】

1. 常规的创业模式有哪些？

2. 创业者需要掌握的创业知识有哪些？

3. 创业者需要有意识地培养哪些方面的能力和素质？

4. 你如何理解“要想成为一个成功的创业者，就要做一个终身学习者”这句话？

第十八章 运用好政策与资金

政策环境是企业经营的重要环境，而且往往是刚性的环境。创业者需要遵守国家的各项法律法规，同时又可以依靠法律的保护，实现自己的发展。

【学习目标】

了解创业扶持政策。
了解企业融资渠道。
了解申请银行贷款的必备条件。
掌握申请银行贷款的有关技巧。

【小故事】

李春梅的创业之路

李春梅原来在某市面粉厂工作，2000 年单位破产，成了下岗职工。不甘平庸的李春梅很快开始了艰难的第二次创业。她先后两次开饭店，但都因不懂管理而失败，并欠下了 40 万元的外债。而且因为身体不好，动了两次大手术。创业失败加上身体的痛苦，李春梅到了绝望的边缘。

2004 年，她决定做白酒的总代理，又开始了一次艰难创业。但是资金问题让她寸步难行。市政府发放的小额担保贷款帮了她的大忙。2004 年 12 月，李春梅拿到了 2 万元的小额扶持贷款，这对她来说是雪中送炭。依靠小额贷款的支持，李春梅的生意越做越红火，接连在市里发展了几家连锁店，当年被评为全国创业小案例先进个人，还受到了国家总理的接见。

(资料来源：据中央人民广播电台 2011-09-21 胡晓辉的报道改写)

点评：对于创业者来说，政策保障是根本的保障，政策扶持是真正的扶持。利用好政策和资金，就能为创业之路插上腾飞的翅膀。

一、创业者需要关注哪些政策？

当前各地各类创业政策不少，主要依据《中华人民共和国中小企业促进法》《国务院关于鼓励支持个体私营等非公有制经济发展的若干意见》以及《国务院关于加强就业和再就业工作的通知》等。创业者要用好、用足政策，全面了解政策是第一步。现行的创业政策主要集中在以下七大板块。

1. 融资服务的政策。包括劳动部门、小企业服务中心等部门制定和操作的各项政策，主要有劳动保障部门的创业贷款担保政策、小企业担保基金专项贷款、中小企业贷款信用担保、开业贷款担保、大学生科技创业基金等。政策优惠主要涉及创业贷款、担保及贴息等。

2. 场地扶持的政策。重点有两方面的政策：一是都市型工业园区的政策，二是创业园区的房租补贴政策。这两大类园区各自都有针对入园企业的房租补贴政策。其中，在创业园区之内，除了房租补贴之外，还有一些相关的配套指导服务，如提供代理记账、专家指导、贷款直接申请的渠道等。

3. 税费减免的政策。主要集中在四个方面：(1)商贸型、服务型企业的优惠政策；(2)高校毕业生创业方面的税收优惠政策；(3)失业、协保人员、农村富余劳动力从事个体经营的优惠政策；(4)劳动就业服务企业的税收优惠政策。

4. 创业专家指导的政策。企业可以通过借助有关政府部门，或者行业协会等有关专业人士对创业作出指导。目前上海有一支由 600 多位各行业专家组成的公益性专家志愿团，可以为创业者提供个性化的指导服务，包括一对一的咨询服务，也可以由多名专家组成“专家团”为创业者提供“会诊”。另外，还有每隔两周定期举行的开业讲座服务、网上咨询指导服务等。

5. 创业能力提升的政策。对创业能力提升方面的政策可以关注三个方面：一是创业培训的政策，二是职业经理人培训的政策，三是创业专家讲座方面的信息。其中创业培训政策为个人提供创业理论、个性化辅导和创业实训三段式的培训。这一政策的适用范围是上海市户籍的所有意向创业者，本市的失业人员以及农村富余劳动力可以享受全额的培训费用补贴。

6. 鼓励科技创业的政策。主要包括大学生科技创业基金政策、科技型中小企业创业基金政策和高新技术成果转化相关政策等。其中，大学生科技创业基金由上海市政府出资 1.5 个亿，分 3 年实施，每年有 5000 万元的额度为大学生创业提供资金支持。高校毕业生以科研成果或者专利发明创办企业的，就可申请享受这一政策。高新技术成果转化相关政策则包括立项、注册登记、税费减免、贷款扶持、风险投资支持等。

7. 非正规就业孵化器的政策。非正规就业是一种小企业的孵化器，个人在创业过程暂时不具备申办小企业的条件或是担心申办小企业成本太高，特别是有意向从事一些劳动密集型、有利于吸纳就业的社区服务业，可申办非正规就业劳动组织，享受有关扶持政策。非正规就业组织能够享受到的政策包括无须办理工商登记、3 年内减免地方税费、社会保险缴纳优惠、免费技能培训，还能享受从业风险的综合保险等。

二、国家关于支持创业的政策及其法律法规有哪些？

与创办企业相关的有关条例和规章主要有：

1. 《中华人民共和国公司登记管理条例》，多在申请办理营业执照时用。

2. 《中华人民共和国企业法人登记管理条例》，多在申请办理营业执照时用，可重点掌握开业注册登记收费标准。

3. 《中华人民共和国企业名称登记管理规定》，多在申请办理营业执照前用。

4. 《税务登记管理办法》，开办税务登记及变更等有明确规定。

三、上海市对创业的扶持政策有哪些？

从上海地区的情况看，已相继推出多项鼓励创业的优惠政策，涉及开业、融资、税收和培训等各个方面。优惠政策好比是创业的助推器，能降低创业成本，提高创业成功率。

(一) 开业优惠政策

成立非正规就业劳动组织。据上海市相关政策，经认定的非正规就业劳动组织(适用对象：本市户籍的创业者)可享受以下 7 项优惠政策：

1. 减免税费，在 3 年内免缴营业税、所得税等地方性税收，并免缴除社会保险以外的行政事业性收费；

2. 社会保险缴费优惠，社会保险的缴费基数按上年从业人员实际工资收入计算，但不低于当年最低工资标准；

3. 贷款担保，可申请由上海市促进就业专项资金提供的开业贷款担保；

4. 免费培训，业主可参加政府补贴的创业培训，从业人员可参加政府补贴的技能培训；

5. 从业风险综合保险，从业人员可参加从业风险综合保险，保险费为每年 30 元，最高理赔金额为 10 万元；

6. 岗位补贴，对非正规就业劳动组织吸纳的就业特困人员，由政府给予一定的岗位补贴；

7. 免费服务，政府通过购买开业服务成果，鼓励开业服务社为非正规就业劳动组织提供免税申请、发票申领、代办保险以及各项推介服务等免费服务。

非正规就业组织是门槛较低的一种创业形式，因其能够享受一系列的税收、贷款优惠政策，特别适用于资金有限、抗风险能力较弱、缺少创业经验的创业者。

(二) 融资优惠政策

融资优惠政策适用对象：创业培训班学员、非正规劳动组织的业主或合伙人代表、新办小企业的个人投资者或合伙投资人(自工商注册登记起 1 年以内的小企业)。

1. 申请开业贷款可获专项担保。开业者在向银行申请开业贷款时，因个人担保不足，在银行同意贷款的前提下，由市促进就业专项资金提供信用保证。促进就业专项资金担保项目包括：开业资金贷款、流动资金贷款、设备贷款和购置生产经营用房贷款。

2. 7万元以下创业贷款个人免担保。一般来说，贷款金额7万元及以下的创业贷款项目，市促进就业专项资金给予全额担保，个人可免于担保；贷款金额7万～10万元的贷款项目，市促进就业专项资金最高可给予贷款额90%的担保；贷款金额高于10万元以上的，市促进就业专项资金最高可给予贷款额80%的担保。

3. 开业贷款可享受政府贴息。开业贷款要支付利息，但借款人可凭有关证明材料向区县开业指导服务中心提出贴息申请，市促进就业专项资金将给予全额或部分开业贷款利息的补贴。贴息的额度，按借款人所办经济组织净增就业岗位的数量计算，最高可享受每年2000元的补贴。

4. 高校毕业生创业有基金资助。上海现已启动总规模为15亿元的上海市大学生科技创业基金，主要用于资助高校毕业生以其科研成果或专利发明创办的企业，兼顾创意类和科技类咨询企业。拥有科技成果的上海高校应届毕业生可向有关部门提出申请，经审核可获得最高30万元人民币的资助金额。该基金同时对高校毕业生的科技成果孵化项目予以资助，基金对每个项目按30万元以内额度投资，投资资金将分阶段投入，投资期限一般为1～2年。

(三) 税收优惠政策

失业、协保、农村富余劳动力等人员从事个体经营有税收优惠，失业、协保人员、农村富余劳动力在2005年年底之前从事个体经营的(除国家限制的行业)，可按有关规定享受最长期限为3年的税收优惠政策及享受最长期限为3年的免收登记类、证照类、管理类行政事业性收费优惠，直到期满为止。

1. 吸纳失业、协保、农余人员可免税。

新办的服务型、商贸型企业，当年新招失业、协保人员和农村富余劳动力达到职工总数30%以上，并签订1年以上期限劳动合同的，可享受相应期限的免税政策优惠；不足30%的，在相应年份内按比例减征企业所得税。

现有的服务型、商贸型企业，当年新招用失业、协保人员和农村富余劳动力达到职工总数30%以上，并签订1年以上期限劳动合同的，可享受相应期限的免税政策优惠。

新办劳动就业服务企业，当年吸纳、当年新招用失业、协保人员和农村富余劳动力达到职工总数60%以上的，按有关规定享受减免所得税优惠政策。

2. 进入都市型园区企业有补贴。进入都市型工业园区的企业，2003年1月1日以后新增岗位或利用现有岗位招用失业、协保和农村富余劳动力的，根据当年度企业实际使用的人数，享受最高人均2000元的房租补贴或开业贷款贴息。

以上优惠政策主要是鼓励失业人员创业以及鼓励创业者吸纳本市的失业人员。除了上述政策外，上海各个区县也有相应的配套鼓励政策，创业者通常可享受市、区两级相关政策的双重优惠。

(四) 创业培训优惠政策

具有本市户籍的失业、协保人员和农村富余劳动力以及非正规就业劳动组织业主，原则上可以享受创业培训全额补贴。

开业 3 年内的小企业开业者或有开业意向的在职人员，可享受最高不超过 50%的创业培训补贴。

在参加创业培训班期间，以上人员还可享受一次与开业项目相关的岗位技能培训的费用补贴。失业人员在享受失业保险期间参加创业培训，并成功开业的，可凭借营业执照或非正规就业劳动组织证书、《劳动手册》等有关证明，一次性领取未领完的失业保险金，作为开业资金。

创业培训主要是帮助创业者了解创业环境，熟悉创业政策法规，掌握企业经营管理必备知识，提高创业综合素质，并跟踪解决创业中的难题。开业后，创业者如果在经营中碰到问题，还可向上海市开业指导专家志愿团寻求咨询。

上述创业优惠政策主要是针对上海市居民，是为了提供就业机会。普通公司可注册在上海郊区的开发区，享受高额的税收返还给政策。

四、新创企业有哪些融资途径？

创业离不开资金，资金对于新创企业就像是血液对于人体，是新创企业生存和发展的命脉。

常见的融资途径主要包括创业者、人脉融资、内部积累、商业银行、民间资本、融资租赁、政府扶持基金与优惠政策、中小企业互助基金等。

其中商业银行发放贷款的主要形式包括信用贷款、担保贷款、和票据贴现，其中比较适合创业者的是担保贷款和票据贴现。近年来一些创新的贷款形式开始出现，如小额担保贷款、综合授信、财政贴息贷款、项目开发贷款、自助贷款、消费贷款等，以便创业者结合自身条件选择融资渠道。

各级政府通过贴息贷款、小额扶持贷款等方式为创业融资提供帮助，创业者可以充分调研，把政策用足，从而很好地保证创业初期的资金需求。

五、获得银行贷款应具备什么条件？

通过银行借贷来解决创业资金短缺，是许多创业者会首先想到的解决燃眉之急的办法，但是因为风险问题，多数银行不愿意对创业者和中小企业发放贷款。

银行对贷款企业有一些最基本的要求，如果达不到以下条件，几乎不可能获得贷款。

1. 须经国家工商行政管理部门批准设立，登记注册，持有营业执照。

2. 实行独立经济核算，自主经营、自负盈亏。

3. 有独立的经营资金、独立的财务计划与会计报表，依靠本身的收入来补偿支出，独立计划盈亏，独立对外签订购销合同。

4. 有一定的自有资金。此外还有贷款企业需要在银行开立基本账户和一般存款账户、产品要有市场、生产经营要有效益、不挤占挪用信贷资金、恪守信用等。

六、如何更好地获得银行贷款?

满足了相关条件后，在向银行贷款时，还要从品种、金额、利率、期限等方面进行全面考虑。申请银行贷款是需要策略的工作。

1. 在贷款品种方面，一般宜从小到大逐步升级，可先通过有效的质押、抵押或第三方担保等手续向银行申请流动资金贷款，等有了一定实力再申请项目贷款。

2. 在贷款金额方面，由于个体和私经营者一般经济不太富裕，而且贷款需要承担利率等成本，因此贷款时应量力而行，尽量避免大投入。

3. 在贷款利率方面，根据人民银行有关规定，各商业银行和城乡信用社对个私经营者的贷款利率可实行上浮，上浮幅度为30%以内，但各家银行和信用社的上浮幅度并不一致，所以申请贷款时，不妨“货比三家”。

4. 在贷款期限方面，现行短期贷款分为6个月以内(含六个月)、6~12个月(含一年)两个利率档次，对一年以下的短期贷款，执行合同利率，不分段计息；中长期贷款分为1~3年，3~5年及5年以上3个档次，对中长期贷款实行分段计息，遇贷款利率调整时，于下一年度1月1日开始执行同期同档贷款新利率。

【案例】

谭传华：“梳”出财富

谭木匠这个品牌也许大家都见过，通过在小小的木梳上做文章，成为木梳中的第一品牌，拥有了几百家的连锁店，终于成就了一个企业的财富神话。

18岁时，谭传华下河捞鱼被雷管炸掉右手。在做了几年民办教师后，谭传华怀揣仅有的50元钱离开家乡重庆开县，踏上了艰苦寻求尊严的道路。他曾经为了6个馒头给人画过画像，也曾经当过睡在街边的流浪汉，还曾经被人当成小偷抓进了收容所……当时的他不仅没有获得尊重，还几乎丧失了活下去的勇气。“不怕，眼睛还在动，就能活”，母亲在他18岁受伤时说的那句话一直鼓励着谭传华直面不幸的人生。

之后，他卖过魔芋，卖过红橘，卖过塑料花，开过预制板厂，最后终于选择了祖传的老本行——当木匠，在自家的猪圈里开起了木梳厂。

1995年，谭传华正式注册“谭木匠”梳子商标。经历过艰难的推销之旅，烧过价值30万元的不合格产品，搞过无数次技术改革，创办过《快乐的谭木匠》宣传漫画报……1997年，谭传华的小木梳终于获得了较好的市场知名度。就在他磨刀霍霍准备大干一场的时候，一个意外的难关挡在了面前：由于没有固定资产作抵押，银行不愿意贷款给这个靠生产小梳子为生的小企业，谭传华后继乏力。

这是当时中国所有中小民营企业共同的成长难题。

1997年8月19日，对银行苦苦哀求没有结果的谭传华愤怒了，在重庆一家报纸上打出整版广告：谭木匠工艺品有限公司招聘银行。在当时的中国，民营企业招聘银行是一件国内外轰动的稀奇事，全国乃至全球1000多家媒体蜂拥而至，争相报道“谭木匠招聘银行现象”，并随后在金融界、企业界引发了一系列关于“银、企关系”的大讨论。

谭传华终于获得了银行的支持，“谭木匠”的知名度也空前高涨。1998年春节，拿到贷款的他在中央电视台打出了自己的第一个产品广告，这也是整个木梳行业的第一个广告——“谭木匠”毫无争议地成了中国梳子第一品牌。

（资料来源：http: //money.591hx.com/article/2011-05-16/0000023852s.shtml）

分析：谭木匠在创业的过程中，遇到的政策和资金两方面的问题，是很多创业企业都会面临并且必须有效解决的关键问题。创业者应该要认真了解相应的创业扶持政策，有效地利用政策为企业的成功保驾护航。同时，在创业过程中特别是创业初期要特别重视融资和资金的合理使用，借助社会力量和社会资源为企业实现正常运营。

【小资料】

企业融资流程

“兵马未动，粮草先行”，掌握好融资流程，对于顺利融资非常重要。完整的融资流程应该包括：

1. 融资前的准备。建立良好的个人信用，积极开拓广泛的人脉资源。

2. 测算资金需求。估算出启动资金，如项目本身的直接费用、经营设备的购置费、房屋租金和装修费、流动资金、营业执照及类似费用等。同时还需要估算出三年内的资金需求，编制出预算财务报表，对企业现有资本结构、偿债能力、盈利能力和现金流状况进行把握，确定融资需求。

3. 融资渠道的权衡。衡量出不同融资渠道获得资金的可能性、融资成本、资金的稳定性、企业的控制权等。

4. 融资推介及谈判。一是要准备好应对提问以考察投资项目潜在的收益和风险，二是准备投资者的查验，三是准备放弃部分业务，四是准备做出妥协。

5. 签署融资合约。可以在专业人士的指导下，明确双方的权利和义务，其中要特别注意以下内容：融资的种类、用途、币种和金额、利率、期限、还款方式以及提前还款和延期等。

【练习】

1. 创业者需要关注的创业政策有哪些？

2. 各级政府提供的创业优惠政策有哪些？

3. 企业为了获得银行贷款应该做好哪些准备？

4. 怎样更有效地利用好创业贷款？

第十九章　实施创业

每个创业者在实施创业时，常常会面临项目选择、注册登记、风险规避等诸多的实际问题，倘若不了解这些关键环节的工作，就会在创业时陷入迷惘，甚至承受损失。

【学习目标】

了解可供选择的企业类型。
了解经营许可和工商登记的流程。
了解企业应该缴纳的税费。
掌握商业计划书的内容。
掌握如何规避创业企业的风险。

【小故事】

诚信是企业发展的立足之本

有一位男士出差在外，他通过电话向一个常去的彩票投注站买了 707 注彩票。由于在外地，彩票钱要等回来才能支付。男士还没回家，彩票就开奖了。不久，他接到投注站的电话，告诉他委托购买的彩票中了 518 万元大奖。三天后，半信半疑的他居然真的领到了这笔巨奖。

那名在巨奖面前毫无贪念的彩票投注站站主叫林海燕。林海燕的事迹在全国产生了广泛影响。无数市民慕名前往或通过电话向她购买彩票，她所在的投注站彩票月销售额从以前的 5 万元左右一下猛增到 30 万元以上。

(资料来源：据百度百科 https://baike.baidu.com/item/林海燕/6928057?fr=aladdin 改写)

点评：良好的信用，尤其是着眼于长远利益的商业信用，可能不会让我们马上获得最大的经济利益，但会给我们千金难买的好口碑，从而使自己赢得合作者和广大客户的信任，并最终走上良性发展的康庄大道。

一、如何通过市场调研形成项目目标？

主要是通过广泛收集和筛选各种项目信息、创业点子和思路，对比自己的情况进行分析，然后形成项目构想。

1. 调研现在的项目、创业模式、企业类型的利弊，进行比较筛选，确定创业模式。

2. 调查市场上的热门行业及产品，了解哪些产品好卖，利润高。

3. 调查潜在的消费市场和产品，预测人们未来需要的产品，从而发现市场空白，或者发现现有产品的缺陷，从而改进商品的项目。

从更微观的层面，还需要调查差产品的功能、价值、市场价格、技术发展趋势；顾客的数量、分布、文化层次、消费水平；竞争对手的规模、市场、优势、劣势；供应商的质量、数量、实力大小、供应变化趋势等。在此基础上，从技术和经济角度对所选项目进行评估测算，分析效益和可行性，最后确定切实可行的创业项目。

二、可以选择的企业类型有哪些？

根据现行法律，我们可以选择的企业形式有：个体工商户、私营独资企业、私营合伙企业、非公司企业法人、有限责任公司、股份有限公司。不同的企业类型对注册资本有着不同的最低限额，不同的企业类型，注册条件也不相同。

对于初次创业的朋友来说，比较适合的类型有：个体工商户、私营独资企业、私营合伙企业和一人有限公司。计划创业的朋友，一定要全盘把握，并作详细比较，根据自己的实际情况选择最为合适的企业形式。最好能够向当地政府有关部门、已经开始创业经营的朋友以及做经济事务的律师咨询。

三、如何确定申办企业类型？

选择适合自己的企业类型主要考虑的因素有：个人资产是否负连带责任、最低注册资金多少、有无经营场地的要求、登记和经营的成本、登记和经营的便利程度以及是否需要合作伙伴、有无合作的机会等。

首先是项目的选择，也就是控制项目的风险，公司制有利于业务拓展，小型企业在创办之初成立独资、合伙企业或个体工商业户，待规模做大后再适时变更为有限责任公司。有限责任公司以其法人资产对外负有限责任，即如果企业亏空，风险最大的亏空也是该公司所有，而独资、合伙企业和个体工商业户承担无限责任，即企业所有盈亏风险要负责到底。对合伙企业，为了降低税率，可多设一些合伙人。如某夫妇成立一独资公司，年所得58000 元，则适用 35%的税率须纳个人所得税 58000×35%−6750=13550(元)；如果以两人成立合伙企业，则适用 20%税率，应纳税：［58000/2×20%−1250］×2=9100(元)，节税4450 元，节税 33%。

普通的有限责任公司，最低注册资金 3 万元，需要 2 个(或以上)股东，从 2006 年1 月起新的公司法规定，允许 1 个股东注册有限责任公司，这种特殊的有限责任公司又称

“一人有限公司”(但公司名称中不会有“一人”字样，执照上会注明“自然人独资”)，最低注册资金 10 万元。如果你和朋友、家人合伙投资创业，可选择普通的有限公司，最低注册资金 3 万元；如果只有你一个人作为股东，则选择一人有限公司，最低注册资金10万元。

四、个体工商开业登记需要准备哪些材料？

根据国家相关规定，个体工商开业登记主要包括以下材料：

1. 经营者签署的《个体工商户开业登记申请书》；
2. 经营者的身份证复印件；
3. 经营场所使用证明；
4. 申请登记的经营范围中有法律、行政法规和国务院决定规定必须在登记前报经批准的项目，应当提交有关许可证书或者批准文件复印件；
5. 委托代理人办理的，还应当提交经营者签署的《委托代理人证明》及委托代理人身份证复印件；
6. 家庭经营的，提交居民户口簿或者结婚证复印件作为家庭成员亲属关系证明；同时提交其他参加经营家庭成员的身份证复印件；
7. 办理名称预先核准的，提交名称预先核准通知书；
8. 国家工商总局规定提交的其他文件。

五、怎样办理个体工商登记？

在工商部门注册登记的程序为，领表——查询名称——提交材料——受理——审查——核准——收费——发票。一般来说，从申请执照开始，如果材料全面，七个工作日可以走完流程，所需费用根据所申请经营项目不同而不同，一般几百元便可。办理个体工商登记的主要步骤如下。

1. 到市工商局(当地区、县工商局)企业登记窗口咨询，领取注册登记相关表格、资料。
2. 办理名称预先核准、取得《名称预先核准通知书》，同时领取《企业设立登记申请表》。
3. 涉及前置审批的，申请人应当先取得相应的批准文件或许可证书；
4. 用已核准的名称到银行开设临时账户，股东将入股资金划入临时账户。
5. 到有资格的会计师事务所办理验资证明。
6. 递交《企业设立登记申请表》和其他相关注册登记资料，交工商局登记窗口受理、初审。
7. 领取《准予行政许可决定书》。
8. 按约定时间到工商局领取营业执照，缴纳注册登记费。

进行完这些工作，我们的企业就依法成立、可以正式营业了。接下来就要发挥自己的经营管理智慧，通过辛勤的劳动，呵护培育自己的企业，取得事业的发展。

六、如何办理企业税务登记？

办理企业税务登记有以下几个步骤：

1. 从工商领取《企业法人营业执照》或《营业执照》后，办理组织机构代码证书。
2. 刻制公章。
3. 填写和递交《企业税务登记表》以及税务登记所需要的相关材料。
4. 领取税务登记证。
5. 购领发票。

注意，必须在领取工商营业执照后的30日内办理税务登记手续。

七、办企业要交什么税？

与企业有关的税种主要有增值税、营业税、消费税、企业所得税和个人所得税，前三种是流转税。此外，城市里的企业还要缴纳城市维护建设税和教育附加税。

个体工商业户目前只征收个人所得税；私营独资、合伙企业，从 2001 年起不征收企业所得税，比照“个体工商业户的生产经营所得”征收个人所得税；私营有限责任公司征收企业所得税。对私营有限责任公司的税后利润应按规定进行分配，剩余的未分配利润如果用于投资的不征收个人所得税，如果用于个人消费的则按“利息、股息、红利所得”项目征收个人所得税。在税率上，“利息、股息、红利所得”项目个人所得税税率为 20%，即私营有限责任公司的最高税率为 53%，最低税率为 38%。而“个体工商业户的生产经营所得”的个人所得税税率为 5%～35%的 5 级超额累进税率，最高税率为 35%，而最低税率仅为 5%，在决定企业注册类型时还要注意起征点的有关规定。企业所得税的基本税率为 33%，但在应纳税所得额在 3 万元以上 10 万元以下的，税率有所优惠为 27%，应纳税所得额在 3 万元以下的税率为 18%。

注意每个月按时向税务申报税，即使没有开展业务不需要缴税，也要进行零申报，否则会被罚款的。不同企业的税种不尽相同，而且各级政府对创业都会有税收上的优惠政策，我们一定要认真咨询，合理利用，合理降低成本，增加企业的盈利。

八、政府实行据实全额贴息的微利行业有哪些？

为鼓励创业，对微利行业实行政府据实全额贴息。微利项目具体为 19 个行业，包括家庭手工业、修理修配、图书借阅、旅店服务、餐饮服务、洗染缝补、复印打字、理发、小饭桌、小卖部、搬家、钟点服务、家庭清洁卫生服务、初级卫生保健服务、婴幼儿看护和教育服务、残疾儿童教育训练和寄托服务、养老服务、病人看护、幼儿和学生接送服务。

九、创业计划书主要包含什么内容？

创业计划书，是指创业者在创业初期所编写的一份书面创业计划，用以描述创办一个新的企业时所有相关的外部及内部要素。即指创业者在正式启动创业项目之前，基于前期对整个项目的调研、策划的成果，对创业项目进行全面说明的计划性文件。

通常，创业计划书中应包括以下内容：创业的种类、项目概况、市场分析、SWOT 分析、发展规划、营销策略、资金规划、可能风险评估、投资人结构、内部管理规划、销售、财务预估报表等。

除以上内容之外，还可以包括创业的动机、股东名册、预定员工人数、企业组织、管理制度以及未来展望等等。

做好创业计划书，有利于创业者用于指导自身创业筹备与运营；向相关人士说明创业计划，争取合作伙伴加入以及获取资金支持，还可用于申请特定的创业贷款(如创业者申请政府小额创业贷款，则需要填写专门格式的《创业计划书》)。

十、怎样有效规避创业风险？

通常，创业中的风险主要包括：创业者自身能力不够，错误意识，如投机的心态、侥幸心理、急于收回投资的心理，资金链断裂，人力资源流失，创业团队分歧以及同行的排挤等风险。对于初次创业的人来说，从以下几方面入手，可以降低创业风险。

1. 为自己创业买份保险。包括员工人身险和财产险两种，可以帮助创业者有效规避员工意外伤害及突发事件造成的损失。

2. 边打工边创业。利用自己的专业经验和自身的厂商资源在上班时间外进行创业尝试，创业风险会相对较低。

3. 不要做回报周期长的项目。回报周期长的项目对资金要求很高，而且资金的风险也比较高，心理压力也大。

4. 正确评价自己的实力。不仅指创业者的经济实力，也包括创业者的经商实力。

5. 要有资金安全防范意识。这里要强调的有三点，一是防止员工自导营业款，二是防止业务人员挪用货款，三是保证现金流。

十一、怎样才能有效处理现金流危机？

现金流是指流入或者流出企业的现金。企业可以不赚钱，也可以亏损，但不能卖不动东西、不来钱。现金流危机是企业初创阶段最严重的问题之一，要节流，更要开源。

现金流来源主要包括四个部分：营业收入款，可能获得的贷款、外部人员或企业的投资款以及股东的投资款等。

1. 调整经营，扩大收入。如加大促销力度，或者调整销售方式，主打创收好的产品。

2. 控制和减少成本。将库存降到最低，减少和控制电话、交通之类的可变成本开支，在员工同意的情况下，缓发奖金。

3. 盘活流动资产。通过促销折扣清理库存，抓紧时间回款，出租部分设备或资产等。

4. 争取融资。如争取贷款，引进合伙人，加大投资等。

【案例】

曾广军：照亮创业之路

1991 年，而立之年的曾广军从国营单位济南美术工厂辞职，步入装修行业，开始了自己的创业历程。那时，他一没本金，二不懂装修。没钱，他就拉来活儿后用预付款余款购置办公器材；不懂装修，就努力跟行家学，白天黑夜靠在装修工地上，经常深夜一两点钟才回家。他还整天骑着自行车东奔西走谈业务，有时困得骑着自行车都能睡着，撞到马路沿上才猛然惊醒。

四年后，正当装修生意如日中天时，他敏锐地觉察到济南装修行业竞争的日趋加剧，而跟装修相关的灯光照明领域进入者却比较少。于是，他果断放弃了装修行业，开始向城市景观照明行业进军。

多年来，曾广军承揽了省内外许多大型灯光照明工程。如今，他不但拥有一家以城市景观照明设计、生产为主营业务，兼营职业培训、汽车出租、乒乓球俱乐部等若干实体的大公司，率领着一支拥有百余名员工的团队，还身兼多个协会的副会长职务。今年，他准备联合省内灯光照明行业优秀的专家，成立一个山东照明学会，搭建一个产学研的平台，积极推进绿色照明事业。

(资料来源：根据 http: //www.cjr91.com/article-1336-1.html 素材改写)

分析：在创业成本和创业风险不断提高的今天，创业者们往往面临着很大的压力，因此，需要掌握风险管理的理念和方法。曾广军通过及时调整经营的方向，有效地规避了企业的经营风险，实现了企业的健康和快速的发展。为了有效防范和规避风险，企业在创业前要了解创业市场、选择趋势性行业、做好长期准备。在经营过程中，要通过对企业的调整以不断适应变化的环境。

【小资料】

撰写创业计划书的六个“C”

第一个 C(Concept)是“概念”。概念指的就是在计划书里边，要写得让别人可以很快地知道要卖的是什么。

第二个 C(Customers)是“顾客”。有了可卖的产品以后，接下来就要思考产品卖给谁，谁是“顾客”。顾客的范围在哪里要很明确，比如说所有的女人都是顾客，那五十岁以上的女人也会购买这款产品吗？五岁以下的也是客户吗？适合的年龄层在哪里要界定清楚。

第三个 C(Competitors)是“竞争者”。产品有没有人卖过？如果有人卖过是在哪里？有没有其他的产品可以取代？这些竞争者跟自己的关系是直接竞争者还是间接竞争者？

第四个 C(Capabilities)是“能力”。要卖的产品自己会不会、懂不懂？比如说开餐馆，如果师傅不做了找不到人，自己会不会炒菜？如果没有这个能力，至少合伙人要会做，再不然也要有鉴赏的能力，不然最好是不要做。

第五个 C(Capital)是“资本”。资本可以是现金也可以是资产，是可以换成现金的东西。那么资本在哪里、有多少，自有资金的部分有多少，可以借贷的有多少，要很清楚。

第六个 C(Continuation)是“永续经营”。当事业做得不错时，将来进一步的发展计划是什么？

掌握这六个“C”，随时检查、随时调整，创业就会更顺利。

【练习】

1. 个体工商开业登记需要准备哪些材料？

2. 商业计划书主要有哪些内容？

3. 工商登记和税务登记应遵循怎样的流程？

4. 如何有效规避创业的风险？

5. 如何有效处理企业的现金流危机？

参 考 文 献

[1] (美)马斯洛．马斯洛的人本哲学[M]．刘烨，译．呼伦贝尔：内蒙古文化出版社，2008.

[2] Maslow's Hierarchy of Needs．Edpsycinteractive.

[3] 何建华，张婧．职业生涯管理[M]．北京：知识产权出版社，2013.

[4] (美)戴安·萨克尼克，(美)威廉·班达特，(美)丽莎·若夫门．职业指导(第 7 版)——职业生涯规划教程[M]．李洋，张奕，小卉，译．北京：中国劳动社会保障出版社，2005.

[5] 郑洁，阎力．职业价值观研究综述[J]．中国人力资源开发，2005(11)

[6] 金盛华，李雪．大学生职业价值观：手段与目的[J]．心理学报，2005(5)

[7] 吴前进，郜宗茂．大学生职业发展能力教程[M]．北京：中国水利水电出版社，2013.

[8] (美)路易斯·拉思斯．价值与教学[M]．谭松贤，译．杭州：浙江教育出版社，2003.

[9] 郭德俊，刘惠军．心理学[M]．北京：中央广播电视大学出版社，2011.

[10] 彭思舟．把自己卖个好价钱[M]．哈尔滨：哈尔滨出版社，2002：43.

[11] 黄天中．生涯规划——体验式学习[M]．北京：高等教育出版社，2009.

[12] 李旭旦，吴燕．职业能力与职业选择[J]．成才与就业，2008(Z2).

[13] 杜耿．重塑职业生涯规划：个性、生活与职业[M]．北京：人民邮电出版社出版发行，2013.

[14] (美)布莱德•哈林顿，(美)道格拉斯•霍尔．职业生涯规划与管理[M]．张星，张璐，译．北京：机械工业出版社，2013.

[15] (美)唐娜 J. 叶纳．职业生涯规划——自测、技能与路径[M]．刘红霞，杨伟光，译．4 版．北京：机械工业出版社，2011.

[16] 姚裕群，曹大友．职业生涯管理[M]. 2 版．北京：东北财经大学出版社，2012.

[17] ARTHUR M B，ROUSSEAU D M. The boundaryless career： A new employment principle for a new organizational era [M]. New York： Oxford University Press，2001.

[18] (美)罗伯特•里尔登(Robert，C.，Reardon)．职业生涯发展与规划[M]．侯志瑾，等译．4 版．北京：中国人民大学出版社，2016.

[19] 谢伟．职场新人必备的五种能力[J]．职业，2006，9.

[20] 郭平．当代青年的职业适应[J]．中国青年研究，2006(7).

[21] (美)安德鲁·杜布林．心理学与人际关系[M]．王佳艺，译. 8 版．北京：中国人民大学出版社，2010.

[22] 杜以会．不可忽视的职场细节小礼仪[J]．中等职业教育，2009(1).

[23] (美)杰弗里•H. 格林豪斯，杰勒德•A. 卡拉南，维罗妮卡•M. 戈德谢克．职业生涯管理[M]．王伟，译．3 版．北京：清华大学出版社，2011.

[24] 劳动和社会保证部教材办公室．职业指导[M]．北京：中国劳动社会保障出版社，2012.

[25] 中国就业培训技术指导中心编写组．职业指导[M]．北京：北京师范大学出版社，2013.

[26] 李明才．职业指导[M]．北京：石油工业出版社，2006.

[27] 张帆．职业指导案例[M]．北京：化工工业出版社，2006.

[28] 乐轩．求职面试技巧[M]．北京：中国社会出版社，2012.

[29] 李萍．面试[M]．北京：中国言实出版社，2007.

[30] 李萍．跟我去求职[M]．北京：中国言实出版社，2008.

[31] (英)格雷厄姆·帕金斯. 求职：教你如何打动招聘官[M]. 寿志钢，译. 北京：华夏出版社，2009.
[32] 法律出版社法规中心. 2013 最新劳动法、劳动合同法及司法解释汇编[M]. 北京：法律出版社，2013.
[33] 黄乐平. 最新劳动法热点难点疑点问题解析[M]. 北京：法律出版社，2012.
[34] 郑尚元. 劳动合同法的制度与理念[M]. 北京：中国政法大学出版社，2008.
[35] 王晓珉. 劳动法案例教程[M]. 北京：中央广播电视大学出版社，2007.
[36] 史尚宽. 劳动法原论[M]. 台北：台湾正大印书馆，1978.
[37] 张志京，袁静. 实用法学[M]. 上海：复旦大学出版社，2015.
[38] 刘平，李坚，王启业. 创业学——理论与实践[M]. 北京：清华大学出版社，2011.
[39] (美)杰弗里·蒂蒙斯，小斯蒂芬·斯皮内利. 创业学[M]. 北京：人民邮电出版社，2005.
[40] 倪健民，王炯. 农民工应掌握的 110 个创业常识[M]. 北京：中国工人出版社，2009.
[41] 贺尊. 创业学概论[M]. 北京：中国人民大学出版社，2011.
[42] 沈洁. 霍兰德职业兴趣理论及其应用述评[J]. 职业教育研究，2010(7).
[43] 韩永昌. 心理学[M]. 5 版. 上海：华东师范大学出版社，2009.
[44] 梅锦荣. 心理学基础[M]. 北京：中国人民大学出版社，2010.
[45] 叶奕乾，祝蓓里. 心理学[M]. 4 版. 上海：华东师范大学出版社，2010.
[46] 沈德立，阴国恩. 基础心理学[M]. 2 版. 上海：华东师范大学出版社，2010.
[47] 张春兴. 现代心理学[M]. 3 版. 上海：上海人民出版社，2009.
[48] 彭聃龄. 普通心理学(修订版)[M]. 北京：北京师范大学出版社，2004.
[49] 刘玉梅. 管理心理学[M]. 上海：复旦大学出版社，2009.
[50] 杨加陆，袁蔚. 实用管理学[M]. 上海：复旦大学出版社，2015.